宁波大学马克思主义学院专著资助项目

宁波市高校思政中青年骨干教师

宁波市3315系列人才

宁波市领军和拔尖人才第一层次

主编　许峰

长治久安

国家繁荣昌盛的行政管理之思

邹建锋　冯　程◎著

上海三联书店

目　录

引论 坚定不移地走中国特色
社会主义治理新道路

大约三十年前,欧美国家针对全球气候变暖等环境问题,一大批政治学者、管理学者和社会学家纷纷提出"治理"理论,技术至上的治理主义大行其道,甚至提出"无政府治理",其代表性理论源于普特南《让民主运转起来》[①],试图挽救西方国家免于没落的历史命运。约十年后,其理论被大批引进国内,大量的译著纷纷被翻译成中文,以中央编译局俞可平研究员为代表,对西方的治理理论进行介绍和引进。

《让民主运转起来》对20世纪70年代以来欧洲老牌民主国家意大利境内二十余个地方政府治理能力进行具体与经验的科学分析,透过不同地区的政府公共服务供给能力建设,从全领域、协同性、可持续性与一致性四个角度,对政府过程中公共政策的制定、执行和绩效评估的政府效能建设进行研究,为挽救资本主义政治民主进行社会学意义上的拯救,为强大、有效、快速回应的现代政府提供学理意义上的启发,在社会治理理论方面具有开山意义。

与此同时,新公共管理及其紧随其后的新公共服务更是在具体的政府行为各方面进行大胆的尝试,通过政府采购、公共服务外包、国有资产私有化、售出与兼并等具体的治理技术与管理技巧,企业管理方法被引入政府公共服务供给和公共产品生产的系列过程,并在撒切尔、克林顿等人的政府治理中大显其手,政府治理理论一度成为20世纪末的"显学",全球正式进入"治理为王"的新时期。虽然新公共行政一度"狙击"并引发政府管理行为的公共性、正义性与公平性,而以罗尔斯为代

---

① [美]普特南:《让民主运转起来》,王列、赖海榕译,南昌:江西人民出版社,2001年。

表的正义论的风行似乎对治理主义提出了"拷问"，但凭借治理的技术性、应用性与可借鉴性，后发国家纷纷效仿治理主义的政府管理模式，服务型政府、责任型政府、监管型政府的崛起，成为 20 世纪初期全球治理新形态。

中国共产党与时俱进，在政治文明建设与和谐社会建设的时代主题下，西方治理的技术主义有助于中国梦、脱贫攻坚的实现和小康社会与共同社会建设。尤其是 20 世纪社交网络技术、数字技术、无人驾驶、外卖服务与可视技术在衣食住行等领域的大规模运用，大数据与数字政务建设蓬勃发展，搭上新时代的高新技术，数字抗疫，治理主义在今天的中国已经成为炙手可热的治国方法。毫无疑问，中国进入治理主义的新时代，治理体系、治理结构与治理能力的现代化有助于中国共产党早日实现民主、民享与民得的共产主义社会。而正是坚信整体性治理有助于优化政府管理效能，治理能力有效提升民众幸福生活水平，我国的抗疫成效远远超过西方国家散漫而又无效的所谓"群体免疫"管控理论，为全球政治文明建设提供中国治理逻辑的新灯塔。

第一节　从整体性治理到全过程抗疫

全球著名治理学者佩里·希克斯（Perri Six）指出，整体性治理基于大数据信息、资源和技能等协同、共享建设，强调政府诚信建设，重塑责任政府与效能政府建设价值取向，就是以民众的具体需求为治理导向，以信息技术为治理手段，融合网络治理、数字治理，以协调、整合、责任、网络等多种治理方法，对治理层级、功能、公私部门关系及信息系统等碎片化、分散化与复杂性问题深度整合，为广大人民提供无缝隙、非分离的整体性服务的政府治理范式，高效融合了工具理性和价值理性，不留死角，全面覆盖，精准化、细腻化、全领域与全过程为其主要特点。[①] 20

---

① 何植民、邵红霞：《运用整体性治理思维实践精准扶贫》，《中国社会科学报》，见中国社会科学网 2017 年 8 月 30 日全文转载。

世纪 90 年代中后期盛行于英国、澳大利亚、新西兰和加拿大,有效地解决条块分割、各自为政、目标冲突、反应迟钝、效能低下等政府管理的顽疾问题,整体性服务是跨部门、跨区域、跨领域的全新政府治理模式。① 其中,针对环境污染、五水共治、绿色发展、升级转型等公共问题,无缝隙政府建设、一站式窗口服务管理②、多部门联动执法、一超多能、打通最后一公里、跨区域跨组织协同治理等等,甚至区域内整体性服务供给体系、整体性生态治理、整体性信息化建设③,整体性治理方法在我国扎根、推广与不断实践,均为我国整体性治理的具体创新实践,在全球治理中具有重要的模式创新意义。其实,整体性治理为何得以可能,首先突破单个组织分散性、破碎化与原子化的单兵作战失能的问题,强调相关政府部门的协同作战、集体攻关;其次就是利用了现代信息技术的深度发展实现精准定位;最后就是整体性治理是现代治理理论深度融合的杰作,不仅基于生活中以美团、网约车为代表的精准服务技术,也与诚信政府、责任政府主动进取高度相关。

据报道,2020 年以来,"一网通办"及移动端"随申办市民云""一网统管",公安部门、通信管理部门的信息系统,上海市卫健委与万达信息联合打造的全民健康信息平台和"健康云",共同发力、协同作战,帮助防疫部门在第一时间锁定涉疫中的风险地区和人群,多一个不要,少一个不行。而在 2022 年 1 月 19 日上海市政协第十三届五次会议的分组会议上,上海市卫健委主任邬惊雷在回顾两年多的抗疫历程时表示,上海城市治理更加精细、更加扎实、更加有力,基层治理为防疫奠定了基础,上海正逐步推出针对每个流调队员的"单兵作战系统",帮助他们初步集成流调对象信息,并依靠后台综合研判,"目前上海流调越来越精准,效率越来越高,也是基于这套系统的推广,还能减轻人员工作量"④。而正是细心与熬夜奋战的上海防疫中的流调员组成上海精准

---

① 丁建彪:《整体性治理视角下中国农村扶贫脱贫实践过程研究》,《政治学研究》,2020 年第 3 期。
② 吴德星:《整体性治理理论与实践启示》,《学习时报》,2017 年 11 月 17 日。
③ 叶笑云等:《村镇社区整体性治理的北仑实践》,法律出版社,2019。
④ 《上海:数字化抗疫交上高分答卷》,《新华财经》,2022 年 1 月 28 日。

抗疫的"细胞"，"多一个不要，少一个不行"，让上海的全过程抗疫成为可能，每多判定一个密接，就会多 N 个次密接，和一堆风险管控人群，对于防疫部门来说，工作量是呈几何倍增长的。判密接是一门技术活，不仅仅是看有没有戴口罩，还取决于和阳性人员的距离、交流的时间等。① 正是在精确到人，上海抗疫呈现出完美的全过程抗疫，借鉴"天眼"监控技术，事实上让可能受感染的任何一个接触人员无处可逃。2022 年 1 月 13 日，上海确认位于静安区静安寺街道愚园路 228 号的奶茶店为中风险地区，形成全球抗疫史上最小的抗疫风险地，闭环管理与精准处置也成为上海全过程抗疫、精准抗疫的代名词。

2021 年上海著名景区迪士尼烟花下的核酸检测疫情中，上海通过大数据系统，精确核算出现场需要多少检测人员能进行更有序的检测工作，在闭园公告发布 2 小时后，现场游客陆续收到了各自学校或单位询问是否有去过迪士尼的通知。3.4 万余人要分配多少检测人员？怎样以最快时间完成核酸检测，安排流调工作？参与抗疫的万达信息相关负责人在 10 月 31 日下午 4:48 接到政府有关部门通知，当即按照市防疫办预案要求，在健康云 App 和小程序上快速上线迪士尼乐园核酸检测预约模块，线下设置实体采样点，线上线下一体联动，助力迪士尼快速完成了核酸检测任务。引入社会性的数字化治理平台，支撑了上海在应对疫情时能够做到快速响应、精准流调、科学研判、规范操作。疫情的反复发生，上海加快了建设数字化治理多种平台。依托"一网通办"平台，上海在疫情期间试点上线"随申码"，采用绿、黄、红三色动态管理，人员健康状况一目了然，助力精准防控，而且"随申码"的功能还在不断升级完善。② 因此，在上海，封控区外的市民生活不受影响，大部分市民进出地铁站既不用看健康码，也不用看行程码。

---

① 《看奶茶店监控判密接：进店口罩戴着，出店怎么不见了？》，《新民晚报》，2022 年 1 月 14 日。

② 《上海：数字化抗疫交上高分答卷》，《新华财经》，2022 年 1 月 28 日。

上海 9 起疫情数据统计表						
起始时间	发现病例手段	确诊人数	密接人数	封闭管理区域	封闭管理人员	核酸筛查人数
20201108—20201124	门诊	2	26	1 自然村	3000 余人	9617
20201120—20201208	门诊	6	141	2 民民区、1 医院	1300 余人	25839
20210121—20210204	筛查	18	414	1 居民区、1 医院、1 酒店	1800 余人	57653
20210802—20210817	筛查	1	67	1 居民区	5000 余人	68961
20210818—20210904	筛查	2	52	1 公寓、2 医院	390 余人	9898
20210820—20210904	筛查	7	188	2 居民区	6300 余人	93612
20211125—20211209	门诊	3	182	3 居民区	4261＋400 户	55278
20211201—20211216	门诊	2	266	1 居民区	900 余人	69434
20211207—20211217	筛查	2	41	1 小区	2000 余人	11204
注：根据 2020 年 11 月 9 日至今《上海发布会》公开的疫情数据整理。						总计：401496

由此可见，1000 多万人的上海再次"成魔"，震惊全世界，既没有全市核酸检测，更没有全区核酸检测，两年下来，总检测人数约 40 万人，有其科学性、合理性与规范性！或许，只有魔都，才可以做到。正是全过程抗疫，数字抗疫，智慧抗疫，精准到每一个人的抗疫，上海千千万万流调人的认真细心，坚持不懈，坚决守住，不留死角，为全国后疫情时代抗击奥密克戎作出新的表率！为了体现国际大都市的抗疫特点，我们比较一下 2021.12—2022.02 期间宁波、绍兴与杭州的抗疫特点，由此可以衬托出上海抗疫的新特点。从上海参会归镇海的人员引发 2021年 12 月 7 日宁波镇海区的相关区域管控与封控，其中密接区域管控长达 22 天，总计七轮核酸检测，涉及人数 410483 人。[1] 随后 2022 年 1 月

---

① 环球网，2021 年 12 月 9 日。令人遗憾的是，2022 年 3 月份，奥密克戎毒株变异，上海某宾馆通风设施失灵，导致随后长达三个多月的大规模感染，这是笔者所未曾预料到的。对疾病保持有限理性，是我们公共管理的底线思维。

1日,宁波市北仑区实行管控,参考镇海全过程抗疫经验,增加防范区,严格落实封控区"封闭隔离、足不出户"、管控区"不进不出"、防范区"非必要不离开"的管控措施,网格化管控,地毯式推进核酸检测,北仑全区第二轮全员核酸检测,涉及人数 433198 人。[①] 采取高度政治动员的宁波全过程抗疫成绩显著,而同时期的绍兴上虞区抗疫被人诟病,该轮疫情源于一次葬礼。随后,杭州大规模爆发的感染则源于一次婚礼。截至 2021 年 12 月 19 日,绍兴市上虞区第六轮全员新冠病毒核酸检测工作,共检测 789340 人次。[②] 但由于上虞区抗疫不利,上虞区区长等相关人员被免职。截至 2022 年 2 月 1 日,杭州市划定 69 个封控区、管控区、防范区,累计进行 250 多万人次核酸检测,其中 1.6 万人转运到杭州市外进行集中隔离,相关高速公路、国省道、轨道交通、水路等交通管制,抗疫成本可谓不小。[③] 总计 2000 多万人口的国际性大都市上海总计两年核酸检测 40 万人次,远远低于镇海、北仑、上虞与杭州相关区域的核酸检测人数,可见,以精准抗疫著称的上海的区域抗疫治理水平确实明显高于浙江省,管控级别的控制性也远远低于浙江相关区域,整体性治理在我国各个区域体现出差异性、不平衡性与区域性高低,令人反思良久。更不用说,西安抗疫过程中,"一码通"三次宕机;西安个别孕妇未能妥善安置,更是被全国人民所诟病。由此可见,西部地区确实在抗疫技术、抗疫观念及全过程抗疫的执行程度中存在不足,这里面肯定有客观原因,但也与相关领导人员未能树立人民利益至上的科学治理观有关。

"上海防疫"使得公众与防疫部门之间建立了信任关系,大数据分析序列,打破了"信息孤岛",实现交换共享,密织成庞大的"数字足迹"信息库,通过治理数字化转型整体驱动城市治理模式变革、治理方式重塑、治理体系重构、治理能力升级,打造科学化、精细化、智慧化的超大城市"数治"新范式。据报道,2023 年,上海数字化在经济治理、社会治

---

① 《宁波北仑抗疫：已累计确诊病例 26 例　社区传播风险基本可控》,凤凰宁波网 2022 年 1 月 4 日。

② 《最新! 绍兴市上虞区第六轮全员核酸检测结果公布》,《潇湘晨报》,2021 年 12 月 20 日。

③ 杭州网,2022 年 2 月 1 日。

理、城市治理重点应用场景基层覆盖率达到 100％。^① 人民网高度赞誉，点赞上海抗疫"特种部队"经受实战检验，上海市开展疫情防控基本实现了"统一指挥、专常兼备、上下联动、反应灵敏"；在实施常态化防控后，上海应对历次疫情，做到了快速响应、精准防控，体现了"上海速度"和"上海精度"。^② 这是疫情对责任政府建设的反推，更是习近平总书记全过程抗疫思想在上海的具体实践。上海全过程抗疫，不仅是新时代抗疫的中国经验，更是全球抗疫的丰碑，值得全球抗疫管理者、领导者和决策者总结、推广和运用。当然，浙江抗疫，整体反应迅速，医疗卫生体系基础好，一线医护人员与基层社区干部全心投入抗疫，涌现了一大批以李兰娟院士为代表的奋斗者，出现了五色图、健康码、精密智控指数、浙里办、浙政钉等大数据抗疫举措，也被全球数百个国家和地区借鉴使用，值得表扬。^③

　　总之，新冠肺炎可以在空气中传播，是一种传播特别快的新型疫情，因此，全过程抗疫就是与时间赛跑，是 360°无死角的新型治理方式，政府基层组织与社会团体全过程互动，全民参与，可歌可泣的奋战故事不断涌现，代表人类政治动员能力与抗疫技术的完美结合，政治动员的封控、防范与管控最大限度减少人员流动，而全区核酸检测技术则精确找出相关感染者，实现了现代政府治理的新境界，体现出社会主义制度的优越性，中国道路自信与制度自信，值得大书特书。

第二节　全面与精准地理解习近平总书记的共同富裕思想

　　习近平总书记 2020 年 11 月在作关于《规划建议》说明时指出，到2035 年，"全体人民共同富裕取得更为明显的实质性进展"，"扎实推动

---

① 《上海：数字化抗疫交上高分答卷》，《新华财经》，2022 年 1 月 28 日。
② 《上海抗疫"特种部队"经受实战检验》，人民网，2021 年 12 月 2 日。
③ 《已在全球 218 个国家推广使用的"浙江抗疫经验"，到底是什么？》，澎湃新闻，2020 年 4 月10 日。

共同富裕"。① 2021年1月，习近平在省部级主要领导干部学习贯彻党的十九届五中全会精神专题研讨班开班式上强调，实现共同富裕这项工作"不能等"，这是总书记作为全球最著名的大孝子精神在国家治理领域的延伸和拓展。② 众所周知，在中国文化里面，行孝不能等，而国家治理的最高境界就是共同富裕不能等，这是习近平总书记回应14亿中华儿女新时代强国梦、富裕梦的真诚表达。习近平总书记于2021年8月17日在中央财经委员会第十次会议上发表了共同富裕的重要讲话，指明共同富裕建设"四原则"与橄榄型社会建设"六着力点"，并确立以浙江为起点做好共同富裕示范区建设，对于新时代中国梦建设具有重要的思想指导意义。③ 2021年12月，习近平总书记在中央经济工作会议上再次强调，首先要通过全国人民共同奋斗把"蛋糕"做大做好，实现可分配财富和资产最大化，做大总量，然后通过合理的制度安排把"蛋糕"切好分好，让每个人得到他该有的分量，实现可分配财富的正义性、全体性，让老百姓真正分享到社会主义改革开放的福利，真正体会当家作主与民治民享，广大人民群众一起共享改革成果。④

（一）共富四原则：能力致富、法治思维、底线思维、渐进调试

能力致富是指开放致富、勤劳致富、奋斗致富、教育致富、技术致富、智慧致富，瞄准中产阶级⑤，做大做强橄榄型社会建设，就是要解决现在社会流行的不科学的致富观：内卷与躺平。这是习近平总书记国家治理领域实现共同富裕最重要的原则，也是邓小平所说的"实践是检验真理的唯一标准"，踏踏实实干才是实践的最主要表现形式，人人乐于奋斗致富，想干、愿意干并持续干。习近平总书记说，共同富裕的原则就是提高受教育程度，增强发展能力，提升全社会人力资本和专业技能，提高就业创业能力，从而推动高质量发展。⑥ 所以，习近平总书记

---

① 《关于共同富裕的这些表述，在党的全会文件中第一次出现》，新华视点微博，2020年11月3日。
② 《"习近平的2021"：扎实推动共同富裕，实实在在造福人民》，新华网，2021年12月24日。
③ 《习近平：扎实推动共同富裕》，《求是》，2021年第20期。
④ 《"习近平的2021"：扎实推动共同富裕，实实在在造福人民》，新华网，2021年12月24日。
⑤ 亚里士多德：《政治学》，吴寿彭译，北京：商务印书馆，1965年。
⑥ 《习近平：扎实推动共同富裕》，《求是》，2021年第20期。

多次提出，要加大改革开放力度，形成开放社会，"防止社会阶层固化，畅通向上流动通道，给更多人创造致富机会，形成人人参与的发展环境"①，在开放的环境里，人人自强，人人愿意奋斗，人人肯奋斗，全民参与，继续实现经济和社会的高度发展，不断改进和提升民生质量和品质，实现精神富有与物质富裕的双向目标。习近平总书记的能力致富思想与中国文化的乾卦思想高度契合，是其两个融合在国家治理的体现，自强不息，进德修业，修辞立诚，刚健中正，乘风破浪，披荆斩棘，与时俱进，与时偕行，奋斗不已，实现中华民族的伟大复兴。② 在能力致富的主原则之下，有助于全社会财富总量的增加，再配以法治思维、底线思维与稳健思维(试错思维、渐进调试)三条配套原则，让共同富裕在总量积累过程中走得更加科学、稳健、有保障，一体三翼，体系完备，习近平总书记精心构建的致富"四原则"具有严密性、体系性与合理性。发展型政府、开放社会与全民高度参与，有助于解决共富的心理动力问题，解决了懒汉思维与赖政治理，心齐了，愿意干，有助于共同富裕示范区建设。

共富是实现发展的有序性、权威性与法治性，坚决抑制超富与暴富群体。习近平总书记说，"鼓励辛勤劳动、合法经营、敢于创业的致富带头人"，"靠偏门致富不能提倡"，"违法违规的要依法处理"，这是用法治思维解决改革开放四十多年后"先富带后富、帮后富"的重大历史遗留问题，习近平总书记敢于直面现实世界的重大举措，具有开新意味。③ "一部分人先富起来"，整个社会资产的总量得到了增加，但富裕之后极少数人忘记了我们改革开放的初心，固化为既得利益阶层，贫富差距分化，累积性不平等开始出现，部分社会民众相对剥夺感增强，社会分裂加剧，而数字鸿沟、疫情又客观上加剧了社会不平等，未能实现共富的责任担当，失去"先富带后富、帮后富"的社会主义本质属性，忘记了社会主义的根本原则是全社会共享改革成果这个"大蛋糕"。社会上流行的段子，"奋斗十八年，还是不能和你在黄浦江边喝咖啡"，让人

---

① 《习近平：扎实推动共同富裕》，《求是》，2021年第20期。

② 《周易·乾卦》。

③ 《习近平：扎实推动共同富裕》，《求是》，2021年第20期。

唏嘘万千。改革开放的引路人早在四十多年前就提出过共富的国家发展蓝图，就是先让一部分人先富裕起来。经过四十多年改革开放，不同领域、不同行业与不同区域的小部分人搭乘改革开放的东风确实富裕起来了，但其中极少数人忘记了初心，背离共富的原则，这就需要政府部门主动担责，纠正和有效解决新时代改革开放中产生的新问题，限制资本逻辑的过度扩张，打击各类腐败违法行为，严格控制高房价，打击股市中的违法行为，回归初心，早日实现共产主义社会。

共富关注弱势群体、边缘群体与下层群众，必须是可持续性的，既不是高不可攀的空中楼阁，也不是西方无底线的自发秩序，更不是北欧的"福利主义"，不是"养懒汉"，而是可以永续前进的奋斗者。习近平总书记说，共富第三个原则"重点是加强基础性、普惠性、兜底性民生保障建设"。兜底思维，底线思维，这其实是西方著名政治学家罗尔斯正义论所倡导的第一层思维[1]，"他山之石，可以攻玉"，从而具有重大理论创新，"不能什么都包"，"不能提过高的目标"，"搞过头的保障"，"好高骛远"，"吊高胃口"，"作兑现不了的承诺"，"改善民生建立在经济发展和财力可持续的基础之上"，"形成人人享有的合理分配格局"，"让人民群众有更多获得感"。[2] 共富的基础性、底线性与兜底性原则是对弱势群体的关注，更是对大多数民众的终极关怀。

能力致富、法治思维、底线思维三个共富原则主要从中产群体、先富群体与后富群体三个维度展开，是对主体的具体分析；从过程而言，共富过程必然是累积性的、时间性的，是一个长期过程，"是一个长远目标，需要一个过程，不可能一蹴而就"，"对其长期性、艰巨性、复杂性要有充分估计"，必须渐进调试，分行业、分地区试点、试错，"等不得"，"急不得"，我们要有十足的耐心。[3] 比如，对于是否需要征收房地产税，就需要试错，试点展开，这是改革开放成本最少的推进模式。这是习近平总书记共富理论与西方公共政策学家开山大师林德布洛姆渐进主义相

---

① 罗尔斯：《正义论》，何怀宏等译，中国社会科学出版社，1988。
② 《习近平：扎实推动共同富裕》，《求是》，2021年第20期。
③ 《习近平：扎实推动共同富裕》，《求是》，2021年第20期。

契合之处。众所周知,西方避免房价上涨过快,主要是通过大范围征收房产税、遗产税实现的。因此,要实现共同富裕,就是要实现社会主义市场经济的健康有序发展,必然要控制高房价,减轻老百姓购房压力。房子是用来住的,不是用来炒的,解决新市民的住房问题,这是基本公共服务均等化的基本要求之一。因此,共富渐进调试的空间必然是试点,以浙江为试点单位,因为浙江是我国民营企业发展最好的地区,贫富差距最少,最适合作为突破口。

随之而来的逻辑就是,共富的客体是什么? 也就是共富的具体目标建设有哪些? 为此,习近平总书记提出共富客体建设的六个抓手与着力点。

(二)共富六抓手:全行业全领域发展、中产群体发展、弱势群体发展、资本适度发展、精神生活发展、农村农业农民发展,体现为一个全社会总体性全局性动态发展的过程。

要实现共同富裕,还得通过发展来破题,不仅是科学与平衡发展,而且是主体性发展、全领域发展与全面深度发展,四原则是立论,六抓手是解题和破局,尤其是内循环不足、外围封锁这样不利的大环境,"扩大中等收入群体比重,增加低收入群体收入,合理调节高收入,取缔非法收入"[1],最终实现橄榄形超稳定社会的结构形成。

首先是从空间而言,实现不同地区发展的平衡,主要就是加大对落后地区帮扶;从行业而言,实现不同行业的协同发展,避免大型企业垄断,避免虚体经济形态发展,实体行业落地生根,保护与包容中小型企业。主要就是区域发展避免两极分化,行业发展避免垄断和虚化,护航实体经济,护航中小企业,实现区域发展与行业发展的兼容性、包容性与平衡性,一起发展,共同发展,协调发展,共生共荣。

其次是从发展的受益对象而言,关注低收入人群,减少低收入人群比,增加中等收入人数,主要是瞄准高校毕业生、技术工人、中小企业主、个体工商户、进城农民工、基层一线公务员、国有企事业单位基层职工,提高上述七类人群财产性收入在收入总数中的比例,扎扎实实地提

---

① 《习近平:扎实推动共同富裕》,《求是》,2021年第20期。

高他们收入，让他们有一份稳定的工作，买得起房，看得起病，衣食无忧。

再次从发展的受益对象而言，关注低收入人群，从教育、养老、卫生医疗、兜底救助、住房五大领域入手，实现基本公共服务均等化，降低城乡差别，"兜住基本生活底线"[1]，这是底线思维在公共服务供给上的体现。

第四，就是控制资本收入的过度扩张，全面监管高收入群体，规范资本性所得，对高收入行业进行引导，试点个人所得税、房产税改革，既要调动企业家经营生产的积极性，又要反对资本无序扩张，引导股市健康发展，主要体现为政府监管，法治市场，扩大社会慈善事业的发展，治理分配乱象，消除分配不公，整顿分配秩序，防止两极分化。[2]

第五，是精神富有与精神富裕建设，为物质富裕护航，主要抓手就是加大国家认同教育，包括价值观引领，加强爱国主义、集体主义、社会主义教育，发展公共文化事业，完善公共文化服务体系，引导舆论导向，为党服务，为国家全面发展服务，澄清各种模糊认识，防止急于求成、畏难情绪，营造良好的舆论环境，做到全国一盘棋，统一社会认识，凝聚人心，为共同富裕提供精神食粮，最终实现人的全面发展。[3] 这是解决共同富裕的观念问题，是从思想上、理念上与意识上解决共同富裕的价值观、人生观与世界观问题，解决共富的精神动力与智力支持问题，构架共同富裕的"软实力"。

最后，解决农村生产力落后问题，加强农村基础设施、公共服务体系建设，改善农村人居环境，加快农业产业化，盘活农村资产，增加农民财产性收入，防止返贫、新贫问题，巩固扶贫成效，不断探索农民增收的新方法、新行业与新途径。[4] 因此，解决农村的共同富裕问题，也就解决我国的共同富裕问题。

六个抓手，其中最突出的就是依托反垄断，加大对头部企业的监

① 《习近平：扎实推动共同富裕》，《求是》，2021 年第 20 期。
② 《习近平：扎实推动共同富裕》，《求是》，2021 年第 20 期。
③ 《习近平：扎实推动共同富裕》，《求是》，2021 年第 20 期。
④ 《习近平：扎实推动共同富裕》，《求是》，2021 年第 20 期。

管,防止资本收入的过度扩张,同时通过税收调节、分配制度创新加大对低收入群体的帮扶力度,探索城市低收入群体和农村地区的资产性收入增收方法,不断增加中等收入群体的数量,实现共同富裕的橄榄型社会的成长与壮大,体现企业发展的区域性平衡与规模性协调,让基层和一线群众中更多的人富裕起来,做大做强多元多领域、多行业的全面深入发展。因此,共同富裕的六个抓手,关键是平衡发展、协调发展与包容性发展,实现低收入群体向中等收入群体的大规模转移,加大创新,积极运用资本的力量,规范其合理发展空间,增加资产性收入,帮扶补衬,精准施策,带动后富群体财富积累的积极性,主动致富,科学致富,合法致富,一起迈进共同富裕。我们需要不断试错、纠错与调整,在致富问题上积极探索积累经验,实现富裕的程度有高有低,时间上也会有先有后,不同地区富裕程度还会存在一定差异,不是所有人都同时富裕,也不是齐头并进,而是持续推动的螺旋性向前发展。要用发展的方法解决共富问题,脚踏实地、久久为功。

第三节　前行调试的浙江共同富裕示范区建设

浙江籍著名治理学者郑永年指出,"我们既不能学西方新自由主义的光做大'蛋糕'而分不好'蛋糕',也不能学印度只讨论如何分好'蛋糕'却没有人做'蛋糕',我们要走出中国自己的共同富裕道路"。[1] 他的一席话透露出,中国的共富之路只能是自己走出来的,是独特的中国之治;浙江作为先行示范区,必定要总结出独特地域治理的实践经验与可实践性的治理技巧。其实,共同富裕的实践曾在二战后的德国被作为一种国家治理的整体性思想看待,只不过被命名为"社会市场经济"思想,而作为德国社会市场经济提倡者和长期实践者艾德维希,深受民众爱戴,在其长达二十七年(1949—1966)的治国实践中牢牢贯彻提高老百姓总体福利的原则,就是持续通过开放、刺激与市场经济的发展实

---

① 《郑永年:把浙江作为研究共富的切入点》,浙江新闻,2021 年 8 月 16 日。

现福利总量的增加，通过持续发展做大做强可分配的"蛋糕"，坚决反对垄断，关注中小企业发展，实现"社会福利"总体性提高，德国经济快速复苏并腾飞，为二战后德国经济高速腾飞做出巨大的贡献，德国再现"经济奇迹"，被誉为"社会市场经济之父"。[①] 艾德维希在共同富裕过程中提倡自由市场与公共福利协调发展的公共政策思想及其实践，其德文聚焦的"社会福利"其实就是我们中文的"共同富裕"，值得我们研究和总结。而艾哈德的共同富裕思想与我们改革开放之父邓小平同志思想高度契合。艾哈德指出，他试图建立一种覆盖民众范围尽可能广泛的新型经济制度，结合社会主义与市场经济两种体制的比较优势，"越来越多的人走向富裕并拥有社会安全感"，由此来实现大众的福利。邓小平说，共同富裕是改革开放的最终目的，社会主义就是要提高生产力，发展经济，达到消灭贫困、共同富裕的最终目的。[②] 可见，习近平总书记提出的共同富裕思想不是不可以实现的空想，而是曾经在别的国家和地区存在过的一种富有生命力的治国蓝图。我国的浙江省已经具备实现共同富裕的初步条件，值得我们继续关注和研究。

2021年6月10日，《中共中央、国务院关于支持浙江高质量发展建设共同富裕示范区的意见》发布，支持鼓励浙江先行探索高质量发展建设共同富裕示范区。同年6月25日，浙江省委召开"守好'红色根脉'、打造'重要窗口'"新闻发布会。会上宣布，浙江将承担高质量发展建设共同富裕示范区的重大使命，计划到2025年推动示范区建设取得明显实质性进展；到2035年，高质量发展取得更大成就，基本实现共同富裕，率先探索建设共同富裕美好社会。[③] 五年小成，"取得明显实质性进展"；十五年大成，"基本实现共同富裕"，"建设共同富裕美好社会"，这是浙江省委省政府对中央许下的"战书"，其成效如何，我们也将持续保持跟踪，及时总结，拭目以待。

浙江是共同富裕的全国试点省份。2021年，浙江省经济生产总值

---

① ［德］路德维希·艾哈德：《大众的福利》，丁安新译，武汉大学出版社，1995。

② ［德］路德维希·艾哈德：《大众福利》，祝世康、穆家骥等译，商务印书馆，2017，卜玉洗、赵忠秀、冯晓虎、周冰等人的序言。

③ 参阅浙江省人民政府网，具体见 www.zj.gov.cn 网站。

全国排名第四，达 7.35 万亿元，同比增长 8.5%，城乡居民收入分别增长 9.2%、10.4%，其中，广东省、江苏省与山东省生产总值分别为 12.44 万亿元、11.64 万亿元、8.31 万亿元。截至 2021 年 6 月底，浙江在册市场主体 837.1 万户，其中企业 301.03 万户，企业中小微企业占比超八成（超 250 万户）。对比浙江常住人口，相当于 8 个浙江人里就有一个市场主体。[①] 浙江省是民营经济大省，名副其实的中小企业大省。同样，浙江省内各地区、各行业，科学研究，又进行二次试点，渐进调试，不断试错，将共富任务细分到各个示范市区县。2021 年 7 月 28 日，浙江省高质量发展建设共同富裕示范区领导小组办公室完成共同富裕示范区建设首批试点遴选工作，确定了六大领域、共计 28 个试点。其中，丽水市、温州泰顺县、嘉兴平湖市、衢州龙游县被确定为缩小地区差距领域试点；湖州市、杭州淳安县、宁波慈溪市、金华义乌市、台州路桥区、台州仙居县、丽水松阳县为缩小城乡差距领域试点；温州鹿城区、绍兴新昌县、金华磐安县、舟山嵊泗县为缩小收入差距领域试点；宁波市、杭州富阳区、温州瓯海区、台州三门县为公共服务优质共享领域试点；衢州市、嘉兴南湖区、绍兴诸暨市、金华东阳市入选为精神文明高地领域试点，紧紧围绕习近平总书记六抓手入手，细分为缩小地区差距、缩小城乡差距、缩小收入差距、公共服务建设、精神富裕建设等领域，聚焦相对发达地区的不平衡、不充分现象，探索缩小城乡差距的体制，以三年为一个行动周期，总结研究，探索可复制、可推广与可操作的标志性成果，以此形成良好的示范效应。[②] 二次试点，甚至在市区县镇三次试点，通过榜样的力量示范、引领、带动，都体现出稳健发展与渐进调试的互动，这其实是共富道路上较为稳妥的共富改革，以点带面，不断突破，这是现代责任政府建设的智慧面向，脚踏实地，不好高骛远，久久为功。

在具体的试点中，浙江省各个地域的共同富裕建设各有其独特性与比较优势，也是未来全国共同富裕的亮点工程，主要围绕做大蛋糕与

---

① 《从 2022 年浙江省政府工作报告中"数读"共同富裕新亮点》，新华社客户端，2022 年 1 月 21 日。

② 《高质量发展建设共同富裕示范区　浙江确定首批六大领域、28 个试点》，浙江新闻，2021 年 8 月 16 日。

分好蛋糕两个维度入手,同时通过资本的力量适度增加农民的资产性收入。以杭州为例,一方面,杭州做大蛋糕,凸显数字产业的全国领先优势。2021年,杭州市数字经济核心产业增加值4905亿元,同比增长11.5%。而电子信息产品制造产业、物联网产业、人工智能产业增加值分别增长16.2%、12.1%和26.9%,领先全国平均水平。另一方面,分配好蛋糕,夯实橄榄形社会结构,减少城乡收入差距,缩小城乡发展差距。预计到2025年,居民人均可支配收入达到8.5万元,中等收入群体规模力争翻番,家庭年可支配收入10万元—50万元的群体比例达到85%,而家庭年可支配收入20万元—60万元的群体比例力争达到50%,以中等收入群体为主体的橄榄型社会加快形成。2021年,杭州市城乡居民收入比由上年的1.77缩小至1.75,预计到2025年,城乡居民收入比缩小至1.67。① 而湖州德清城乡居民收入比则已经缩小到1.59。② 以台州市为例,仍然是做大做强普惠金融这一非传统强势产业,持续优化并不断提高财产性收入在城乡居民收入中的比重,适当并科学发挥民营经济的资本杠杆效应。2021年,台州市路桥区农商银行基本达到了对全区家庭金融授信覆盖率80%以上,贷款支持覆盖率52.99%。台州市路桥区63家市场主体中,村级集体就有33家,占比一半以上。2020年全区村集体资产总额达77.47亿元,村均3397.84万元。村集体经济总收入11.52亿元,收入在100万元以上的村社有182个,收入超过1000万元的有27个,其中路南街道方林村收入达9022万元。通过引进约五百多名外地工作的台州人回乡帮忙或参与创业,引进专业经理人团队,发展专业市场,鼓励村民全员参股,一人一股,提高村民社会福利水平,提高村民共享共富获得感。③

总之,国家政策引领的浙江共同富裕建设截止时间还不到一年,但浙江全省各地成绩喜人,原有的区域特色慢慢涌现,浙西南落后地区也在不断追赶鼓劲,值得我们不断借鉴和肯定。

---

① 《杭州扛起头雁担当 阔步迈向共同富裕》,浙江新闻,2022年1月30日。
② 《凝神聚力高质量建设共同富裕示范区》,《光明日报》,2021年8月30日。
③ 潘军明:《"六富"联动争当共同富裕示范区先行兵》,《浙江经济》,2021年第9期,第64页。

第四节　全过程民主推动共同富裕目标早日实现

共同富裕中"分好蛋糕"势必要求做到人人满意，个个舒心，共享伟大改革开放的丰裕果实，从政治学意义上而言其实就是社会福利的权威性分配的全过程，人人参与，人人畅所欲言，最后人人获利的伟大治理过程。而全过程民主程序恰恰是目前对总体福利权威性分配全过程的一种优化模式，全过程参与有助于公共利益的确立、维护、表达、整合与实现，人民当家作主，民主集中，法治精神全过程实践。著名政治学家伊斯顿说，政治就是社会价值的权威性分配①；我们可以说，共同富裕中的"分好蛋糕"必须有权威性、公平性和正义性，而全过程民主是比较好的分配决策参与形式，增强公共政策的内在权威与有效性。共同富裕中"做大蛋糕"需要对优势产业和头部企业进行科学布局，这就涉及到决策过程的科学性、民主性与合理性，而中国共产党领导下的全民参与的全过程民主护航"做大蛋糕"重要决策的程序合理性与集思广益，而代表参与或全员参与有助于提高村民和居民政治参与的获得感、认同感与共享感，这也是科学贯彻习近平总书记新时代政治发展的具体要求。因此，无论是增加共富的存量还是实现合理分配的过程，全过程民主所呈现的结构性、过程性与功能感有助于推动共同富裕目标早日实现。

浙江在共同富裕的历程中，民众共享感、获得感与安全感逐年增加，这其实也体现享受改革开放精神富裕的维度，通过为民办实事这样的公共政策实践机制，浙江人的政府满意度逐年提高，推进实质民主建设的新境界。据浙江省社会科学院副研究员唐玉研究，从 2014—2019年，浙江城乡居民对浙江省政府民生实事满意率逐年提高，分别为85.9％、89％、90.1％、94.2％、95.5％、99.4％，而 2019 年全省人民群众安全感满意率达 97.14％，特别表现在"最多跑一次"一站式窗口公

---

① 伊斯顿：《政治生活的系统分析》，王浦劬等译，华夏出版社，1999 年。

共服务供给方面。其中，2019 年省、市、县（市、区）三级推出民生实事
1085 件，数量之多，可见一斑。①

2019 年 11 月 2 日下午，习近平总书记到上海市长宁区虹桥街道
古北市民中心考察调研，在听取社区开通社情民意直通车、服务基层群
众参与立法工作等情况介绍，并同参加立法意见征询的社区居民代表
交流时，习近平总书记强调："我们走的是一条中国特色社会主义政治
发展道路，人民民主是一种全过程的民主，所有的重大立法决策都是依
照程序、经过民主酝酿，通过科学决策、民主决策产生的。希望你们再
接再厉，为发展中国特色社会主义民主继续作贡献。"复旦大学著名政
治学者唐亚林先生在学习习近平总书记全过程民主思想后指出，全过
程民主通过透明公开参与、理性协商共识等方式提高新时代我国民主
发展的高质量，体现出回应式、参与式、协商式与监督式，具有精准识
别、精致发展、精明推进、精敏发现四大优势，有效地提升了人民民主的
运行质量，开创了比"西式民主"更为多样、更为有效、更为灵敏的人民
民主新型发展之路，对总书记的全过程民主思想从学理上进行科学分
析，令人赞叹。② 清华大学著名政治学者谈火生则从全过程民主有效
解决"票决民主"过分注重民众参与过程而忽视民主成果的巨大缺陷，
是对参与民主和协商民主的进一步发展，解决西方"空壳民主"带来的
地方贫困、局部战争与地方冲突加剧问题，是有巨大治理成效的伟大民
主思想创新体系。③

新时代全过程民主的成果性和实质性具有全球领先特质，在具体的
实践中，民众全身心参与决策全过程，提高公众接触（public encounters）
能力解决决策中不同价值冲突的融合能力，是一种党和国家向人民咨
询治理方法而"逆向公众参与"全新政治实践场域，是党和国家主动积

---

① 唐玉：《浙江"为民办实事"：全过程民主的实践路径与地方经验》，《观察与思考》，2021 年
第 1 期，第 109—111 页。
② 唐亚林：《"全过程民主"：运作形态与实现机制》，《江淮论坛》，2021 年第 1 期，第 68—
69 页。
③ 谈火生：《"全过程人民民主"的深刻内涵》，《人民政协报》，2021 年 9 月 29 日。

极探索人民民主政治的新形态。[①] 全过程民主具有四全优势,其中主体全,让弱势群体、边缘群体参与;内容全,每个人都可以参与全部公共事务;覆盖范围全,民主选举、民主决策、民主管理和民主监督;流程全,既要重视民主选举,也要重视选举后的治理,要形成民主程序上的闭环,融合票决民主、参与民主、协商民主的多重优势。[②] 因此,我们可以说,全过程民主就是整体性政府对政府、市场和社会的全过程新型治理方式,是关注成果民主的有效手段,不仅有助于做大经济发展的总"蛋糕",也有助于分配好政治发展的共富"蛋糕",是推动新时代共同富裕目标早日实现的有效治理程序。

---

① 孔繁斌:《全过程民主:政策参与过程优化的新情景》,《探索与争鸣》,2020 年第 12 期,第 23 页。

② 谈火生:《"全过程人民民主"的深刻内涵》,《人民政协报》,2021 年 9 月 29 日。

第一章　中国古代政府治理的实践空间与逻辑进路

比较中西方国家治理逻辑的异同,往往呈现出趋同性与特殊性。而在当今时代,无论正视与否,全球人类都面临相同的议题,比如,防止核武器扩散,全球抗疫,全球经济衰退,局部战争,全球气候变暖,全球地质灾害(如 2022 年初汤加火山大爆发),这些问题的妥善解决离不开全球所有国家的共同参与与共同努力。合作大于对抗,共识多于分歧,各国政府应该团结起来,不断提高各自国家的政府管理水平,以稳固的治理结构和体系推进现代化治理艺术,以先进的科学技术优化公共管理服务(唐亚林教授首倡),提高政府供给公共物品和解决公共事务的能力,臻于至善,共同应对 21 世纪的共同难题。

有趣的是,一百年前,欧洲都在避免第一次世界大战的爆发,而最后,世界大战又不得不爆发。同样的是,一战以后,由于面临全球经济危机,不到 20 年,又爆发第二次全球大战,地域范围从欧洲扩展到亚洲、非洲、美洲,最终全球爱好和平的人们联合起来,一起战胜法西斯主义,人类重新和平八十多年。但,由于意识形态的自我坚定与执着,苏美两大超级大国的你死我活的冷战又持续四十多年,并最终以苏联的解体宣告结束。美苏争霸战之后,又是美日贸易争霸战,最后以日本经济危机而结束,美国再次获得胜利。随着我国经济实力的增强,美国又以我国为假想敌,亡我之心不死,因此,在新世纪走完五分之一的新的起点,对美国高新技术打压的时代难题下,新时代的中华儿女,从古今中外汲取先进的政府治理文明的管理技巧和统治艺术,如何自强,政府管理如何升级完善,是我们必须思考、必须应对与必须解决的难题!中美贸易战,我国如何走出一条自己的特色发展之路,全球都在瞩目我国的政策选择。

直面挑战,不回避,不躲避,敢于接受挑战,脚踏实地,不好高骛远,狠修内功,"咬定青山不放松,立根原在破岩中",从过去寻找新的治理智慧,从域外寻求先进的管理文明,向问题和现实求教,知行合一,实干苦干,必然可以经受任何挑战,五星红旗屹然耸立于东方。

第一节　法家政府治理结构的崛起与帝制国家构建

我国历史上治理技巧总体上可以分为三类,分别为儒家的德治思想,道家的休养生息与不干预思想,法家的法制强国思想。其中,每一种思想,都在历史上,不同国家,不同区域,不同民族,流行过,实践过,应用过。春秋鲁国,孔子堕三都,大兴私人教育,因材施教,恢复礼制,教育强国;战国孟子周游列国,游说自己的仁政思想,鼓励私产,发展经济,以豪杰人格鼓舞时代,开创游侠之风。但孔孟之学主要用于和平年代,天下初定,需要复兴文教,人文治国;但在春秋战国时期,荀子的思想相对而言,偏于地方政府治理层面,更有实践指导意义,批评墨家"非乐""节用"的不可持续性,针对具体的问题展开论述,"轻田野之税,平关市之征,省商贾之数,罕兴力役,无夺农时"[1]。荀子接续孔孟道统,善于观察现实社会,注重经验主义政治观,扬弃了自然主义与情感主义,重视富国与强国思想,消解儒家治国理政思想的理想层面,重赏罚,"赏不行,则贤者不可得而进也;罚不行,则不肖者不可得而退也"[2],凸显学术的实践性品格;鼓励个人奋斗,"可学而能","可事而成",人定胜天,"制天命",抬升礼制对人性恶的防卫;明分以等级秩序,"群而无分则争,争则乱,乱则穷矣"[3];王道与霸力并重,礼义与法治并举,"其耕者乐田,其战士安难,其百吏好法,其朝廷隆礼,其卿相调议"[4],"人君

①《荀子·富国》。
②《荀子·富国》。
③《荀子·富国》。
④《荀子·富国》。

者隆礼尊贤而王，重法爱民而霸"①，这样的礼制带有很强的实践性和技巧性。

荀子的现实主义风格与孔孟不一样，其政府治理思想兼有礼法融合的倾向，重视制度建设，带有从礼制向法制转型的过渡倾向，思想更务实。而法制思想的正式确立和形成则得益于其两个著名亲传弟子韩非子与李斯。荀子著名"王、霸并举"的政府治理观点，"隆礼尊贤而王"，"重法爱民而霸"，隆礼与重法才是政府治理技巧的重要抓手，而尊贤与爱民只是其政治象征，与时代相互动，不再像孔孟那样过于理想化、道德化和说教化，具有真实性、实在性和现实性，富国和强国思想有效性得到增强，有助于当时全国的统一。荀子政府治理思想的逻辑起源是他注意到人的欲望，肯定满足人的欲望的必要性，因此，其重视心的客观认识能力，重视厚今薄古，重视劳动和社会实践，重视人事，"学至于行之而止"②，重视人类的社会实践活动，与王阳明和马克思的主体实践论具有理论的契合性。

战国末期，秦国得荀子著名亲传弟子、法家李斯，内修农战，外开疆土，实践军功主义，强者恒强，迅速吞并六国。但，强也法家，败也法家；法家可以强国家，一国独大，但法家强国思想的内在矛盾注定其无法长久地安定天下。天下太平，老百姓想过安定的生活，但法家治理理念下的重大工程带来的苛捐杂税，以及严苛的日常管理法律，生杀予夺，普通民众忍无可忍，无法承受法家治国的暴虐规定。故而汉初统治者均明白法家治国的残酷性、非人性化与威压感，实行黄老之学，与民休养生息，不大动干戈，亦不大兴土木，文景之治开启汉朝三百余年的统治。其中，汉武帝，独尊儒术，罢黜百家，杀外戚，外儒内法，阳儒阴法，确立汉朝政治体系的总体格局，保证此后西汉王朝一百余年的统治。而后的光武帝，联络士族门阀，尊重贤士，重视人才，恢复打造东汉帝国，又让汉王朝延续195年。

以法家为代表的激进强国思想，以商鞅、韩非子、李斯等人为代表，

①《荀子·强国》。
②《荀子·劝学》。

求新、求变、求异，重视法、术、势，以力量治人，其思想的核心管理技巧就是军功主义，急功近利，在春秋和战国的乱战时期，短期内使国家快速强大，法家思想不啻为一针"强心剂"，使得秦国成为最强国。但是，需要指出的是，秦国的强大并不是内源式强大，而是建立在军事战争基础上的武力的强大。这样的军事强大虽然可以使一个国家在军事上傲视群雄，但天下太平之后，紧随其后的是战后修复，必然要使用道家的休养生息思想，使用儒家的文治思想，需要恢复礼仪人伦秩序，让老百姓丰衣足食，这是历史发展的必然要求。如果说，法家思想用强力、蛮力与霸力终结了混乱的东周列国无序格局，这是法家的巨大进步意义，具有其一定的历史合理性。

韩非子法家思想的合理性，其理论体系较为深刻、厚重。一方面，在于他吸收战国晚期著名思想家荀子的"性恶论"思想，注意到"性恶论"带来的弊端，化性起伪，人定胜天，发挥每个人的主观能动性，打破现有枷锁，必然要建立一套人为的客观的规则遏制人性之恶，带有人为至上主义思潮倾向，故而其法制思想得以建构。

> 人有祸则心畏恐，心畏恐则行端直，行端直则思虑熟，思虑熟则得事理，行端直则无祸害，无祸害则尽天年，得事理则必成功，尽天年则全而寿，必成功则富与贵，全寿富贵之谓福。而福本于有祸，故曰："祸兮福之所倚。"以成其功也。[1]

应该来说，韩非子对老子思想的理解真的"非常规"。毋宁说，韩非子对老子思想的诠释走偏了。其实，这与他老师荀子对孔孟儒家"性善论"思想的理解走偏一样。大概师生二人，针对战国晚期的混战局面，都在思想上竭心尽力，力图在义理上"破局"，从另一个角度而言，这种"走偏"也算是一种全新的理解吧。荀子以"性恶论"破孔孟的性善论，他看到"正能量"之不可为、无法为，由此消解了君子人格温情脉脉、积极与正向的一面，而代之以冷冰冰的权势之礼，加大客观利益秩序对国

---

[1]《韩非子·解老》。

家治理重要性的强调，抬升每一个个体的人在建构礼制中的实践能力、积累能力与思考能力，精英主义让位于世俗的个体主义，精英榜样美德让位于每个个体的实践过程，思想的实践性得到全面增强。从语言风格上而言，《荀子》一书语言复杂，深刻，其内容不易理解。而韩非子的上述这段议论，则是对老子原文的全新理解。老子"祸兮福之所倚"这句话本意是提醒读者在思辨领域转化幸福与祸害的利益关系，让读者放宽心，保持平常心，清静无为，不争无忧。但在韩非子那里，却变成读者要产生畏惧和恐惧的心态，"人有祸则心畏恐，心畏恐则行端直"，带有"不得不"的紧张感，这很有点像把大家关在"集中营"的恐怖主义情绪，让人发麻。而统治者要让民众怀"有祸""畏恐"的心理紧张感，高压统治成为其必然之选，而严格的法制与全面的管控成为其政府管理的不二法门，由此，法家在现实世界采取"连坐""举报"等多种残酷的治理方法，老百姓以官吏为师，以法为教，以斩首为勇，官吏言行成为这个国家的最高法令，老百姓丧失了对自己命运的操控权，必须时刻谨言慎行，活在恐惧里，唯恐触犯法律，遭到被诛杀的命运。当然，在这样一种残酷而严格的法制管制之下，甚至连构建法制思想的三大宗师（商鞅、韩非子与李斯）最终均没有避免自己与全族诛连被杀的悲剧归宿，让人无比遗憾。由此可见，法家治国思想丧失仁义维度，虽短暂使诸侯国快速强大，但终因得不到老百姓的广泛支持，因此，不具有可持续性。

> 夫缘道理以从事者无不能成。无不能成者，大能成天子之势尊，而小易得卿相将军之赏禄。夫弃道理而忘举动者，虽上有天子诸侯之势尊，而下有猗顿、陶朱、卜祝之富，犹失其民人而亡其财资也。众人之轻弃道理而易忘举动者，不知其祸福之深大而道阔远若是也。故谕人曰："孰知其极。"[1]

众所周知，老子的"孰知其极"本意是说明天之大道的细密深远的特性，强调自然之力的权威性，总体上偏向于哲学思辨。可是，在韩非

---

[1] 《韩非子·解老》。

子看来，"极"成为当时君王治国理政的具体技巧，"大能成天子之势尊，而小易得卿相将军之赏禄"，客观道理实践的极致最后居然成为当时君王成就天子、平民封侯拜相的一种手段。

另一方面，韩非子也吸收老子的无欲、福祸转化原理，以无欲之人行恒常之理，用权势之术转化老子隐秘"厚黑"之学，避免不确定性与不安全感，兴起一套客观与权威之理来保证秩序的稳固性。

> 势重者，人君之渊也。君人者，势重于人臣之间，失则不可复得矣。简公失之于田成，晋公失之于六卿，而上亡身死。故曰："鱼不可脱于深渊。"
>
> 赏罚者，邦之利器也，在君则制臣，在臣则胜君。君见赏，臣则损之以为德；君见罚，臣则益之以为威。人君见赏则人臣用其势，人君见罚而人臣乘其威。故曰："邦之利器不可以示人。"①

应该说，战国后期，法家融合儒、道，确切地说，法家吸收道家的客观"道"与儒家的权威之"礼"，形成权威与客观之"法"，由此推动秦国一统六国，奠定以后中华文明两千多年的大一统秩序的可能性，这是韩非子在理论上的巨大贡献。"势重者，人君之渊也。君人者，势重于人臣之间，失则不可复得矣。"这句话就表达出，人君治理需要重势，而在实践中，法律所产生的高压态势是有助于臣子和老百姓服从君王的权威的。"鱼不可脱于深渊"，故而，君王不可离开权势。而"赏罚者，邦之利器也"，权势的保持依赖于赏罚，形成崇高的权威。不过，韩非子也注意到君臣之间赏罚的此消彼长，"在君则制臣，在臣则胜君"，劝谏君王要保持对赏罚的秘密性，提出"邦之利器不可以示人"的论断。在法家的实践中，"人君见赏则人臣用其势，人君见罚而人臣乘其威"，赏罚成为人臣耀武扬威、执行上级政策与壮大自己的重要手段。这些论述，都是以前孔孟儒家学者不敢论述的细微之处。因此，从理论的深刻性而言，法家思想确实有其独到之处，从政府治理思想的研究而言，尤其不可

---

① 《韩非子·喻老》。

忽视。

第二节　道家主义治理与开国后休养生息政策的实践

秦一统天下，历二世而亡，不过短短十五年，而法家公共政策的苛刻性直接引发陈胜、吴广起义。历经六年战役，年长的刘邦率领的草根农民军打败年轻项羽，但经历多年全国战争，整个社会贫困不堪，经济萧条，物资匮乏，而强调无为而治的黄老之学无疑是最好的良药。天下初定，百废待兴，政府管理神器就是道家的休养生息政策。而汉初的与民休息的公共政策就源于老子的治理思想。老子治理思想相对而言比较简单，主要就是不干预，主张经济自然而然地发展，中央政府最大限度地减轻老百姓的负担，薄徭轻赋，较低的税收，最低限度的政府管制，恢复社会的元气。

老子政府治理的逻辑中，"无为"只是治理方法，"无不为"才是最终的政府治理效果，最终目的就是高品质高质量的无为政府。老子说，"爱民治国，能无为乎？"[①]老子的"无为"不是不作为，不是"躺平"，不是冷漠消极，而是不刻意作为，不过分作为，中立与科学而为，顺其自然，"政善治，事善能，动善时"[②]，做好经济运行环境配套的政策执行。老子倡导的"不言之教"，在其自己看来，这种"天下之至柔"与"无有"的治理方法，类似春风化雨的温柔式教育方法，无坚不摧，"驰骋天下之至坚"，这样的一种"无为之益"，必然"下自成蹊"，实现天下大治。政府治理方面，全面放松管制，经济自发展，自我运行，这与后来欧美保守主义思想家弗里德曼、哈耶克、波普尔主张的市场自发展观契合。老子说，"道常无为而无不为。侯王若能守之，万物将自化。化而欲作，吾将镇之以无名之朴。镇之以无名之朴，夫将不欲。不欲以静，天下将自

---

① 《道德经》，第十章。
② 《道德经》，第八章。

正"①。这句话指出万事万物的发展有一个核心原理与规则,而"万物将自化","天下将自正",说明这个核心规则是躲在事物背后隐秘地发挥作用的,并不像暴力手段、言语劝说与价格调控等看得见的治理手段一样完全公开化。老子的"万物将自宾"思想②,与著名经济学家亚当·斯密所谓的市场经济的"看不见的手"原理的运作规律一样,其实暗示成熟与完善的市场经济体系中价格具有调节物品合理流通与交换的功能。当然,约2600年前的著名思想家,老子反复观察政府行为与自然界运行的异同,他博览群书,发现农业经济行为、政府管理行为与人类社会交往行为存在一种自发、自为与自在的内在运行秩序,并以道来命名,这种道理具有自然性、自洽性与自我性。著名政治学者石康之曾经对老子自然之道与西方市场经济原教旨主义者主张的市场自发秩序原理进行比较,二者都倡导不干预、不折腾与最大限度地减少管制,都肯定人类行为秩序与经济发展秩序的自我运行特点,高度肯定老子无为而治政府治理模式的内在合理性与逻辑自洽性。

　　小国寡民。使有什伯之器而不用。使民重死而不远徙。虽有舟舆,无所乘之;虽有甲兵;无所陈之。使民复结绳而用之。至治之极。甘美食,美其服,安其居,乐其俗。邻国相望,鸡犬之声相闻,民至老死不相往来。③

　　治大国若烹小鲜。以道莅天下,其鬼不神。非其鬼不神,其神不伤人。非其神不伤人,圣人亦不伤人。夫两不相伤,故德交归焉。④

　　古之善为道者,非以明民,将以愚之。民之难治,以其智多。故以智知国,国之贼;不以智知国,国之福。知此两者,亦稽式。常知稽式,是谓玄德。玄德深矣、远矣,与物反矣,然后乃至大顺。⑤

---

① 《道德经》,第三十七章。
② 《道德经》,第三十二章。
③ 《道德经》,第八十章。
④ 《道德经》,第六十章。
⑤ 《道德经》,第六十五章。

上述老子的三段话，较为集中体现道家的宏观政府管理思想，主要就是崇尚小国规模，注重国家治理的高品质、高质量与高和谐，不折腾，"治大国若烹小鲜"，慈悲为怀，回到农业社会，安于最低限度的物质生活，"甘美食，美其服，安其俗，乐其业"，减少民众流动，"使民复结绳而用之"，实行较低程度的教育水平以确保愚民政策。国际交往，主张和平相处，"使有十佰之器而勿用"，"虽有甲兵，无所陈之"，反对任何形式的战争。老子说，"大邦者下流。天下之北，天下之交也。牝常以静胜牡，以静为下。故大邦以下小邦，则取小邦；小邦以下大邦，则取大邦。故或下以取，或下而取。大邦不过欲兼畜人；小邦不过欲入事人。夫两者各得所欲，大者宜为下"①。老子说，"善剑者不拔，善抱者不脱，子孙以祭祀不辍。修之于身，其德乃真；修之于家，其德乃余；修之于乡，其德乃长；修之于邦，其德乃丰；修之于天下，其德乃普。故以身观身，以家观家，以乡观乡，以邦观邦，以天下观天下。吾何以知天下然哉？以此"②。这句主体自我反思的话说明，老子对自己的自然主义治理思想非常的自信，因为其治理模式蕴含深刻的对国家治理内在逻辑的长时期自觉察觉与反身思索。

就中观领域而言，政府行为虽呈现出"闷闷"特点，既没有大规模热烈生动的战争动员，也没有疲于应付他国的宵禁和戒严，但老百姓道德品格与道德素养得到了提升，民风淳朴。相反，如果政府行为过于"察察"，事无巨细，全面管控，对老百姓而言毫无隐私可言，老百姓往往表现出"缺缺"的后果。管制太多太细，政府管制行为必然会有所失效。

> 其政闷闷，其民淳淳；其政察察，其民缺缺。③
> 天下多忌讳，而民弥贫；人多利器，国家滋昏；人多伎巧，奇物滋起；法令滋彰，盗贼多有。故圣人云：我无为，而民自化；我好

---

① 《道德经》，第六十一章。
② 《道德经》，第五十四章。
③ 《道德经》，第五十八章。

静，而民自正；我无事，而民自富；我无欲，而民自朴。①

　　大道甚夷，而人好径。朝甚除，田甚芜，仓甚虚；服文采，带利剑，厌饮食，财货有余；是谓盗竽。非道也哉！②

　　老子既反对功利主义学派，"人多利器，国家滋昏"；也反对法家思想，"法令滋彰，盗贼多有"，导致"朝甚除，田甚芜，仓甚虚"，老百姓生活越来越贫困，但是统治者的生活水平反而更加相对富裕，"服文采，带利剑，厌饮食"，出现"朱门酒肉臭，路有冻死骨"，贫富差距拉大，最后越来越大，一旦遇上自然灾害，农业歉收，大多数老百姓依靠劳作活不下去，必然导致农民揭竿而起，于是，一呼百应，农民起义此起彼伏，遂天下大乱。老子深刻地察觉到天下治乱循环的规律，提醒统治者千万不要苛捐杂税，千万不要过度折腾，而应该顺应民心，无为而治，与民休息，回到原始社会的淳朴时代。

　　微观治理方面，老子给政府行为划定边界，约束政府治理的空间，少干预，少折腾，少作为，事实上启发现代法治政府的形成，在政府治理思想史上具有划时代的重要意义。具体对政府执行行为而言，就是各诸侯国少征税，少苛法，少管制，让老百姓生活安心，工作顺心，住得安心，活得快乐。"民不畏死，奈何以死惧之？"③这是老子反对法家治国思想，反对政府过度干预。"民之饥，以其上食税之多，是以饥。民之难治，以其上之有为，是以难治。民之轻死，以其上求生之厚，是以轻死。"④这是老子反对政府赋税过重，主张政府治理应该无为而治，统治者应该清心寡欲，慈悲为怀，主张政府治理关注民众需求的责任政府建设思想。"无狎其所居，无厌其所生"⑤，这是老子希望统治者关注民众的住房需求，关注民众的精神需求，提醒统治者让老百姓住得舒坦，过得富裕、自信和快乐。在老子看来，政府行为本身也需要被管制，被界定，

---

① 《道德经》，第五十七章。
② 《道德经》，第五十三章。
③ 《道德经》，第七十四章。
④ 《道德经》，第七十五章。
⑤ 《道德经》，第七十二章。

被约束,这与习近平总书记说的把权力关进笼子里近似。英国著名政治学者阿克顿说过,权力的滥用导致腐败,绝对的权力导致绝对的腐败。因此,科学与合理的约束权力的行为边界,是老子很揪心的一个问题。

政府治理境界视域上,老子说,"太上,不知有之;其次,亲而誉之;其次,畏之;其次,侮之"①。老子在政府治理最高境界的设置上,提出"太上"政府论。作为一个被后世反复实践的著名政治词汇,"太上"之治环境下,老百姓感觉不出政府统治者的存在,"不知有之",这就是无形之手的巨大治理魅力,这种程度的治理甚至远高于先于现实世界的文景之治、贞观之治、开元盛世、康乾盛世。即便是新时代繁盛时期政府治理,老百姓对我党政府"亲而誉之",老百姓获得感、幸福感与贡献感前所未有地增加。"侮之"时代,即乱世;"畏之"时代,即权威主义政权,均与老百姓鼓掌拍手的新时代、太上之治尚有一段距离。因此,要达到老子心目中的"太上之治",我们还有很长的一段路要走。假设一个政府,老百姓察觉不到其存在,这是怎样的一种政府治理形式呢?实际有却感觉没有,比较接近现时代的智能政府,无形的大数据有序管理城市生活的每一个角落,"天眼"无处不在,"天道无亲,常与善人"②,随时保护着每一个人,但我们又察觉不到。

老子说,"圣人常无心,以百姓心为心……圣人在天下,歙歙焉,为天下浑其心,百姓皆注其耳目,圣人皆孩之"③。老子虚构了一个原始、理想与完美的自然世界,人人均为赤子之心,如孩子般天真,个个道德素质极高,统治者高度关爱被统治者,如父子般地融为一体,接近王阳明的万物一体,类似于墨子的兼爱。"天地不仁,以万物为刍狗;圣人不仁,以百姓为刍狗"④,老子的思想中隐含慈悲一体的关爱,后来启发墨子的"尚同"之爱,是墨子"兼爱"理论形态的初级阶段,启发王阳明的万物一体的共同体之爱,也与习近平总书记的人类命运共同体所隐含的关爱思想近似。这样的理想社会状态,没有政治冲突,经济发展水平低

---

① 《道德经》,第十七章。
② 《道德经》,第七十九章。
③ 《道德经》,第四十九章。
④ 《道德经》,第五章。

下,社会交往水平很低,甚至没有语言文字,人人过上没有烦恼、无知无欲的生活,这其实是对原始社会中曾出现的美好时代的再现。无论是老子、孔子、孟子,还是柏拉图、苏格拉底,无论是"哲学王"理想社会还是三代之治,他们的政治蓝图过于美好,都带有很大的理想性与超现实性,其很多治理政策并不容易实现。事实上,春秋战国时期,诸侯国彼此之间战争频繁,每个国家都渴望短时间内富国强国,或者是合纵连横,或者是离间偷袭,战争成为常态,很少有国家踏实内源式发展,安心搞经济建设,安心大兴教育,安心提高全国人民道德水平,而是以军事训练为主,图存拓展,强族梦、强军梦与强国梦成为各诸侯国渴求的现实梦想。难怪,孔子说自己如丧家之犬,周游于列国;孟子的仁政梦想报国无门,也是不得志,晚年归家著述。东周时代,受欢迎的政府治理模式往往是武治,而不是文治;是法家、纵横家的强军强国政策,而不是儒道的文治思路;是短期强国路,而不是长期强国梦。东周列国时代的外交困境,儒家思想和道家思想,都是很难得以施展的。

第三节　外儒内法治理结构与两千年文明古国的自我赓续

至汉武帝时代,天下经历文景之治,经过较长时期的休养生息,道家的与民休息政策效果明显,但外敌入侵风险时时存在,国家和社会也需要一种比道家治国思想更适合的国家治理思想体系。而董仲舒提出的"独尊儒术、罢黜百家",尊孔子的大一统和三纲五常思想,恰恰迎合当时统治者对天下一尊秩序格局的心理需求。正所谓,"时势造英雄",时在大约公元前 134 年左右,董仲舒约 46 岁。当时,汉武帝仔细询问政府治理的根本原理、具体技巧与天人感应,董仲舒侃侃而谈。应该说,董仲舒的政府治理思想较为博杂,主干是儒家治理之学,却也吸收阴阳五行的感应、报应之说,以此来警醒统治者不要胆大妄为,而是要顺应民意、施行仁政。

董仲舒以儒家为主干的思想是对前贤各家学派学说的一次集大成的继承与发展,对道家、法家政府治理思想均有所吸收。一方面,他吸收道家的无为而治思想。董仲舒说，"为人主者，以无为为道，以不私为宝"①，"为人君者，居无为之位，行不言之教，寂而无声，静而无形，执一无端，为国源泉"②。一般而言，作为纯粹的儒家学者，比如孔子和孟子，一般不太会吸收老子的无为而治思想，但董仲舒对老子的"以无为为道，以不私为宝"的借鉴和吸收，证明其思想中的"无为""无私"道家元素；其"居无为之位，行不言之教"，"寂而无声，静而无形，执一无端"，更是直接说明其政府治理思想受汉初黄老之学的影响，"不言之教"，尤其他的"寂而无声，静而无形"的政府治理境界，充分证明其思想中的自然主义成分。这是董仲舒看到黄老之学对汉初经济和社会发展恢复的巨大作用，故而对与民休息的管理哲学有所吸收和借鉴。另一方面，董仲舒对法家法制思想和功利主义学派奖励思想也有吸收。董仲舒的政府治理对于赏罚在政府治理中的地位相比在孔孟传统儒家中有所抬高，如他说，"悦于庆赏，严于刑罚，疾于法令"③，这是他区别于先秦儒家的地方，亦是背离儒家文教之处。这是董仲舒看到一个庞大帝国维持需要法律的权威，故而其看到秦国依靠法家治国思想在一统六国中的巨大秩序维持作用。

继荀子、韩非子、李斯等人对百家学说融合之后，并在实践中运行，董仲舒对百家思想再次进行深度整合，实现百家思想的再次汇通与升级。故而，董仲舒说，"正其道不谋其利，修其理不急其功，致无为而习俗大化"④，这句话恰恰说明董仲舒的思想实现儒道融合，融道家休养生息政策于儒家文教政策之中，"致无为而习俗大化"，无为而习俗默化；其千古名言"正其道不谋其利"，抬升儒家公益思想和公共性的价值追求对文治的重大指导作用。

董仲舒著名亲传弟子、著名史学家司马迁总结汉初的治政得失，对以老师为代表的儒家政府治理学术给予了很高的评价。司马迁说，"洋洋美德乎！宰制万物，役使群众，岂人力也哉？余至大行礼官，观三代

① ［汉］董仲舒：《春秋繁露新注》，曾振宇、傅永聚注，商务印书馆，2010，第116页。
② 《春秋繁露新注》，第125页。
③ 《春秋繁露新注》，第299页。
④ 《春秋繁露新注》，第192页。

损益，乃知缘人情而制礼，依人性而作仪，其所由来尚矣。人道经纬万端，规矩无所不贯，诱进以仁义，束缚以刑罚，故德厚者位尊，禄重者宠荣，所以总一海内而整齐万民也"①，这段较长的评价性语言指出汉代文治之盛。司马迁说，"缘人情而制礼，依人性而作仪"，这是儒家文教治理遵循人性、人情，故而具有可持续性、合理性与正当性，美德之治故而可以"宰制万物、役使群众"，"总一海内而整齐万民"，"德厚者位尊，禄重者宠荣"，尊重贤达，尊重贤能，人尽其用，地尽其材，"规矩无所不贯"。由此，司马迁赞叹礼制在和平年代所具有的社会整合作用。司马迁说，"礼者，人道之极也。然而不法礼者不足礼，谓之无方之民；法礼足礼，谓之有方之士"②，把礼制当成"人道之极"，是人类最好的治理方法，这样的评价随着《史记》的大规模流传对后世一直起着潜移默化的作用。而礼的内在合理性在于吸收人伦在政府治理中消除分裂的积极性，故而司马迁继续说，"立隆以为极，而天下莫之能益损也。本末相顺，终始相应，至文有以辨，至察有以说。天下从之者治，不从者乱；从之者安，不从者危。小人不能则也"③。这样的礼制说，具有恒久的科学性，故而无法从语言和学理上进行损益与增减。"天下莫之能益损"的礼仪规范，"至文有以辨，至察有以说"的天伦人情，是政府治理最好的黏合剂。特别是在消化孔孟之后，融合百家学说的新的礼制之说，又增加法家权威性治理政术，"刑禁暴，爵举贤，则政均矣"④，"礼乐刑政四达而不悖，则王道备矣"⑤，而新的礼制学说，最终得以"仁以爱之，义以正之，如此则民治行矣"⑥，至此，儒家文治学说，融合百家，反复实践，不断自我成长，自我转化，与时俱进，不断大成，一起默默守护未来两千多年中华文明不倒，辉煌璀璨，屹立于世界的东方。

---

① ［汉］司马迁：《史记》，《中华经典普及文库》丛书，中华书局，2010，卷二十三《礼书第一》，第121页。
② ［汉］司马迁：《史记》，卷二十三《礼书第一》，第123页。
③ ［汉］司马迁：《史记》，卷二十三《礼书第一》，第123页。
④ ［汉］司马迁：《史记》，卷二十四《乐书第二》，第127页。
⑤ ［汉］司马迁：《史记》，卷二十四《乐书第二》，第127页。
⑥ ［汉］司马迁：《史记》，卷二十四《乐书第二》，第127页。

第二章 西方政府治理的实践空间与逻辑进路

现代政治分析研究方法认为,分析比较不同政府的优劣莫过于对政府效能进行研究,而政府治理的结构与功能分析成为一种时尚的研究,可以真实动态地比较政府效能。[①] 相比较我国重视人的道德主体性、主体间同感性与人与人之间的情感交往性的政府治理模式的不同[②],西方国家政府治理偏于人与人之间交往的客观性、社会性与结构性的维持和发展,重视社会实践与科学技术不断创新,不断用先进技术优化公共管理服务,财税管理结构以及现时代的数字赋能[③],偏于积累知识的理性主义治理模式,重视法治在政治制度中的规范和设计功能,最终走向权力分离的结构主义治理方法,并面向真实世界不断改进政治治理结构以便维持其有效的政府功能。

中西方治理逻辑进路总是有相同的地方,耐人寻味。比如,著名政治发展学者罗斯托等人对政治发展条件的其中两点建议,如政府结构高度一体化建构与政治行政决策广泛吸取意见,就与我国思想家墨子的尚同和兼爱思想,具有逻辑上可以比较的可能,只是我们常常沉迷于西方复杂的政治架构而忘记自身治理逻辑的可取之处。[④] 由此,科学与合理地总结西方政府治理文明,总结、批判与合理吸收其政治文明建设的具体管理技巧与方法,有助于新时代我国政府治理体系结构与制度优化,有助于在后疫情时代与中美贸易战的双重压力下实现政府治

---

① 达尔:《现代政治分析》,王沪宁、陈峰译,上海:上海译文出版社,1982,第8页。
② 深入的研究,参阅梁漱溟:《中国文化要义》,上海:学林出版社,1995。
③ 可参阅黄仁宇:《十六世纪明代中国之财政与税收》,北京:三联书店,2001。
④ 王沪宁:《当代西方政治学分析》,成都:四川人民出版社,1988,第170页。

理能力的快速增强,不断解决现代社会过程中遇到的新挑战、新问题与新难题。他山之石,可以攻玉,改革之路越走越宽。改革开放,海纳百川,共同富裕越走越踏实,全过程民主改善政府治理过程越来越有效。①

第一节　理性主义与西方政治文明治理结构的技巧性兴起

众所周知,作为西方政府治理思想早期重要思想家苏格拉底在公元前399年宁愿选择接受不正义的审判结果也不愿意逃离城邦,以死明志,其志代表西方世界对规则、秩序与制度的认可,哪怕是不正义、不科学与不合理的政治制度。另一方面,不逃离自己的城邦,似乎也证明其再传弟子亚里士多德"人类自然是趋向于城邦生活的动物"这句话所具有的内在合理性。② "人类自然是趋向于城邦生活的动物",这句话通俗地讲,人是政治的动物,人不能离开你的城邦,这是你政治身份存在的前提和基础;哪怕这个城邦不公正地判处你死刑。正是苏格拉底用自己的身躯捍卫古希腊既有审判法律的权威性,引发了其著名亲传弟子柏拉图对正义政治制度的重新设计与梦想,即"哲学王"治国理念的随后兴起,并引发理性主义的理想主义、浪漫主义与形而上哲学的浪潮。

但从政府治理的价值和具体艺术而言,苏格拉底最著名的思想却是"知识即美德"③,也可称为"美德即知识"④,这是苏格拉底政治思想理论的逻辑起源,也是整个西方政府治理文明两千多年的核心逻辑所在。本文使用较为通行的表述,"知识即美德"从中国语义学而言,主体是知识,也就是说,这句话实质上是强调客观知识的重要性,而客观知识必然是面向自然科学与社会实践的经验主义具体的科学技术知识。

---

① 王沪宁:《当代西方政治学分析》,成都:四川人民出版社,1988,第105—109页。
② 亚里士多德:《政治学》,吴寿彭译,北京:商务印书馆,1965,第7页。
③ 《西方政治思想史》编写组编,《西方政治思想史》,北京:高等教育出版社,2019,第19页。
④ 《西方政治思想史》,第27页。

一般而言，美德就是人的内在善良的德性，具体表现为勇敢、慈悲、节制、仁爱、平等、博爱、勇气等品格，是一个人具有深厚道德修养而表现出来的受人尊敬的高尚品性，是一种求善维度。但，当苏格拉底以"知识即美德"教育学生并在社会传播开来之后，这个社会必然崇尚探寻自然和宇宙、探求知识、实践知识的求真维度。而一味地求真，有可能陷入语言哲学的窠臼，喜欢争辩，喜欢议论公共事务，喜欢演讲，甚至煽动群众，偏离美德自身的求善向度，这显然对当时处于外敌入侵、内外交困的古希腊而言，不啻为雪上加霜。也正是由于苏格拉底过度让自己偏于求真的学术思想偏离权威当局对稳定和谐社会秩序的维持，引火上身，以致既得利益阶层忍无可忍，判处其死刑，这是西方早期政府治理的困境。而正是苏格拉底被判死刑，激发其学派在探索未来时代的政府治理思想上，更加审慎，更加严谨，更加科学，更加理性化。苏格拉底的知识主义政府治理思想打开西方世界走出愚昧、走出无知与走向科学和开放社会的大门。而其悲剧性政治命运激发学术界与政治界对自身政治使命的反思，开启寻求全新的政治智慧解决政治困局的思想史旅程。

恰恰是目睹恩师含冤而死，早年柏拉图刻意远离政治，全心全意钻研学术，与现实政治保持距离，客观上刺激政治学学科与独立和私人化的研究型学院的兴起。柏拉图其成熟时期提出"哲学王"政府治理新思想，创建政治哲学学科，建立了一个抽象与规范化的国家治理的哲学蓝图。柏拉图说，"哲学家成为我们这些国家的国王，或者我们如今称之为国王和统治者的那些人物，能严肃认真地追求智慧让政治权力与聪明才智合而为一。那些得此失彼、不能兼有的庸庸碌碌之徒，必须排除出去。"①而他心目中的哲学家的典范毋宁是自己的恩师苏格拉底，柏拉图说这句话的时候，显然带有尊敬老师的意思，并以自己的老师为最伟大的哲学家之一。这就是对古希腊政府不法行为的检讨，也是对未来古希腊政治发展的期待。而哲学家治国，又恰恰是柏拉图政府治理思想推进其老师"知识即美德"的重要表现。"知识即美德"，那么，谁掌

---

① 柏拉图：《理想国》，郭斌和、张竹明译，北京：商务印书馆，1986，第217页。

握最多的知识自然就是最有美德的人,而最多美德的人就应该主宰这个国家;而像苏格拉底这样的哲学家就应该成为理想的统治者。在柏拉图看来,苏格拉底不仅不应该被判处死刑,而应该受万人敬仰,成为国家的最高统治者,因为他是当时最有知识的人。哲学家,深思熟虑,沉潜涵养,知识渊博,思考全面,运筹帷幄于千里之外,自然就应该掌管并处理国家大事。芸芸众生,浑浑噩噩,懵懂无知,所以,苏格拉底才被判处死刑。因此,接受教育和规训的应该是普通大众,因为他们无知愚蠢,缺乏政治智慧,看不到政治运行的未来,没有预见力。普通民众,他们就像幽暗深洞中的野蛮人,常年没有阳光的照射,对外面变动万千的世界一无所知,需要哲学家拨云见日,砸开石洞,带领他们走出愚昧,走出深洞,走进广阔的世界。政府治理需要一个智者,需要被领导,苏格拉底理性又冷静,无所不知,无所不能,掌握所有真理,值得成为统治者。

　　柏拉图认为真正的知识应该是对理念世界的理性探索,而不仅仅是对现实政治世界的观察,由此开启黑格尔的"绝对精神"政治思想。柏拉图构建的理想城邦思想事实上起到净化民众道德的作用,让人进入思辨领域,让人重新思考法律的正义究竟是什么。柏拉图对抽象政治智慧的探求是一种全新的政治治理真理观,用超越现实世界的理念类型唤醒古希腊社会对共同体政治生活的重新向往,具有重要的启蒙意义。毕竟,苏格拉底之死的悲剧性,一度摧毁古希腊民众的政治生活信心。而柏拉图思想带有明显的理想性、道德化与不切实际,带有极致的精英主义和贤人政治倾向,有可能陷入领袖崇拜与权威主义,甚至走向崇尚极端权威法西斯主义理论的可能。而恰恰是看到老师政治思想中存在过度的不切实际特点,弟子亚里士多德多从经验主义与现实主义治学方法论出发,摆脱柏拉图的理念主义与抽象性,走进现实,踏实城邦调研,重视比较分析,创建政治科学,使政治学第一次成为独立的学科,构建一套全新的经验化的政府治理学体系,影响极为深远。

　　亚里士多德指出,人天生具有政治性、公共性与团体性。亚里士多德把老师的理想国蓝图、哲学家治国与精英政治拉回到现实的人间,落地生根,转化与创新,重新审视其内在合理性及其可能出现的政治问题,保留了知性主义特色,让理性主义治国思想更加接地气、更科学与更有现实应用性。亚里士多德重视中产阶级群体建设,过度富裕或者过度贫穷都不利于民主政治的成长,他意识到过分精英主义贤人政治必然走向权威主义治理格局,引发政治发展不具有可持续性与共享性、获得感弊端。亚里士多德在对多个城邦多年调研和定量分析基础上,约在公元前328—325年左右,撰写《雅典政制》,通过对一百多个城邦大数据和具体的政治制度变迁资料,通过逻辑严密的论证和科学严谨的归纳与分析,让人心悦诚服地去重新思考未来雅典的政治发展问题,挽救城邦。由此,亚里士多德的关注真实政治世界的比较政治研究方法,"一般的国家在实际上所能达到的最好政体是什么?"[①]这说明他在研究上采取经验主义研究方法,他要做的就是在真实的现实世界里,探索寻找最好的政府治理类型。亚里士多德对政治行为的观察,对政治互动和政治妥协的重视,重新开启对政府治理的新理解,政治生活大调研让亚里士多德了解民间疾苦,对城邦秩序在政府治理中的重要性体会更加深刻,倾向于对法治政府的向往,而法治政府秉承中立、客观与中庸的黄金法则。亚里士多德重视中道政治,重视中产阶级,实行财富的损益分配,不像老师柏拉图那样过于重视开明君主,重视哲学王,依赖哲学思考,玄学般的抽象演绎,去重新想象一个全新的政府治理蓝图,事实上哲学王时代很难在现实世界生根发芽。亚里士多德的政府治理思想和学说成为西方近现代政治发展的重要知识来源。

第二节　代议制政府治理体系的发展与修缮

经过约一千年左右的神学时代,宗教政治告别人类历史舞台,无论是布鲁诺、哥白尼还是伽利略对银河宇宙新的科学发现,牛顿对万有引力的阐发,伴随着文艺复兴运动,人类对自然的理性主义认识再度觉醒。最著名要数培根振聋发聩的著名语句,"知识就是力量",直接引发

---

① 亚里士多德:《雅典政制》,日知、力野译,北京:商务印书馆,1959。

新一轮的科技革命,技术知识、科学知识与理性知识再度兴起,人类彻底告别愚昧时代与神学时代,人文主义思潮繁荣,人的知性与智慧主体性崛起。无论是远洋轮船,还是蒸汽机,或者是热武器、热技术、电灯等现代物品的大规模涌现,作为理性主义的科学知识再度抬头,而政府治理思想势必引发新的思潮。马基雅维利通过多年的政治实践历练,继承并发展亚里士多德的经验主义政治观,提出新的现实主义政治学,凸显政府治理的艺术和技巧,主张统治者应该理性、冷静与客观地治理公共事务,统治方法像狐狸一样狡猾,像狮子一样残酷有力量,这是权力政治学的兴起,也是政治科学的进一步理性化、知性化与实践性的拓展。

马基雅维利认为人性容易变恶,而人类只要有机会,趋向于追求物质财富和公共权力,就会变坏和堕落,变更既有的公共秩序和规则,满足自己的个人私利,损害公共利益,因此,人心是不可靠的、善变的,人的行为并不总是向善可控的。[1] 因此,治理国家,依马基雅维利的说法,一切以实用、实效和结果为标准,暴力与欺骗相结合,既利用又团结,即凶狠又狡猾,这是典型的功利主义和现实主义特色,适合于当时意大利的政治斗争。后来,英国的克伦威尔、法国的拿破仑与俄罗斯女皇叶卡捷琳娜其实就是对马基雅维利的治国方法的实践。这种完全重视现实的人的政治治理方法,强调统治者的个人能力与创造性,凸显统治者对权力的熟练使用的具体技巧,具有很强的技术性与艺术性,外善内恶,不仅摆脱古希腊时期的美德政治观,也摆脱中世纪的神学政治观,朝向现实的政治问题。[2] 所以,马克思和恩格斯评价马基雅维利说,"权力作为法的基础","政治的理论观念摆脱道德","独立地研究政治",专心于国家统治权的持续性与长久性,具有很强的世俗性,是亚里士多德经验主义政治观极端化发展的结果。[3] 这样看来,马基雅维利的政府治理思想与荀子的外儒内法异曲同工,都强调暴力手段与外在

---

① 《西方政治思想史》,第109—110页。

② 《西方政治思想史》,第115页。

③ 《马克思恩格斯全集》,北京:人民出版社,1960,第368页。

的逢迎面子工程，二人治国方法具有很大的相似性，只不过前者最终是要走向开放的现代国家，走向法治与共和；而后者要回到传统的礼制，回到内卷与封闭的帝国建设。

至此，著名哲学家尼采后来总结和归纳的超人治理模式达到学术思辨的高峰。其实，在苏格拉底和柏拉图那里特别明显，开明君主、精英政治与拥有超凡魅力的贤人当仁不让地成为那些时期国家治理人格的理想模式。但事情往往是，成也贤人，败也贤人。贤人政治过后，接任的统治者往往没有像前任那样的高效的执政能力，故而往往伴随政治秩序的衰落与社会的失范。因为人存政举，人废政息，人治政治的不可持续性、短暂性与偶然性，而自然灾害、外部战争与内部利益群体争权夺利不可避免，故而文艺启蒙之后，有识之士纷纷沉潜思考，为万世开太平，发明崭新的、可持续的与更为稳固的政府治理体系，结构化的法治治理体系得以不断丰富、实践与进化。当然，这样一种超稳定的集体性的政治权力设计与制度安排并不总是有效，也会在某些领域失效，比如 2020—2022 年西方国家对新冠肺炎的集体性失能就是明证。但总体而言，西方世界五百余年的政府治理效能还是可圈可点的，科学技术不断进步，人类征服自然的能力越来越强，直至今天的星辰大海远征成效。也正是在这个意义上而言，江泽民总书记曾说，西方的政治文明也有可取之处，我们要批判性地借鉴吸收它们合理的政治文明建设的可取之处，其中一点就是，它们五百多年以来，对国家权力限制性制度安排与建设的可取方法。新时代习近平总书记在公开场合多次提出，要把权力关进笼子里，明确指出不受限制的公共权力应该为民所用，为民谋福，促进经济和社会可持续发展。

马基雅维利的现实主义政府治理观赤裸裸地彰显现实中国家权力对于社会秩序维持的重要威力，尤其是在他眼里，赢得民心是如此的重要，无论愿意不愿意，国家统治者总是要在公开场合与群众打成一片，赢得民众的民心，获得民众的公开性支持，虽然其获取民心的方法是如此的功利性，并非发自其本心。随后，一大批著名的结构民主政府治理论学者纷纷主张限制君主权力，保护弱小群体利益，主张言论自由，加大理性在现代政府制度设计中的重要性，主张自由、平等与博爱，主张开发多种程序创新建立现代国家。恩格斯一针见血地总结当时的理性主义政府治理思潮，是轴心时代理性主义的升级版，经历过神学时代与启蒙觉醒的双重洗礼，这些思想家崇尚思维的知性，心中都坚信理性的法庭，具有一定的历史进步性。

　　霍布斯对现代契约型国家主权地位的弘扬，对政府治理的制度结构设计具有机械般精密性，虽然其思想中带有浓厚的权威主义制度设计元素，但重视自我保存的个人主义倾向还是很明显。洛克对西方现代国家稳定性的结构性设计，是现代政府治理的结构主义的设计大师，是结构民主政府治理理论开山者，为后来历代结构民主治理思想提供三权分立的出发点和研究起点。孟德斯鸠吸收洛克民主政府治理思想的科学与合理成分，加大法治精神的融入，批判君主政体，赋予法治精神在现代国家中至高无上的地位，肯定洛克权力的分立与制衡结构的必要性，进一步夯实洛克分权模型的法治基础，在西方世界一直享有较高的社会声誉。卢梭弘扬人民主权思想，强调政治平等，认为国家安定必须获得社会民众的契约性授权，主张人与人之间在全社会签订契约，按契约精神让政府治理走向科学化。虽然其直接民主制思想带有浪漫主义倾向，在当时，启蒙了一大批拥有现代意识的政治学者。随后的贡斯当不仅积极参与政治，还积极撰书立说，继承和发展卢梭的人民主权学说，并在建立于现实政治问题的基础之上修正卢梭的人民主权政府治理架构，加大对政府权力的限制，确立政府权力与民众个体权力的各自边界和空间，对个人权利的保护与代议制政府的重申和保护，在拿破仑时代具有重要的思想启蒙意义，被誉为近代自由主义的奠基人之一。作为法国自由派领袖，其早年批判拿破仑的专制主义而与拿破仑抗争，晚年则与拿破仑合作共同建设君主立宪制，体现其政府治理思想向现实靠拢的经验主义政治观特色，具有现实主义治理精神。

　　密尔的《论自由》一书短小精悍，主要着眼于言论自由、出版自由和表达自由，是一部偏向于鼓励普通民众参政、议政的启蒙书籍，偏于规范分析。而密尔为现代政府理论声援的《代议制政府》，为议会民主制的经典之作，偏于经验分析，指出西方议会制度相比传统君主专制制度具有体制的优越性，联系实际，对议会以及地方代表机关的选举及其可能的无能、腐败等问题展开研究，直面议会选举民主的问题和困境，希望扩大选举权，尤其是妇女的参政、议政机会，从经验主义视野论证洛克、孟德斯鸠的权力分立的政府治理结构化设计的正确性。如果说洛克和孟德斯鸠偏于对现代政府治理结构的宏观设计，密尔则着重于从技术上修补当时英国代议制政府在现实社会治理中遇到的具体问题，民众利益如何获得更多的代表性。而法国政治学家托克维尔的《论美国的民主》则让人们关注美国民主制度之所以能够良好运作得益于其发达的社会土壤，他通过实地调研的方式考察美国民主治理的社会视野，丰富全球政府治理的研究素材。

第三节　渐进主义强化政府治理的过程与功能

自由主义的温和发展流派就是保守主义，他们誓死保卫资本主义的政府治理结构，不断完善和修正，反对社会主义，反对激进革命。与荀子、马基雅维利、霍布斯等性恶论持有者一样，经验主义大师休谟（1711—1776）更关注政府治理的道德情感领域，因此其政府治理结构设计更多地瞄准如何防止人性恶的呈现。

> 在设计任何政府体制和确定该体制中的若干条约、监控机构时，必须把每个成员都设想为无赖之徒，并设想他的一切作为都是为了谋求私利，别无其他目标。我们必须利用这种个人利害来控制他，并使他与公益合作，尽管他本来贪得无厌，野心很大。不这样的话，他们就会说，夸耀任何政府体制的优越性都会成为无益空谈，而且最终会发现我们的自由或财产除了依靠统治者的善心，别无保障，也就是说根本没有什么保障。因此，必须把每个人都设想为无赖之徒确实是条正确的政治格言。[①]

---

① 休谟：《休谟政治论文选》，张若衡译，商务印书馆，1993，第27页。

作为相信可观察经验世界的现实主义者休谟甚至在研究方法上陷入事实判断的窠臼,经验化分析消解价值与真理的权威,政府的目的就是保护人的自私本性与人类对稀缺自然资源占有和使用,这与霍布斯任人类自身的政府起源说契合,也与孟德斯鸠所说的人类倾向于权力最大化使用异曲同工,都倾向于防止人类作恶,政府行为作恶,不仅要限制民众对多数决权力的滥用,也要限制政府对监管权力的过度使用,个人的"无赖"行为必须在现有的法律和政府框架内行动而不可逾越,这不仅是坚定的自由主义者的政府观,也是近代保守主义先驱的政府治理逻辑所在。休谟采取怀疑主义的方法,对理性能力进行批判,批判法国大革命的激进性,注意到人类社会的建立具有渐进性,人类社会的治理是一个长期过程,关注长期利益,开启了柏克渐进政治发展的全新视野解决英国政府管理问题。

英国保守主义创始人柏克(1729—1797)通过反思法国大革命的浪漫性、破坏性与残酷性,同样注意到多数决的暴政,反对激进式变革,主张温和地保留原有历史与传统的渐进改革,限制精英们的党派活动,主张对政党行为设定合理的边界与规则,这为波普尔的渐进社会工程提供重要启发,是渐进主义政府治理观的宗师级早期代表人物。作为近代保守主义的开山名著《法国革命论》(1790),柏克猛烈批判法国大革命,主张政府治理的连续性,坚决反对激进革命与变革,反对理性主义,反对对原有文化、习俗、历史、传统和宗教的全新改造,主张渐进调试,倡导中庸主义与审慎政府治理观,精心选择,调停纷争,妥协互让,促进和谐,与亚里士多德的中道政府治理观很像。

> 审慎(prudence),在所有事物中都堪称美德,在政治领域中则是首要的美德。审慎将领导我们去默许某些有限的计划(这些计划不符合抽象观念所表现出来的充分的完美性),而不会引导我们去大力推行无限完美的计划(要实现这种计划就必须打碎整个社会结构)。①

---

① 柏克:《自由与传统》,蒋庆、王瑞昌、王天成译,商务印书馆,2001,第 304 页。

以柏克为代表的一大批保守主义与政府学家，反对大规模的不切实际的宏大计划，主张小范围实验和试探性改革，先局部后全部，试点推广，其对历史的深刻洞见为 20 世纪政府治理大师西蒙、弗里德曼、哈耶克、林德布鲁姆、波普尔、邓小平的渐进主义政府治理与试错性政府改革理论提供直接的思想资源。柏克对和谐政治的强调，也与胡锦涛书记的"和谐社会"建设思想不谋而合。20 世纪后半期，社会主义流行，资本主义日渐没落，无论是社会主义的道德化生活方式还是普遍的平民主义都对西方青年人产生很大的吸引力，有鉴于此，西方有识之士纷纷坚持保守主义，反对计划倾向、国家干预与大规模公共投入的凯恩斯主义，纷纷修正资本主义内在问题，注重对现实问题和弊端的有效性解决，提倡逐步社会改进项目，倡导渐进决策模式以此来优化理性决策，反对计划经济与理想化的社会主义改革发展模式。

从抽象化的理性主义到实用化、经验化的理性主义，重视管理技巧议会制政府保护民众权利和自治，西方国家治理模式经历两千多年的历史变迁。而自美国建国以后，西方的权力分立理论与代议制政府理论在实践中不断渐进完善，不断进化，积累相当高水平的政治文明成果，是西方成果民主不断与时俱进的努力。当然，他们反对无产阶级革命，尊重私有产权，反对社会主义，是我们坚决不同意的。但他们创新的政府治理的文明成果值得我们汲取和吸收。社会主义也可以搞市场，也可以发展民主政治，人民代表大会制度越来越健全发展，因此，我们要百尺竿头，更进一步。西方经验主义政府治理观，不断重视制度创新，主张缓慢推进，其保守主义的公共管理技巧值得我们学习和借鉴。

西蒙早期以计算机科学技术改进决策模式，他注意到二战后理性主义工程科学所具有的不可逆性、呆板性、成本大与封闭性等问题，提出"有限理性"决策模式，有助于决策的反复检验，不仅减少政府公共事务纳税人捐款，防止公共资源的浪费，也有利于当地百姓融入决策过程，参与地方治理，具有可持续性、安全性与获得感。西蒙的有限理性决策模式注意到计算机等定量分析、大数据分析与模型建构的过度理性崇拜风险，针对复杂与不确定社会的约束条件，合理解释人类政府渐进治理的历史特性,也有助于后世子孙避免重复上马、盲目建设与好大喜功的公共事务投入的巨大浪费,在政府理论上作出重大范式创新,成为第一个以非经济学家身份获得诺贝尔经济学奖的科学家。西蒙的有限理性激活耶鲁大学的著名政治学家林德布鲁姆,他提出渐进决策理论,随后改进成断续的渐进主义,是现代政策分析与公共政策学科的开山宗师,为政府治理理论作出重大贡献。弗里德曼、哈耶克都是主张人类理性能力的有限性,人类对信息、数据等加工能力的内在不足,反对剧烈变革的人,都是主张对现有的政治、经济体系予以维持的著名思想家,其中,弗里德曼更多地从经济学角度阐述注明自由市场经济解决人类社会问题的科学性,鼓励改革开放,鼓励法治化的市场秩序,鼓励民营经济,鼓励自由创新,捍卫自由市场经济;而哈耶克则反思前苏联计划经济所造成的不切实际与资源浪费问题,批评计划经济未能解决老百姓的衣食住行问题,反对封闭社会,主张市场经济的科学性,主张扩大市场,加大开放。而波普尔则提出逐步社会工程,主张解决真实的经济问题,直面问题,改良社会,建设开放的社会,不断改进社会的问题,从而达到善治。

政府治理上,无论是学者对幸福与政治哲学的探讨[①],关注全球正义与对弱势群体的平等关注,或者系统分析方法和结构与功能主义的兴起,对后发地区现代化与政治发展的研究关注,对多元文明的理解和包容,都体现出 20 世纪后期至 21 世纪初西方政府理论学者的脚踏实地的关注,关注不发达地区的经济和政治发展。2001 年 9·11 事件爆发后,西方世界更是陷人深度反思,加大对第三世界的民族主义和民粹主义研究的兴趣,甚至出现政党政治部分极化的现象。

总体看来,西方国家政府治理的实践逻辑,总体处于不断进化之中,尤其是美国在美洲建国之后,没有外敌入侵,社会环境比较安定,资本主义政府治理结构得到不断优化。欧洲困在局部战争中,欧洲一体化时进时退,但政府治理学说总体在技术优化的路上,尤其是自由主义、保守主义的崛起,欧洲资本主义政府治理的技巧和艺术性不断进

━━━━━━━━━━━━━━━━

① 米勒:《政治哲学与幸福根基》,李里峰译,南京:译林出版社,2013,第 5 页。

化，洛克和密尔是其中的佼佼者。挥别一千余年的宗教统治，经过六七百余年西方资本主义文艺复兴熏陶，再经过两百多年的战争和议会政治实践，沉湎于理性主义、经验主义与技术优化管理的工具主义取向的政府治理结构，西方世界的治理文明值得我们认真研究和科学批判，科学、价值、事实、真理如何取舍与互动，这是我们新时代需要直面的必然性课题。

第三章 监管型政府再崛起：护航市场经济的可持续发展

在后疫情时代,风险社会、市场转轨和全过程民主建设的时代主题下,政府失灵与市场失灵成为制约政府监管有效性的主要因素,政府有效与科学地保护市场的持续繁荣问题成为永恒话题。如何在政府与市场之间有效地权衡,建立强有力的政府监管体制成为各级地方政府普遍遇到的问题,随着网络技术的全球普及,随之而来数字政务的大数据建设逐渐丰富,政府监管的全方位性得到体现,而国际上有关监管型政府(regulatory state)的相关理论越发繁荣。我国特色社会主义的监管实践又为世界监管型政府理论建设提供很好的实践场所。

第一节 从金融业到网络直播：新时代政府监管的全领域

习近平总书记执政以来,我国的政府监管实践具有全方位、全领域与全行业覆盖三大特性,为未来经济可持续发展奠定良好的健康经营环境。由于我国是社会主义市场经济国家,虽然借鉴资本主义发展市场经济的合理维度,但去除资本主义在发展市场经济中过度依赖资本的不合理内核,资本市场发展得更健康、更稳健与更具可持续性。

众所周知,在部分西方发达国家,如美国"金融街"遍布全球最发达的金融机构,而不受管制的金融资本最后的发展命运必然是引发全球金融危机。为何过分依赖金融资本的实体经济会导致现有金融体系的崩溃呢? 金融资本的本意是为实体经济融资而设,为解决各类企业融资难的问题而催生的高级形态的资本行业;而企业实体经济越发展,企业家越有动力融资，越想做大做强，金融资本也就越强大，但企业的经营风险自然水涨船高。金融资本依靠利息而成长，这种成长必然受制于企业实体经济的发展速度与具体的实际增量，受制于企业自身创新的力度与对新科技的投入，但这是一个长期的过程。以我国近几年经济平均增速约 8% 的规模而言，金融资本的年平均利息也不应该超过 8% 的标准。从一个十年或二十年的长周期而言，如果金融资本每年累计规模自身的发展速度平均大幅超过 8% 这样的标准，就说明，金融业发展"虚化""泡沫化"，久而久之，就会引发实体行业无法支撑金融行业的发展速度和规模，而所有的经济发展泡沫最后都会破灭，导致金融业全行业的倒闭、裁员，甚至破产。

无论是 2008 年的雷曼兄弟，还是 2021 年年底许家印主掌的恒大集团，都是在房地产业虚热背景下的盲目投资和盲目扩张，企业自身过量借款，雷曼兴奋参与自身不熟悉的新兴领域金融衍生品 CDS，恒大则过多参与不熟悉的新行业如新能源汽车、饮水行业、足球领域等，新兴行业对于这些大型公司而言属于陌生领域，存在投资风险，存在所谓"乱拳打死师傅"的困境，短期无利润，甚至亏损；而自身公司的实际盈利短期无法偿还长期借款的利息，所以导致入不敷出，引发破产的风险，两家公司令人唏嘘万千。由此，政府监管的首要使命就是对那些大型资本企业随时保持跟踪，提前研判，进行监管，以免出现大规模经济危机，引发国家动荡，秩序失范。比如，我们国家前几年对于万达集团的监管就非常及时，第一时间减少其贷款额度，并要求其按时还款，有效避免国有资产的大规模损失，而万达集团经过五六年的整顿和自我变革也慢慢走出过度依赖资本发展模式的高风险投资，提前实现我国著名房地产行业的安全着陆，令人鼓舞。而阿里巴巴名下的蚂蚁金服集团上市也存在类似的金融融资风险。众所周知，蚂蚁金服是通过数十亿元原始资本投资而发展起来的，但其上市总值却达千万亿规模，企业金融泡沫巨大，引发党和国家领导人担忧，被紧急叫停。数字金融本来就是一个无纸化交易工具，属于新兴领域，虽然有利于方便老百姓的日常生活和企业转账，但其实并不是一个真正的实体性行业，并不像制造业那样属于我国的重要经济行业，在国家经济发展中占有核心地位，其合理估值不应该如此偏高,容易引发资本追逐,产生和中石油上市融资一样的悲剧。蚂蚁集团上市融资被紧急叫停有助于我国传统制造行业的发展和繁荣,是我国监管型政府治理科学化与产业布局均衡化的重要举措,给金融业敲响警钟。同理,党和国家对京东等著名企业的监管,也是如此。政府与时俱进地加大我国最大的几个头部企业监管力度,将金融资本引向实体行业,特别是在全球残酷的贸易战背景与后疫情时代,具有重要的风向标意义。

我国政府监管最近着重点是资本市场。我国股市历来存在九亏一盈的特点,很多小散户不敢贸然参与资本市场,最主要的一个原因就是资本市场的上市公司造假成本太低,罚款金额低,处罚措施不够严厉,监管时间滞后,不少企业造假行为屡屡发生,股价并没有反映企业正常的盈利水平,资本市场乱象频发,严重干扰了资本市场的健康、可持续发展。如,2017 年 12 月 8 日,证监会对上市公司佳电股份的《行政处罚决定书》(〔2017〕97 号),依据《证券法》第一百九十三条第一款之规定,仅仅对该企业进行了 60 万元的罚款,对相关十余位参与造假人每人 3—30 万不等的罚款。这些具体的惩罚措施,相比被罚款的这些高管较高的年收入而言,根本起不到警告和震慑作用。2020 年 4 月 16 日,新华社时评表示,决不能让投资者为企业造假买单。① 2020 年 5 月 25 日,中国证监会原主席尚福林同志在接受中国证券报记者采访时指出,上市企业造假是资本市场最为突出的违法违规问题之一。尚福林随后指出,这其中当然也有我国资本市场基础薄弱、企业商业信用积累不足等客观因素,但失信行为的溢出效应,使得个别企业违约行为不仅影响自身,还污染了整个资本市场公平竞争环境,最终推高整个社会的运转成本。如果惩戒不足或者退出机制不畅,还会引发劣币驱逐良币。因此,尚福林指出,我们需要不断完善全方位信用监测评估体系,对资本市场造假行为"零容忍",坚决打击交易环节中的内幕

---

① 人民网,2020 年 4 月 16 日。

交易、操纵市场等违法违规行为。[1] 党和政府积极行动，确保资本市场健康可持续发展，资本市场的监管型政府快速崛起。随着 2021 年新证券法的加速落地，截至 2021 年 11 月 17 日，有 369 家公司收到罚单，相关责任人在内的罚款总计超过 11 亿元，有 3 张罚额超过 1 亿元。2021 年，对资本市场的全方位监管是开局之年，具有重大的历史引领作用，将会长期提振中国股市总量的飞跃式发展与可持续性繁荣。同年 11 月 12 日，广州中院对＊ST 康美造假造成投资者损失 24.59 亿元，宣判相关责任人及汇会计机构全部赔偿责任，13 名相关人按过错程度分别承担 20％、10％、5％赔偿。[2] 史上最严厉的监管政策落地，不仅让企业不敢造假，也让亿万股民欢欣鼓舞。因为一旦造假被查，以前的处罚仅仅是年终奖的零头，丝毫不伤及造假者的元气，现在的巨额赔偿却可能是一生的总收入，元气大伤，让造假者无地可遁。资本市场政策直接呼应广大散户，势必让散户成为长期投资者，减少其投机行为，从而减少股市的波动性和不确定性，中国股市必然会越做越大，最后成为全球最大的股市实体，让众多散户不再流泪和迷茫，实现股市、股民的双赢，为实体经济融资护航。

随着我国成为第二大经济实体，人民群众对高端的文化精神娱乐的享受需求越来越强，影视文化产业高速发展；而资本又助推家居影视产业的虚假繁荣。原央视著名主持人崔××作为影视业的"曝光者"将娱乐产业推向全国舆论的风口浪尖，著名艺人范××常年虚构"阴阳合同"，偷税漏税，引发影视业发展的大讨论，繁荣的娱乐业将去向何方？相关监管部门接受群众举报线索，对影视行业加大全行业的监管力度，2018 年 9 月江苏省税务局对范××偷税、漏税行为进行处罚，总计补缴税款共 8.84 亿。同样来源于"熟悉的陌生人"举报，举报信息真实，2021 年 8 月，上海市税务局对郑×2019—2020 年期间偷税、漏税瞒报行为作出监管处罚，罚款 2.99 亿元。[3] 前两起对知名艺人等公共人物

---

[1] 张末冬：《尚福林：上市企业造假是资本市场最为突出违法违规问题之一》，中国金融新闻网，2020 年 5 月 25 日。
[2] 具体参阅雪球网，2021 年 11 月 17 日。
[3] 具体参阅澎湃新闻网，2021 年 8 月 27 日。

的经营行为进行监管均源于同行业的举报，而伴随近年来数字政务建设，各地税务局升级监管手段，优化政府监管行为，利用大数据等先进科技手段对知名人物经营行为进行科学监管，特别是对以前不熟悉的新兴产业进行全新监管。浙江省在对大数据的一次例行检查中，偶然发现，知名头部直播的领军人物薇娅（黄薇）在缴纳税金方面可能存在严重问题。经过反复调查，浙江省税务局发现，2019—2020年间，薇娅通过隐匿其从直播平台取得的佣金收入虚假申报偷逃税款，通过设立上海蔚贺企业管理咨询中心等多家企业虚构业务，将其取得的佣金、坑位费等劳务报酬转换为企业经营所得进行虚假申报偷逃税款，另外从事其他生产经营活动取得的收入也未依法申报纳税，最终作出罚款13.41亿元的决定。① 随后，全国加大对直播业偷税行为的监管治理，一千多名直播纷纷补缴税款，网络直播业整顿告一段落。近三四年，江苏、上海与浙江税务局纷纷加大对知名人物的经营行为进行监管，惩罚力度加大，无疑有助于网络直播、影视产业等新兴产业将来的可持续发展。

从金融业到网络直播业，新时代政府监管的全领域覆盖，法治护航市场秩序，保护弱小企业的发展，营造公平公正的企业发展环境，政府监管时代全面来临，为市场经济连续发展提供良好的经济运行环境。

第二节 监管型政府崛起的逻辑进路

行政监管（管制、规制）指公共部门运用公权力通过一定的制度安排对个人和组织的微观行为进行限制与调控。外延上分为政府监管与非政府部门监管（公共性报纸、网络、社团）；经济性与社会性监管。② 经济性监管，涉及公用事业、电力、电信、银行、证券、保险、市场（"黑心棉"）等领域，通过制定特定产业的进入与退出（许可、注册与申

---

① 参阅澎湃新闻网，2021年12月21日。
② 浙江财经学院王俊豪教授又在此二分法下面增分为反垄断监管，形成三分法。

报）、定价（通过边际成本、平均成本、非线性、公正报酬率、价格上限等）、数量（有关投资的计划审批、限额与配额制度；产量政府指导计划）、服务质量（ISO、投诉、许可证）、设备（安全性）、融资以及信息发布等政策对主体行为进行有效的调整，避免过度竞争或竞争不足，确保需要者的公平利用，和谐与稳定。社会性监管（S. H. E，即 Safety、Health & Environment），主要涉及安全、健康、环境等，限制负外部不经济行为（像环境污染，自然资源的掠夺性和枯竭性开采）和内部不经济（假劣药品的制售、隐瞒工作场所的安全卫生隐患等），激励正外部，保障信息劣势方，政府出台的禁止特定行为、限制营业活动、资格制度（如执业医师证）、检查鉴定、信息公开、收费补偿、标准认证等监管手段，通过设立相应标准、发放许可证、收取各种费用等方式进行，确保生命健康安全、防止公害和保护环境，科学发展。①

公共选择理论（委托—代理理论、政治经济学）假设对象出于私利而对政府行为进行分析（效用最大化理论、博弈论、决策论、理性选择理论、实证政治理论、社会选择理论方法）。最早将公共选择理论套用至政府管制上的经济学家有斯蒂格勒（1971，电价与股票管制）、佩尔兹曼（1976，规则俘虏理论）、尼斯坎南（官僚研究创始人、官僚预算最大化理论）、布坎南（1986）、贝克尔（1992）、阿罗（代表作《社会选择与个人价值》）、唐斯（代表作《民主的经济理论》）等。1965 年美国成立公共选择协会（Public Choice Society），而布莱克（1948）因其中位选民理论（Median Voter Theory）被图洛克称为"公共选择理论之父"；布坎南与图洛克（1962）《同意的计算》（The Calculus of Consent）一书则是公共选择学派的里程碑；维吉尼亚州则有"维吉尼亚学派"。② 它以"经济人"假设、个人主义与腐败理论为方法论，研究"政府失灵""市场失灵"，

---

① 详参肖兴志、宋晶主编：《政府监管理论与政策》，东北财经大学出版社，2006，第 1—37 页；王俊豪：《政府管制经济学导论》，商务印书馆，2001；徐邦友：《自负的制度：政府管制的政治学研究》，学林出版社，2008。

② 阿马蒂亚·森以故事讽刺公共选择理论。有一个外地人问："请问到火车站怎么走？""当然"，本地人一边说一边指向相反的方向，邮局正好在那里。"您能顺路帮我发封信吗？""当然"，外地人一边回答，一边想着打开信封，看看里面有没有值得偷的东西。

公共选择理论具有支持政府管制与反政府管制冲突（布坎南自由主义与奥尔森大政府），实现政府与市场的相争相融。市场失灵主要有供需不平衡、未充分就业、分配不公（丛林法则——"适者生存、弱肉强食"与马太效应——"富者愈富、穷者愈穷"）、生态环境恶化、伦理滑坡（浅薄、物欲化、快餐、功利化）、政治腐败（集体腐败：许可审批、检查、罚款等寻租"rent-seeking"与设租"rent-making"）等。[①] 其原因主要有公用品（规避风险，高、尖端技术与基础性研究缺乏）、外部性、垄断（包括人为垄断即"不正当竞争"和自然垄断）和内部性（信息不对称，如大酒店食品就难于监管）。政府失灵主要有决策过程无法得知充分经济信息，政策往往造成悲惨后果（寻租、浪费、腐败、公共服务与资源分配不公、延缓经济发展、决策失误）。[②] 原因主要有成本与收入分离、内在性（更多预算"监管关联费用"CTU、新技术、信息控制）、外在性（监管部门自身的资源浪费、寻租与自由裁量权滥用；企业内部的无效率、监管滞后引发的企业损失）、分配不公（风景区的别墅）等方面。[③] 第三部门失灵主要有滥用特权、欺诈、减税、费用高、不透明、贪污、经费短缺等。[④]

　　政府经济学着眼于政府监管，具有理论的针对性，基于成本—收益分析的公共选择理论可以解释政府监管体制下为什么矿难仍然频发这一难题。我们的分析是，监管缺失的主要原因依次如下。

　　（1）地方官员的"经济人"追求利益最大化，降低了煤矿开采的安全系数，监管执行不到位，造成矿工生命危险。一些地方，如不用担心矿工事故后的赔偿，比如在河北，每条人命不到 5 万元，这些赔偿对于企业损失无关痛痒。可见，恰恰是由于落后地区属于资源枯竭型城市，

---

① 曾峻：《公共管理新论》，人民出版社，2006，第 110—112 页。补，此书于 2008 年中底获得上海社会科学著作一等奖。"竞租"假设：当市场经济与政府共存时，政府人员本身便是许多政治分肥和市场特权的来源。由于政府人员和市场的参与者都是出于私利而采取行动的，市场参与者会争相抢夺"租下"（透过各种手段）由政府颁布的垄断特权。

② 《公共管理新论》页 116。

③ （韩）吴锡泓、金荣枰：《政策学的主要理论》，复旦大学出版社，2005，页 26—27；《政府监管理论与政策》，第 41—42 页。深入的研究见（美）沃尔夫：《市场或政府：权衡两种不完善的选择》，中国发展出版社，1994。该书以研究政府失灵而著称。

④ 《公共管理新论》，第 120 页。

为了政绩工程，地方政府官员不得不与企业"合谋"，减少对矿工的安全设备投资，减少安全教育培训，忽视对矿底的安全勘探，玩忽职守，草菅人命，一旦出现矿难，都是致命性的。

（2）相关利益集团追求具体利益目标，忽视了矿工的生命安全，监管失范。比如，某地方，某政府官员 2005 年入股，参股比例高达72.4％，为了巨额收益，参股官员必然存在事故控制，甚至矿难瞒报行为，导致上级政府得不到矿难的具体数据，也就放松相关检查与例行巡查，结果，导致更多的矿难。最后，引发全国性舆情事件，降低相关地方政府的公信力，危害科学发展观与中国梦的推进与建设。

（3）政府官员抵不住诱惑，参与寻租行为，相关监管缺位。比如，山西等地，存在着贿赂俘获、寻租、补贴、追求业绩等行为，即所谓的政企合谋"双赢"。政府官员放松对自己的职业伦理教育，常年不参加相关课程培训，日常工作放松警惕，平时对自己缺乏严格的自我反省，行动自觉能力差，贪图享受，追求美色，被煤老板"糖衣炮弹"所击垮，失去一个共产党员应该有的党性修养，导致监管失职、失位与越位，在地方民众心中口碑下滑，造成不好的影响。

（4）由于缺乏先进的科学技术与前瞻性安全意识，政府治理煤矿安全监管技术落后，导致政府监管失灵，监管无效果、无效率，监管失能。[1] 部分小煤矿地处偏远山区，交通不便，少数煤矿开采技术落后，粗放式经营，因此，让这些企业配备现代科学技术，较为困难。

因此，在实践中，我们必须敢于顶住压力，做好担当，坚决关停小煤矿，取缔非法运营煤矿，实现煤矿的精细化开采，科学安全采煤，确保开采安全。

第三节　监管型政府体制建设的边界、空间和限度

政府监管体制建设遭遇的挑战，监管问题主要有如下特征。监管

---

[1] 参阅李晓领：《我国矿难原因及对策的公共选择理论分析》，中国矿业大学《公共管理论坛》（2007 年第 2 期）。

缺位、失位与失能的主要表现为滞后性，如江西爆竹爆炸事件、安徽大头娃娃毒奶粉、广东 SARS、山西黑窑、河北三鹿奶粉事件；体现出地区性，多发于中部地区；引发社会性，公共媒体接入容易引发社会表达爆炸，形成社会汹涌的舆情，导致对政府监管公信力信任度下降，削弱政府权威的合法性，导致部分群众政治冷漠，政治参与度下降；同步性缺失，由于监管计划跟不上环境变化，而监管技术的发展难于跟上牟取暴利的技术，这主要源于公共财政资金供给不足。

以矿难安全事故为例，我们可以基于被监管者，从国有煤矿经营者（承包制下老板追求利益忽视维护与安全教育投资，尤其是煤炭过剩、价格放开利润大幅下降），乡镇煤矿经营者（利润最大化：老板以农民为主，缺乏安全教育培训、安全意识差；劳动力流动性高，不愿意培训；不能确定自己能开多久、短视；规模小付不起安全设备费用）、个人（技术工人下岗分流不愿从事低廉工作；新的工人多没有经验）、地方政府（财税、入股与勾结）四个层面进行分析。而基于监管者的分析，主要有条块分割，多头领导；监管体系滞后（无第三方监管）；人治（经常性政府重组，"折腾多"）；缺乏训练有素的监察员（10 万个煤矿总共才有 3 万检查人员；多为劝说、说教，执行力差、罚金少，仅 5 万元一条人命）。[1]

为了更好地护航经济与社会发展，利用大数据与现代信息科学技术，需要建立权能有限与执行有效的全新行政监管体制，主要措施如下。

（1）全面实践与实践变化前行的监管原则：合理性、独立性、公正性、高效性与合法性（认同性），优化政府监管原则。[2] 其中公正性与高效性是政府管理（"双 E"政府）的题中之义。而合理性、合法性（得到实际执行）则是定位政府监管外延与内涵的逻辑基础，独立性则是监管型政府崛起。

---

① 深入的研究参阅王绍光：《煤矿安全生产监管：中国治理模式的转变》，《比较》（第13辑），中信出版社，2004。
② 《政府监管理论与政策》页64。

（2）合理借鉴与吸收西方先进的监管治理机制，构建"大棒＋胡萝卜"复合性监管制度，实现创新与有效的权衡。

公共管理代替公共行政、治理代替政治科学的背景下，基于技术主义创新与治理方式的变革与制度安排，即多元主义监管体系，在重组、再生、再组中调试前进，再造"4E"政府，建构多元与立体的监管体制（主要是鼓励竞争、自然垄断监管、外部性和非价值物品、内部性政策的选择与组合），在激励—抽租、有效竞争—有限垄断中实现平衡。[①]

在传统领域，经济性领域加大立法力度，放松监管，引入新公共管理，重新释放公益性行业的活力。以市场化（民营化）为代表，涉及垃圾、专卖、电信、铁路等行业，如 70 年代后美日英对电信、运输、金融、能源等产业放松规制，而经营效率提高。最新的进展则有合同契约与政府外包监管方式。

加强社会性领域政府监管，彻底实现法治化（Rule of law, not by law），全球经济性规制呈放松，社会性规制则呈加强趋势。较多经济学家认为越是市场化程度高的经济和社会，社会性规制越有必要加强，如医药、安全、食品、环境等。配套制度安排创新：目标的单一性；监管体系（人才任命的垂直化：国务院）；还包括加强管理、实施；业务整顿；监管风格；配备必要的设备，投入。

提升机构的自身监管，警惕"规制俘虏""合谋"：法治化、制度化、程序化与机构自身的自觉（Self-regulation），官员自身苦练内功。[②] 垄断产业，俘获的空间和几率增大，企业从政企合一的国有企业脱胎而来，存在较严重的信息不对称；委托代理的复杂性；现有规制机构与相关制度的缺失等导致规制失灵（规制者任职期限、自身利益、有限理性、有限信息），俘虏与被"收买"。按理市场失灵与规制失灵并存，应"两权相害取其轻"，但事实往往并不如此。政府规制具有主观人为性，比如一项规章尽管已经不合时宜，但通常不会自动退出或解除，很可能还受到既得利益者的阻碍。

---

① 《政策学的主要理论》，第 71 页。
② 关于合谋，可参阅聂辉华、李金波：《政企合谋与经济发展》，《经济学》，2006 第 1 期。

扩大激励性监管。[①] 基于"一管就死、一死就放、一放就乱"（博弈论），政府管制低效与市场失灵同存，完全放弃规制或实行私有化也并非万全之策，因此需要激励性规制与部分放松规制共进。形式：特许投标制度、区域竞争（或称为标杆竞争）制度、价格上限规制、社会契约制度等；警惕"棘轮效应"（杜森贝里，好的表现反受惩罚，聪明的经理用隐瞒生产能力来对付计划当局）；促进信息的自由流通（新监管经济学[Baron and Besanko，1984]企业信息越多，政府监管的效能越好），信息约束下的政府监管是目前日益重视的课题。逆向选择（adverse selection，阿克洛夫基于二手市场信息不对称于1970年提出1日车模型），被监管企业对如何以最低成本来满足产量目标要求的生产技术更为了解。而道德风险（本义指投保人在投保后，降低对所投保标的预防措施，从而使损失发生的概率上升，给保险公司带来损失的同时降低了保险市场的效率），企业容易隐藏信息与隐藏行动，政府监管困难，故采用激励机制，注意强度，减少自身的谋利，增大俘虏的难度，在监管机构与企业之间信息共享，减少消息不对称性。

总之，政府监管制度的有效执行不仅需要政府官员的理性精神、自觉担当，还需要监管制度法治化平台的保障。官员通过案例的不断学习与实际公共管理智慧增长，增之以壮志雄心，政府监管力的提升不是虚语。在风险社会、市场转轨和政治民主化的时代主题下，市场失灵与政府失灵成为制约政府监管有效性的主要因素。如何在政府与市场之间有效地权衡，建立强有力的政府监管体制成为各级地方政府普遍遇到的问题。基于"大棒＋胡萝卜"的政策安排可以成为政府监管制度创新的权衡方案，在有限垄断与竞争、激励与税收、权威与市场中实现动态平衡，从而实现经济有序、科学与可持续的发展，促进社会和谐。

---

① 深入的研究参阅（法）拉丰与梯若尔：《政府采购与规制中的激励理论》，石磊、王永钦译，上海三联书店、上海人民出版社，2004。

第四章 责任政府建设：敢于直面现实世界的挑战

习近平总书记在多个场合讲话，反复指出，新时代的现代政府建设必须不断增强政府治理能力现代化建设，推进政府治理结构的现代化。习近平总书记说："我国国家制度和国家治理体系始终着眼于实现好、维护好、发展好最广大人民根本利益，着力于保障和改善民生，使改革发展成果更多更公平惠及全体人民，因而可以有效避免出现西方国家习以为常的党派纷争、利益集团、少数"精英"操弄等现象，具有无可比拟的先进性。"①习近平总书记的这番话指明政府治理的方向就是始终围绕改善民生这一个大课题，改革成果更加民主，更具有共享性、大众性、普惠性与公共性，实现人民当家作主。

因此，中国公共管理学本土化研究需要面向火热的改革开放，面向大家关心的政府管理案例，聚焦公共问题，聚焦共同关心的存在，扎根于中国真实的公共问题，归纳总结，解答政府治理中热点问题、焦点问题，把老百姓所反映的突出问题解决好，由此建立为民服务、对民负责的长效机制，改变政府作为，提升政府治理能力，完善政府治理结构，实现政府治理结构与治理能力的现代化。② 在公共问题中找出路，深入研究，找出症结，从而进行本土意义上的公共政策制度体系建构。当前围绕中国的重大公共问题较多。

本书本章节主要选取 2003—2007 年期间比较突出的 4 个问题，分别为城市内公共交通服务（以浙江杭州公共交通汽车伤害市民人身安

---

① 习近平：《习近平谈治国理政》第三卷，北京：外文出版社，2020，第 123 页。
② 曾峻：《公共管理学新论：价值、体系与工具》，北京：人民出版社，2006，第 2 页。

全为例）、城市发展中的城市建设与公民产权测定（以广东、四川、江苏等地居民拆迁过程中的权益保护为例）、公共生活环境服务（以浙江湖州长兴县蓄电池污染为例）、政府的劳工权益责任（以 2007 山西黑窑事件为例）。这些问题的解决，需要我们增加地方政府的财政预算，提升政府的公共服务意识，增强政府权威。

第一节　维护城市公共交通服务的公益性

　　杭州市公交集团公司因 2007 年交通事故致死 16 人，市民有"车祸猛于虎""横行霸道""人怕车"的感慨，普通私家车怕出租车，机动车怕公交车的说法。① 引发事故主要的原因是，公交车在行人过人行横道线时，没有停车让行；在转弯尤其是右转弯时，也没有让行。不少城市目前仍对公交司机的考核采取"线路营收"和"安全行车"双重考核标准。而前一项"线路营收"，就涉及车辆运行的公里数和上下乘客的数量。而这，就不可避免地造成公交车司机之间互相攀比，为争客源而超车、赶车的情况。"安全行车"这一最为重要的职能缺位，"安全行车"让位于企业营收，市民安全保护让位于承包公司的年终分配，导致公共安全事故频发，市民出行安全得不到保障。在公交管理中，过分强调"市场化经营"，在"多拉快跑"中公众出行安全似乎也就变得无足轻重。有市民说，"公交集团享有财政补贴，但又实行市场化经营。干部任命机制和它的市场化运营相违背"②。

　　因此，针对杭州公交车安全事故频发的问题，政府管理的制度创新安排可以有如下几种。

　　1. 公交车停靠区域规范化。从技术上，设定专门行车区域，规范公交车的行驶。上海于 2005 年 12 月设立公交车辆跟行区域，设立了公交车跟行站点，路面靠右的一条车道宽 3.1 米，新划的停车线和进站

---

① 根据杭州网、重庆晚报、新华社、今日早报、钱江晚报等媒体资料修改而成。
②《今日早报》，2007 年 3 月 15 日。

虚线间长 50 米。公交车进入这一区域后不得随意变道，首辆公交车必须停靠在停车线后或公交站点旁，后进车辆必须依次跟紧停靠；公交车进站后车身距人行道在 0.5 米左右，能让乘客一步上下；公交车在这一区域内不能并停、歪停等。内侧的虚线被改成了白色实线，路边的护栏被拆去 27 米，乘客在这一区域内的上下车也不会受到影响。① 数年后，全国大部分城市实现公交车专门的运行线路，市民出行安全得到更有效的保障。而随着北、上、广等一线城市地铁线路多达二十多条，地铁线全面运营，纵横贯通；而二线城市的地铁线路平均有五六条左右，上班族多选择乘坐快速、便捷与安全的地铁，本世纪初期公交车主导的城市运营责任慢慢降低，地铁运营慢慢取得主导性地位，市民出行安全的焦点转移到地铁线，公交行车安全问题让位于地铁运营安全。

2. 车让人出行制度创新。汽车转弯时，或通过人行横道，必须确认行人或其他车辆安全，必须停车让人。《重庆市道路交通安全条例》第 48 条规定：机动车经人行横道时，应当减速行驶；遇行人正在通过人行横道，应当停车让行。同时，机动车行经没有交通信号的道路时，遇行人横过马路，应当避让。违者处警告或者 100 元以上 200 元以下罚款。该《条例》规定：行人应在人行道上行走，没有人行道的，应在距道路边缘 1.5 米的范围内行走。行人在通过路口或横过道路，应走人行横道或过街设施，按交通信号指示灯通过人行道；没有交通信号灯、人行横道的路口，或在没有过街设施的路段横过道路时，在确认安全后通行。违规的行人，将处警告或者 10 元以上 50 元以下罚款。②

3. 加大法治化惩罚力度。让司机参与执法，体验教育。宁波江东交警推出新举措，对斑马线前遇行人不让行的驾驶员，作出举牌 10 分钟反省处罚，要他们换位体验，懂得礼让。某违规驾驶员举牌体验 10 分钟后说："真的比罚款还难熬。"民警希望通过违规驾驶员体验行人过街的处罚方式让他们自己认识问题，共同树立一种自觉文明的行车观念。在新浪网的民意调查问卷中，有 83.84% 支持宁波警方"不避让行

---

① www.hangzhou.com.cn, 2005 年 1 月 1 日。
② 《重庆晚报》,2006 年 5 月 20 日。

人须举牌反省 10 分钟"的规定。①

（四）安全无小事，启动一票否决制。真正执行领导问责制度，实行公开、透明自觉与自我执行。对行车事故的死亡人数，必须以"零"来加以控制。往往涉及领导层面时，事故责任就不能明确落实，要做到透明化。② 人命关天，因此，新时代的市民出行安全的价值取向大于企业创收。公共安全管理重于泰山。相关政府监管部门需要加大对公交公司运营的安全监管力度，做好对司机的安全教育，不能放任司机为完成工作量而罔顾市民出行安全，让安全教育入脑入心。

（五）多部门联动，建立大数据，实现智能安全管理。建立政府有关职能部门和交警部门与公交公司的有效互动，建立制度化的管理制度，让公共事业管理法治化。市场化运营有很多公益性（效率、效益、便捷）优点，但最重要的是缺失对人身安全这一首要性价值。在"优先发展城市公共交通"的政府战略下，必须以公众的安全为前提考量。它不是让公交公司自我扩张，而主要是政府加大财政支持，改善员工工作待遇，缩减工作时间，扩大公共福利，以现代人本管理的理想来重新塑造，真正实现政府与企业的互动。而且，公共交通属于"准公共产品"，属于公共事业范畴，也不应该过分扩张，而应该是改进公共服务的质量和水平。这也反映了我国后发国家公共管理公共性与公益性价值的双重缺失。③

2007 年左右，各大城市出现的"车撞人"事故，不仅反映了我们的公共服务需要做技术上的改进，更重要的是从制度上重新确定公共交通管理的职能归属，实现制度化创新，维护和呈现城市公共交通的公共性，实现城市交通为人民服务的公益性，凝聚共识，整合社会，减少社会分裂。④

---

① 《钱江晚报》，2007 年 10 月 1 日。
② 《今日早报》，2007 年 3 月 15 日。
③ 曾峻：《公共管理学新论：价值、体系与工具》，第 66 页。
④ 张成福、党秀云：《公共管理学》，北京：中国人民大学出版社，2020，第 50 页。

第二节　都市化房屋拆迁中市民利益的保护

城市建设中房屋拆迁的市民利益保护各国不一致，原因何在?[①] 目前尚无法律、法规要求政府规划城市建设用地之前必须听取当地居民的意见。因此，政府规划城市建设用地只是单方面行为，有时没有征得被拆迁方公众的同意，具有很强的单一性、随意性和不确定性，很有可能在政策执行过程中损害被拆迁者的利益。不少拆迁问题或是政府为了商业用地需要、扩大财政收入所引发的。而房地产开发商为了自己的经济利益常常会加快拆迁的时间进程，甚至动用法院机关来帮忙，强制拆迁，从而损害被拆迁者的利益。目前拆迁过程中呈现的主要问题是，在实际的执行过程中，由于项目接近尾声，且双方未能达成一致，拆迁方迫于项目压力，项目方为赶进度暴力拆迁、强制拆迁，甚至违法拆迁，先拆后补，或者深夜偷偷拆迁，而被拆迁者往往采用非理性手段来解决经济纠纷冲突，比如示威游行、煤气自杀、跳楼、暴力抗拒等方式，甚至有抱小孩阻止、携带孕妇抗拆等等，反拆迁形式多样。所谓的钉子户则是用强力对强力的方式来换取自身经济利益的最大化，这是交易成本最大的一种方式，事实上也损害了早些被拆迁者的相对利益，容易引发其他地区"钉子户"效应，从而大大降低政府权威机关和中介组织的权威性和合法性。

从城市发展和管理的前瞻性视野来看，需要着重如下层面，供学术界讨论。

1. 街道和社区加大拆迁创新力度，引导公民制度化有序参与，让拆迁工作不再困难。政府在征用任何一块土地时都应该举行听证会，让民众知情，同时获得程序上的合法性，做好民众的疏导工作，这样的程序安排让老百姓行动自觉，拆得开心，拆得满意，拆得迅速。毕竟，老百姓对拆迁屋居住多年，难免有一些不舍之情。某些城市绞尽脑汁，为杜绝钉子户的出现，采取一些较为理性的拆迁解决办法。如北京最大

---

① 关于各国拆迁案例的介绍，详见各大媒体、新闻。

的危旧房改造项目酒仙桥危改工程首次采取同步搬迁的方案，以居民"公投"的方式，即居民中达到一定比例的人签订搬迁协议后，才实行同步搬迁，避免出现"钉子户"愈到后面拿补偿愈多的问题。① 据 2007 年 6 月 8 日居民投票的结果显示，在拆迁所涉及的 5473 户居民中，有 3711 人进行了现场投票，约占总数的 67.8%。而在 3711 票中，赞成票 2451 张，约占总票数的 66%；反对票 1228 张，约占总票数的 33%。无效票 32 张，约占总票数的 1%。② 酒仙桥危改工程拆迁非常顺利，既没有出现暴力拆迁，也没出现众多钉子户，实现城市发展与市民居住条件改善的双赢，这都是街道干部、开发商与市民共同参与、多次互动与利益让渡的结果，这样的拆迁经验值得总结和提高。做好拆迁的动员和宣传教育，让市民支持城市现代化建设，理解危房改造的困难和好处，让老百姓心服口服，做好口碑工程。诚如有学者指出，拆迁涉及公民的财产权，而财产权作为公民的基本人权，是不能由民主投票方式决定的。否则，会出现所谓"多数人的暴政"。这样多数决的制度安排似乎不能从根本上解决拆迁问题。

2. 引入第三部门评估机制解决拆迁难题。学者周泽认为，在双方就补偿难以达成一致的情况下，可考虑由双方共同选择权威的第三方进行评估。某著名钉子户的拆迁案中值得注意的是，在被拆迁人不同意拆迁的情况下，拆迁人将被拆迁人的房产相邻房产全部拆掉，断路、断水、断电，这种拆法在某种意义上已经构成了对被拆迁人相邻权的侵犯。③ 如果引入市民认可的权威性第三方房地产评估机构，对房子的潜在收益作出合理评估，同时参考拆迁方的合理利益诉求，引导市民适度作出利益让渡，实现拆迁方与市民的一致满意，其实这不仅仅是谈判沟通艺术，更体现了第三方社会组织参与都市化的平衡功能，有利于社会组织的科学与合理的发展，弥补政府部门社会整合能力的部分不足。

3. 保护不拆，绕道而建。政府保护被拆迁人的合法权益。从国外

---

① 金羊网，2007 年 6 月 6 日。

② 《中国青年报》，2007 年 6 月 12 日。

③ 《东方早报》，2007 年 3 月 23 日。

来看,较好的做法是尊重被拆迁人的财产权和意愿,另想办法。整个政府工程虽然看上去并不美观,但从另一个角度而言,尊重私人产权,确实如我国著名社会学家费孝通所说的"美人之美,美美与共"的和谐社会建设构想不谋而合。斯普瑞格思夫妇与日本"最牛钉子户"两大重要案例充分反映西方国家对合法产权所有者的真诚的尊重。即便是某国大型国际机场马路的绕道修建,都没有严重损害公民的合法权益,而且不影响机场的正常运行功能。西方国家充分尊重每一个市民的合理权利,不拆服务,决定绕道修建,或者保护修建,房屋拆迁中的制度创新,这些都值得我们地方政府部门好好学习,改进政府治理工具,改进思维,改善服务态度,实现美丽城市建设的宜居目标。

第三节　让绿色发展战略执行到底

早些年,由于属于新兴产业,浙江长兴县蓄电池企业污染较为严重。当地林城镇政府与杭州妇幼保健儿童院联系,集中抽血检测,一共检测了 860 名儿童,超标的大概是 460 个,超标的比例 53% 左右。2005 年 8 月 20 日,长兴煤山镇多个村庄的农民聚集围堵当地的一家污染企业"浙江天能电源有限公司",数千名群众与警方发生冲突,双方互掷石块和催泪弹,有多人受伤,两辆警车被毁。事后多名群众被拘留或逮捕,其中数人被判刑。①

长兴新能源村民与企业冲突,概括起来,主要原因有如下几个方面。

1. 某些企业为了追求高额利润减少环保成本投入,主动排污,甚至向政府有关部门寻租,企业排污行为被"纵容"。一些企业为了减少成本投入,追逐高额利润不惜牺牲公众的环境利益,忽视科技创新和生产工艺改进,污染源外泄,导致大批耕地被污染。"尽管污染的是公共

---

① 根据中广网(2005 年 5 月 11 日、12 日)、《湖州日报》等媒体资料修改。

利益，但是得到的是自己的利益。"①在调查中，我们发现，少数小作坊，不遵守污染源回收作业规范流程，存在随意处置污染源问题，导致污染物对耕地和水资源的破坏，引发村民的仇恨感。日积月累，以致少数村民忍无可忍，做出过激行为，引发暴力冲突。

2. 政府部门疏于监管，对蓄电池行业缺乏制度化操作监管安排，电池污染源监管缺位。一些地区和部门的领导片面追求经济利益或个人政绩，而蓄电池产业回报丰厚，当时政府为了扩大招商引资的规模，在宏观调控方面缺乏必要的手段，这使得企业进入蓄电池行业的准入门槛相对较低，再加上那个时候人们的环保意识淡薄，企业在环保方面的投入较少。比如，2000 年长兴县只有七八十家蓄电池厂，到 2004 年一下子就增加到快两百家。现有的审批体制上有问题，导致电池企业水平参差不齐。有些工商部门按照个体工商户的注册登记可能不需要出示环保和卫生部门等证明。甚至有学者提出"政企合谋"方式来分析地方经济快速发展的原因。② 如聂辉华等人指出的，我国经济高速发展，在过去的三十多年里，维持了年均约 10% 高速增长奇迹，被誉为"中国模式"，但也出现不少问题，比如严重的环境污染，恶劣的食品卫生等等。改革开放初期，这种中国式分权背景下，由于信息不对称，而为了财政利益和晋升利益，地方政府会选择与企业合谋，事实上默许少数企业采取"坏的"生产方式，带来不少生产安全事故和社会问题。虽然说这是现代化的代价，但也是我们需要竭力避免的。

3. 企业和村、街道等地方微观部门沟通机制缺乏，受害民众缺乏公开救济的制度化利益表达通道，往往采用暴力方式来表达利益要求。这种极端的暴力方式不但影响自身家庭的幸福安全，更影响地方秩序与地方政府和国家的权威与公信力。恰恰是由于和平的非暴力利益表达机制的缺位，尤其是跨区域、跨部门的矛盾解决机制缺失，这一方面固然是由于处于改革开放初期的历史阶段，但也说明，政府治理之路任

---

① 中广网，2005 年 5 月 12 日。

② 详细的研究参阅，聂辉华、李金波：《政企合谋与经济发展》，《经济学》（季刊），2006，第 6 卷第 1 期，第 75 页。

重道远。

生态污染的地方政府治理主体在于企业的自觉，加大企业自身的防污、抗污的技术开发水平，也依赖地方环保部门和地方自治部门的合力，更需要拓展村民议事机制与跨部门争端解决机制的建立。地方政府部门需要从如下角度加强政府生态污染治理执行力建设。

4. 加大责任主体问责，加大基于政府权威的公共管理与治理，让企业污染无处排放。长兴县针对环境污染问题出台了"生态危害官员问责制"。从 2004 年下半年开始，长兴县开展了针对蓄电池行业污染的整治工作，对全县 170 多家蓄电池企业进行了摸底清查，有 100 多家企业被取消了蓄电池生产资格。到 2005 年底，全县 175 家蓄电池及相关企业中已有 117 家关闭，有 58 家整治企业开展了限期治理；6 家冶炼企业中 3 家停产、2 家转产；12 家极板生产企业中有 2 家不达标停产；40 家组装企业 39 家通过验收。通过治理，蓄电池企业加大了环保投入，加快了技术改造。2005 年全县蓄电池行业产值突破 20 亿元，同比增长 59% 以上。浙江超威电源有限公司实现销售收入 3.65 亿元，同比翻了一番。[①]

5. 增加绿色 GDP 考核指标，实现地方政府考核评价体系的多元化，科学发展观指导经济发展。长兴的环境污染案在浙江与全国的经济发展中具有一定的普遍性，而加强企业污染治理是经济发展到一定阶段的必然结果。经济增长和生态环境建设的关系要达到和谐共赢，一方面政府要提高不法企业的环境违法成本，考核评价政府和官员时，要加大生态环境建设在各级党委政府和官员政绩中的分量。另一方面，政府监管企业加大科技投入，提高科技含量和工艺水平，实现企业的生态发展。协调好政府间关系，防止一些污染企业进行任何形式的跨地区转移，特别是向西部转移，向落后地区转移，污染贫困地区。习近平总书记说："绿水青山，就是金山银山。"发展是硬道理，发展型政府大行其道，但科学发展是硬道理的必由之路，而绿色生态可持续发展是新时代经济和社会发展的必然方向。共同富裕必然是生态富裕，而不

———————————

① 《湖州日报》，2006 年 1 月 23 日。

是污染富裕，是为子孙后代谋福利的事业。

6. 践行全过程民主，地方政府与民众建立协商民主的制度化运行机制，快速地建立公共危机解决长效机制。基于公正的立场解决企业和民众的争端，切实解决因环境污染而造成的物质损失。在条件成熟的地方，在经济和文化教育发达的地方，尽快实现地方领导干部的公开的、定期的、差额的公平选举，真正建立一套对民众负责的公共管理队伍和领导人员，以前瞻性的精神解决各类公共管理危机。民众可以通过对自己负责的政治精英发表意见、表达偏好和政策主张，这样可以避免政治参与爆炸的无序冲突，真正实现和谐社会。

第四节　山西黑窑中未成年人权益保护

2007 年上半年，河南很多小孩被拐骗到山西做童工①，在社会上造成不好的影响，而造成上述悲剧的主要原因是政府间关系尚未制度化的运作，给犯罪分子以机会，特别是不发达地区更为严重。非法小作坊，政府部门存在监管缺位，而造成此问题的原因主要有如下几点。

1. 随着经济发展和人口流通性增强，犯罪分子利用民众就业信息的不对称，想方设法骗取流动务工人员的信任，继而骗取钱财，甚至谋财害命。很多善良的民众被骗。

2. 在人口流动密集型区域，公共警力严重不足，公共服务提供滞后，政府公共财力投入严重不足，特别是落后不发达地方，比如中部地区。经济较发达地区，因为公共警力配备相对完备，犯罪分子无机可乘。

3. 不发达地区具有较高利润的行业不法商人和企业与部分地方政府官员相互勾结，非法利用民工，无视宪法和法律，损害民众人身安全，侵犯人权，性质极其恶劣，影响特别大。

这些问题需要当前的城市建设注意一些边缘化区域的重点管理。

---

① 详细的资料见，2007 年 6 月与 2007 年 7 月中新网。

首先，让法治自我运行，减少法治政府执行的阻滞力，加大政府人员和物质资源的投入，提高执法人员的法律素养，形成开放、负责与透明的人才选拔制度。法治的自我实现是民主政府的重要条件。从案例来看，地方政府部分警员和公务人员明知道应该让孩子家长和老乡带走学生童工，却因为窑主的经济原因而没有解救学生童工，没有尽到做好一位公职人员的责任。特别是山西一些贫困地方，政府公务人员的法治执行困难更大，因为他们的经济压力和人际网络很难让他作出一些具有民主性与法治性的前瞻行为。

其次，建立电子化政府，建立用工档案网络化、电子化，实现政府间交流合作的制度化与有效性，为法治政府提供技术支持与制度保证，切实保护劳工权益。

最后，加大公共警力建设，特别是火车站、汽车站等人口流动密集区域，确保大众的人身自由安全。对于公共警员必须进行制度化的年度培训，提高法学、政治学与公共管理学等专业素养，增强职业操守和专业修养。特别是贫困地方和不发达地区的警员，更要加强这方面的专业训练，从而使科学执政观和和谐政府具备坚实的执行力。

第五节　责任政府建设的展望

公共问题一旦出现，需要找出问题，界定政府部门责任，需研究和提出一整套的制度安排与公共政策创新。只有建立在真实公共问题视野之上的公共政策与公共事务管理，我们的地方城市才可以说实现了"回应性"政府、责任政府和"前瞻性政府"。政府需要时刻关注影响大众的急需解决的问题，通过民主的法定程序，集合专家与民众的参与和智慧，科学地制定公共政策和公开制度安排。随着新问题的出现，老问题需要得到解决。如果老问题不解决，那么，不断出现的新问题，就会层出不穷，给政府造成继续发展和创新的阻力，增加民众对政府的抱怨和不满，降低政府权威和执政能力。所以，问题一出现，需要政府部门快速反应，公开公共政策，让百姓了解和知情。对于新问题和较难解决的公共事务问题，则需要科学与民主的互动，不断积累经验，不断创新公共管理的制度安排。

　　引发争议的广东九江大桥收费事件，通过记者的调查和部分学者的研究，清楚表明了九江大桥是国资绝对控股，而且早已还清全部贷款，应该停止收取过桥费。得知网民意见和媒体看法之后，地方政府还是公开宣称仍然要收取过桥费，反映地方政府根本不顾民意和政府法律法规，具有强烈的权威主义色彩和垄断特征。不仅如此，在大桥坍塌之后，九江大桥管理方还厚颜无耻地向广州海事法院提起索赔过桥费损失 2558 余万元的诉讼。[①] 这些都说明，某些地方政府部门过分追求自身利益，不顾及公共利益，损害地方政府为人民服务的基本价值。这些都说明，地方政府的自身行为需要得到强有力的有效监督，而实现这样的一套制度监督模式，不仅需要政府自身的自觉，更需要社会团体、公共领域（传播媒体）的不断成长和法律地位的确认，三者互动，形成多元复合互动的共同治理结构。即便是宣称到 2019 年前，政府还贷公路收费站将全部撤销的广东省，经济这样发达的开放地区，部分政府部门仍然具有较强的顽固性，那些不发达地区的顽固性，就可想而知。因此，政府自觉与政治精英的承担精神就难能可贵，就更需要政治精英的自我超越和自我学习，实现社会和谐。

　　杭州公共交通汽车伤害市民人身安全事件、居民拆迁过程中的权益保护事件、湖州长兴县蓄电池污染事件与山西黑窑事件，体现后发国家现代化过程中不可避免要遇到的问题，特别是超大规模的环境约束，政府部门遭遇前所未有的执政危机、执行危机和合法性危机。这些问题的解决，不仅需要强大的法律体系，富裕的财政支援，强大的社会资本，更需要政府部门的自我改革与自我调试，找开放、透明、责任与民主治理的道路。政府、市场、企业、团体和公民是当今社会的五大调节和控制因素，需要不断整合与互动。上述四大案例表明，政府和企业的关系应该是既分开又合作的关系。以前政企合一，政府管得太多；现在政企分开之后，似乎政府管得太少，如杭州公共交通汽车伤害市民人身安

---

① www.sina.com.cn, 2007 年 9 月 5—6 日。

全事件和居民拆迁过程中的权益保护事件。有些该管的，政府又不管。另外，部分政府部门为实现自身的利益，不惜与部分经济企业"合谋"，损害政府权威和公信力，如湖州长兴县蓄电池污染事件和山西黑窑事件。在四大案件中，都不同程度地存在政府部门缺乏公共服务的政府角色。政府似乎并没有站在公正的立场上，开始的时候，比较重视企业的利益。只是当企业的经济利益损害大多数民众的切身利益之后，政府才采取措施弥补民众的损失。事实上，政府管理似乎总是滞后于现实公共事务。这也正是前瞻性政府和通往善治的理论价值的魅力所在。

因此，基于中国公共事务和公共管理的案例教学就显得特别重要。当前，公共管理学的崛起、发展和繁荣主要得益于中国 MPA 教学的推动和促进。中国 MPA 教学必须得到政府自身的大力推动才可以继续发展。特别是具有浓厚传统权威主义色彩的中国，改革开放才 40 多年，很多政府官员保守、落后与僵硬的思维必须转向民主、法治与开放的现代思维，而基于学习型政党和学习型政府的现代建构，基于政府、市场和社会的三元互动，基于公共管理学本土化的不断训练，这样，我们的国家、政府和社会才会走向现代化的道路，实现社会和谐与发展。

和谐社会的实现需要责任政府的建构与执行。从实证问题出发，政府需要为民众的利益和福祉负责，真正实现民主政府、法治政府和和谐政府。政府官员的超前观念和前瞻性视野，是政府改革和政治发展的首要品质。

第五章　服务型政府建设：以浙江老龄医保服务供给为例

地方政府科学研究人口老龄化和医疗保险之间的关系让每个公民年老的时候，能享受到地方政府提供的完善的医保服务，幸福健康地生活。目前我国的基本医保体系有职工医保、城镇居民医保和新型农村合作医疗三大块。

第一节　老龄医保服务供给迫在眉睫

（一）老龄化与老龄医保

老龄化是指老龄人口在社会总人口中的比重持续上升，人口结构呈现老年状态。一国 60 岁及 60 岁以上的老年人口超过该国家总人口的 10%，或 65 岁及 65 岁以上的老年人口超过该国家总人口的 7%，预示着该国家步入老龄社会。

表 1　我国 60 岁以上老龄人口的比例趋势表[①]

年份	老龄人口数量	占总人口的比例
2005 年末	1.44 亿	11%
2007 年末	1.53 亿	11.6%
2008 年末	1.59 亿	12%
2010 年末	1.74 亿	12.78%

[①] 胡大洋：《人口老龄化与医疗保险》，《镇江医改》，2009。据预测，到 2010 年我国 80 岁以上老年人将达到 2132 万，占老年人口总数的 12.25%。

职工医保，是社会医疗保险的简称，它是指国家通过立法方式强制性地向社会成员征收医疗保险基金，在劳动者（或公民）因患病、负伤、年老、生育、失业或其他原因收入中断需要医疗费用时，由国家或企业提供医疗和物质保障的制度。① 我国职工个人缴纳的基本医疗保险费全部计入个人账户；用人单位缴纳的基本医疗保险费分为两部分，一部分划入职工个人账户，一部分用于建立统筹基金。医保各项指标的内在具体关系如下：

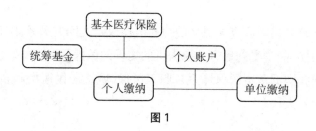

图1

职工医保的特点主要有，广泛覆盖，职工均能享有，终身享受，以收定支、收支平衡，双方负担，统账结合。优势主要是，个人账户资金可以累计滚存；按照统一标准享受待遇；员工门诊费用可从个人账户中扣除，扣完以后由员工自行付费；住院费用按比例报销。社会医疗保险的缺陷主要是，每一次住院有一个基本起付线的免赔额；甲类药和乙类药按比例报销，进口药不予报销；超过4万—8万元保障额度就得自行付钱。② 在技术支持方面，有医保个人账户和社会保障卡，缴付基金支付通过起付线、支付线与共付线来控制。公共物品是由公共资金或资源投入用于满足社会公共需要的物品。医疗保险的供给方式有别于私人物品是因为在消费方式和排他性上的差异。排他性是指供给者和消费者对于譬如医疗保险的控制程度，使他人不能使用或占有一定物品和服务的难易程度③，萨缪尔森、布坎南、诺德豪斯和阿罗等认为，作为公共物品的医保服务应该由政府提供。市场机制可以有效地解决私人物

---

① 史柏年、吴亦明、费梅苹，《社会保障概论》，北京：高等教育出版社，2009，第104—105页。
② 目前内地缴费比例不一，北京为9%，内蒙古为2.5%，平均为7.44%。参阅李兵等，《中国老龄政策研究》，北京：中国社会出版社，2009，第171页。
③ 曾峻：《公共管理新论-体系、价值与工具》，北京：人民出版社，2006。

品的供给和配置，但譬如医疗保险公共物品的供给和配置必须从税收中通过预算支出来解决。至 2008 年 6 月底，全国参保 19094 万人，其中民工 3754 万，基金收入 1263 亿元，支出 902 亿元。[①]

（二）老龄医保服务供给的特征分析

老龄医保是医疗服务的高消费人群，老年人口随年龄增加而患病率增加，门诊和住院要求高，花费的医疗费用多。老龄医保服务的高需要并非都会转化为对医疗服务的有效需求，形成"高需要，低需求"。

老龄医保 { 城镇职工————大病、门诊兼顾————4%比例
城镇居民————大病统筹，兼顾门诊————80 元
农村合作————大病统筹————————50

图 2 中国的老龄医保体系

目前老龄医保服务水平低下，有的地方政府无法提供足够的医疗经费，老龄人自费医疗仍占很大比重。无工作单位的老龄医保，主要是老龄农民、农民工和城市居民。农村医保建设滞后于城镇，其医疗保险水平、能力薄弱。由于农村流动人口增加，特别是农村青壮年劳动力进城务工，使得农村的"空巢家庭"数量增多，也使得农村的人口结构系统老龄化。作为从单位退休的人员，其收入逐渐减少而面临患病的风险在逐年增大，他们对医疗保险的需求高过在职职工。退休人员的基本医疗保险基金人均支出额是在职参保职工的 4 倍以上，"僧多粥少"。老龄医保主要解决的是小毛病，只能配配常规药，但是老年人多以慢性病为多，"看病贵，看病难"，老年人医疗费用已占到医疗费总支出的大半，地方政府要突出老龄医保服务。

第二节 浙江省老龄医保服务供给的现实挑战

（一）浙江省老龄化的现状

浙江省人口老龄化具有基数庞大、速度加快、高龄化、"空巢家庭"

---

① 李兵等，《中国老龄政策研究》，北京：中国社会出版社，2009，第 169—170 页。

增多、"未富先老"及农村老龄问题突出的特点。首先是老龄人口基数庞大。浙江省总人口数量大，老年人口逐年递增。2006 年浙江 60 岁以上老年人口 674.26 万人，占总人口的 14.55％。2000—2006 年老年人口年递增 2.9％，预计到 2010 年，老年人口将达到 760 万人左右，约占总人口的 15.40％。预计全国到 2015 年 60 岁以上老年人口占总人口的 1/7，而浙江 2006 年就已超过 1/7，比全国早 10 年左右。其次，老龄人口呈高龄化趋势，"空巢家庭"增多。2000 年全国人口普查与前四次普查相比，浙江省低龄老年人口比重下降，但是高龄老年人口比重逐步上升。2006 年浙江省高龄老年人数是 97.87 万人，占老年人口的 14.51％，预计到 2010 年高龄老人将超过 100 万人。浙江省的"空巢家庭"逐年增多。2006 年浙江城镇实际"空巢率"高达 73.9％，农村"空巢率"高达 55.49％。① 最后，老年人口在区域分布中不平衡。20 世纪 90 年代，杭州、嘉兴、湖州、宁波、绍兴等市的老龄化程度高于经济相对欠发达的丽水、衢州等市，但是到 2000 年丽水、衢州等市的老龄化速度快于经济发达地区。据调查，嘉兴市 2006 年 60 岁以上老年人口 57.50 万人，占常住人口 14.09％；开化县 60 岁以上老年人口 4.6 万人，占全县常住人口 17.42％。欠发达地区部分农村老年人口占常住人口的比重已超过 50％。还有就是老龄女性多，男性少。

图 3　浙江省 60 岁以上老人占总人口比重图②

① 浙江省发展和改革委员会课题组，《浙江省积极应对人口老龄化的挑战》，浙江经济，2008。
② 浙江省发展和改革委员会课题组，《浙江省积极应对人口老龄化的挑战》，浙江经济，2008。

图 4　浙江省五次人口普查 80 岁以上老人增长情况图

（二）浙江省老龄化的压力

人口老龄化对浙江省医疗保险带来巨大的压力。在人口老龄化的趋势下，浙江省政府将继续扩大社会医疗保险覆盖面，目标是新增全省职工医疗保险人数 60 万，新增城镇居民医疗保险、养老保险参保人数 80 万。覆盖城乡居民的养老保障制度建设，提速农村新型社会医疗保险制度，主要表现在：

1. 医保基金供不应求。浙江大学何文炯教授提出了基本医疗保险"系统老龄化"问题，即人口老龄化使医疗保险参保人员结构老龄化。由于浙江省城镇职工基本医疗保险覆盖面扩大，现在医疗保险基金的累计结余达到 765 亿，支付能力达到 32 个月，实际上这个医疗保险基金的缺口很大，特别随着老龄人口峰值日益临近，医疗保险基金支付压力日增。离退休人员个人不负担医疗保险资金的筹集，一方面提供医疗保险基金缴费的人数相对于使用这笔资金的人数在减少；另一方面享受医疗保险待遇的人数却在迅速扩大。仅依靠在职职工缴费来负担自己和已经退休老人的医疗费用，使医疗保险基金的压力相当大。老年人对医疗保险的需求增加，医疗费用成本扩大，老年人发病率比中青年人要高 3—4 倍，住院率高 2 倍。由于浙江省老龄化的进程加快，使浙江省医疗保险基金的支出增加，使得浙江省的负担系数上升。研究表明，在医疗服务价格不变的前提下，人口老龄化导致的医疗费用负担年递增率为 1.54%，未来 15 年人口老龄化造成的医疗费用负担将比目前增加 26.40%。浙江省参保人员中个人缴费人数相对减少，不缴费人数相对增加，导致医疗保险基金筹资总额的下降；参保人员中老年人的增加引发医疗保险基金支出的扩大，这是浙江省医疗保险基金筹集和使用面临的最大挑战。

2. 人口老龄化对医疗保险执行的冲击。罗尔斯从人都处在"无知的面纱"中的"原初状态"出发，推出正义的两条根本原则。第一条原则："每个人都在最大程度上平等地享有和其他人相当的基本的自由权利。"第二条原则："社会和经济的不平等被调解，使得（1）人们有理由指望它们对每个人都有利；并且（2）它们所设置的职务和岗位对所有人开放。"①"公平"是指社会权利、利益的公平分配。罗尔斯把社会成员所承担的责任、义务和享有的权利统称为基本利益。医疗保险的实施要注重社会公平性，同时容许存在合理范围内的差异性。浙江省的居民医疗负担存在较为严重的区域差异和城乡差异。医疗保险体系的建设，高度依赖于地方的经济发展水平。相对于经济不发达地区和农村，经济发达地区以及城市的力度更大，速度更快，由于进城务工青壮年增加，农村的老龄人口相对于城市更多，医疗需要大。在医疗服务获取上的不公平，浙江省农村居民比城市居民得到的服务医疗要少。出于两种可能原因，一是农村医疗服务质量不高，不能满足重病、大病患者的需要。农村患者进城市就医，将面临高额的交通和生活费用等非医疗费用，在城市就医效果不确定的情况下，农村居民选择本地就医或不就医。二是相对城市居民来说，农村居民在获得医疗信息方面困难，对进城就医的医疗费用预期过高，从而降低到城市就医的意愿。可以看出，在医疗服务可及性上存在不公平，在获取医疗信息上也存在不公平。② 在医疗服务资金补助上同样存在不公平。由于上一级财政补助资金拨付的滞后性，会影响城居医保基金的到位率，导致城居医保的管理部门在制定保障水平和补偿方案时趋于保守。目前，我国城镇居民医保基金一般以市辖区以及县市为单位统筹，基金管理层级较低，贫困

---

① 何怀宏、廖申白译，罗尔斯：《正义论》，北京：中国社会科学出版社，1988。
② 何文炯：《社会保险制度更加注重公平性》，《中国劳动》，2008 年第 9 期，第 16—19 页。

地区的保障基金可能入不敷出，而富裕地区的基金可能大量沉淀，不能充分起到风险分担的作用。统筹城乡医疗保险制度建设是浙江省实现社会公平和维护社会稳定的客观需要。

3. 人口老龄化对医疗服务方式的冲击。浙江省作为东部沿海省份，经济发达交通便捷，不论是省内各大城市的联系，还是与周边城市的联系都很密切，居民在城市之间的流动和发展日益频繁，其中也包括老年人。近几年，沪、杭、甬三个城市之间人员流动频繁，异地工作、生活的现象非常普遍。根据2009年宁波市劳动保障局提供的一组数据显示，目前参加宁波市区统筹城镇职工医疗保险，但长期在外地居住或工作的参保人员约有2.58万人，其中在城镇老龄人口慢性病患病率为80.3%，农村老年人慢性病患病率为69.03%。由于现行国内医疗保险制度主要是以县市为统筹单位，实行属地管理，各个统筹地区的医保政策和待遇有所不同，由此导致参保人员异地就医结算难的问题。参保人员特别是异地安置退休人员对此反响强烈。

第三节 浙江省老龄医保服务的公共政策供给与制度建构

制度的有效性在于是否能够有效地激励与约束个人与组织的行为。在经济发展、国家兴衰方面，制度起着至关重要的作用。但是制度一旦形成，即具有稳定性。社会易变而制度不易变，于是形成变革社会与稳定的制度之间的矛盾。因此，当社会要变革、要发展，必须先对已有的制度进行改革，即制度创新。医疗保险的发展与完善也要通过制度的创新进行深化。老龄群体是社会弱势阶层的一个重要群体，是获取社会资源机会处于困难情况的人口。老龄人群之所以在社会中处于弱势的原因是在社会结构急剧转型过程中，部分社会成员由于自身的因素（竞争失败、失业、年老体弱、残弱等）而造成对现实社会的不适应，并且出现了生活困难，对医保服务的需求依赖性强。

（一）浙江省老龄医保服务需求：供给不平衡

1. 浙江省老龄医保需求激增。医疗保险、保健康复、生活照料现成为老年人的最大需求,使地方政府加强社会医疗保险的任务变得紧迫。首先是老龄人口患病人数增加。农村,老年人患慢性病的比例较高,在 70％以上,有近一半的高龄老人同时患有三种以上疾病。2007年底对杭州沈塘桥社区的调查显示,社区有近 1500 名老人,一半以上老人患有高血压,近两成老人患有冠心病,7 个老人中有 1 个患糖尿病。其次是老龄人口就医方便及医药费用高。有 30％左右的老人认为就医不方便。浙江省城镇患病老年人中 43.47％未享受基本医疗保险,农村老年人医疗费用主要靠自己和子女解决。2005 年浙江就医的城镇和农村老年人平均医药费用分别为 5501 元和 2158 元,分别占城镇老年人均可支配收入的 35.9％和农村老年人均纯收入的 53.54％。再次,有 40％左右的老人随着年龄的增大,自理能力下降;有 20％左右的老人生活严重依赖他人的照料。最后,老龄人口对医疗保险基金的"蚕食"。由于老龄人口不存在医疗费用的积蓄,其医疗费用的承担者主要是社会劳动年龄人口。我国目前的医疗保险实行统一筹集资金,现收现付,短期收支平衡。其结果是把老年人口的医疗费用加诸于当下的社会劳动者身上。当抚养比达到 4∶1 甚至 2∶1 时,就会发生医疗保险基金的代际转移问题,劳动人口不堪重负,而医疗保险机构将有可能收不抵支。

2. 浙江省老龄医保的供给困境。(1)法律法规的滞后。当前制约异地就医管理服务关键在于缺乏相应的公共政策支持。今后仍要加强医疗制度的法律化,实现依法办事,办人民满意的医疗保险事业。(2)制度公平性的欠缺。由于经济水平不同,发展速度快慢不一,居民对医疗保险的需求存在差异。城乡二元体制使农村和城镇的参保人员在医疗服务上存在差距,城镇居民医疗保险和城镇职工医疗保险日臻完善,而新型农村合作医疗制度的建设起步晚。(3)管理方式落后。在基金的管理方面,要提高统筹的级别,尽量减少基金的分割。这样可以降低管理成本,提高风险承担程度,促进融资的公平性,缓解困难地区保障基金的财务危机,优化保险资源配置。目前,基金的统筹层次过低,增加管理成本,甚至带来腐败,上海陈良宇社保基金案便是其中一个例子。整合城乡医疗保障机构,进一步深化乡镇卫生医院改革。(4)医保经办机构能力薄弱。树立公共服务理念是医保经办机构营造和谐医保关系的前提条件。需加强医保经办机构的专业化建设，提高其服务水平，医疗保险经办机构在医、患、保三方关系中具有控制全局和保障各方利益的协调功能。努力完成组织建设、提高沟通能力、提升统筹层次、降低管理成本、提高资金利用率、简化流程和一卡通结算、完善文档管理和系统建设，逐步实现信息共享、异地结算、系统整合，乃至机构整合。① 医保机构能力建设任重道远。

3. 浙江省老龄医保的有效供给能力不足。政府对医保服务进行专项管理。地方政府是医疗保险的提供方。公共物品由于具有非排他性和非竞争性，私人在公共物品的生产过程中普遍存在着"搭便车"的心理，这就要求公共物品必须由政府提供，以提高社会的公共福利。

（二）国外老龄医保政策

国外老龄医保政策供给为浙江医保政策的制定提供不少启示。那么，德国、法国的老龄医保的制度安排如何呢？德国的老龄医保以法定医疗保险为主、私人医疗保险为辅，即以一定的收入为界限，低者选择250 家的一家，高者自由选择。其原则是互助与社会共济：保险费由雇员和雇主各付一半，按照一定百分比从工资中扣除；缴费基数设有封顶线和保底线，即超过封顶线的部分不再征缴，工资收入在保底线以下的可免除缴费义务。儿童原则上跟随父母名下，不需要缴纳保险金。政府每年根据情况对封顶线和保底线的标准进行调整。保险费取决于投保人的经济收入，收入多者多缴，收入少者少缴，无收入者不缴，但投保人享受的医疗服务没有差别。法定医疗保险提供的服务主要包括：各种预防保健服务、各种医疗服务、各种药品及辅助用品费用、各种康复性服务等等。保险公司还承担疗养的全部或部分费用，支付最长 78 周的病休补贴以及就医部分交通费用等。收缴保险费的增长速度赶不上医疗保险费用支出的增长速度，法定医疗保险公司赤字严重。德国施罗德政府 2003 年通过了《法定医疗保险现代化法》，增强国民对医疗健康的自我责任，鼓励投保人积极参与疾病预防和及早诊治计划，要求

---

① 杨燕绥：医保经办能力面临"大考"，《中国劳动保障报》，2009 年第 4 期，第 7 页。

投保人个人承担部分医疗费用。法国的老龄医保则是社会保险、自愿参加的互助保险。社会保险强制性：每年工作时间不得少于 1 个月。个人在患病 6 个月之内，必须证明病前 3 个月中至少工作 200 小时，超过半年的要有证明病前的 12 个月中至少工作 800 小时，其中前 3 个月必须满 200 小时。社保：70 岁以上老人注射预防流感疫苗、职业疾病住院者、残废军人补助者、长期疾病患者等可全额报销。社会保险，承担大部分医疗费用；如果再参加互助保险（即补充保险），自己承担的部分则可以报销。比如，专业医生门诊挂号费，社会保险只负责报销初次挂号费 26 欧元和复诊挂号费 23 欧元基准费的 70%，参加互助保险，则可分文不掏。九成参加互助保险，不能自理的家属可得医疗补助，自己可得津贴。医疗保险金占工资总额的 19.6%左右，由企业和职工按比例分摊，职工从工资总额中扣除 6.8%，其余 13.2%由企业缴纳。法国老龄医保存在的主要问题在于其制度的三大原则：患者有权自由选择医生就诊，医生有权自由开业和自主处方，就医者按规定付费，社会医保部门来承担医疗费用，鼓励人们毫无节制地消费。比如，多配药造成的浪费；本来不需要配眼镜者，可以借助保险配上一副等。随着人口老龄化进程的加快，公民的医疗要求越来越高，加上医疗技术的成本提高，医疗保险支出激增，入不敷出的矛盾越来越大。达 106 亿欧元，2004 年超过 116 亿欧元。

（三）面向 21 世纪的浙江老龄医保政策的制度建构

1. 全体老龄医保政策供给的制约因素分析：基于浙江的面板数据。到 2010 年，浙江省 60 岁及以上老年人口 746.6 万人，将占总人口的 15.11%。到本世纪 30 年代，浙江省还将迎来人口老龄化和高龄化的高峰，全省老年人口将占总人口的 30%以上。2010 年，全省新型农村合作医疗参保老人住院费用补偿率为 40%；实现城镇老年居民基本医保参保率达 70%以上。"十一五"期末，所有市、县（市、区）全部实施贫困老人医疗救助制度。2009 年 10 月 28 日起，宁波与上海、杭州两地参保人员异地就医结算，传说中"一卡通"首次在这三个发达城市运用，开启长三角老龄医保服务一体化的先河。实现江苏省 7 个城市、浙江省 8 个城市各自在省内异地就医和结算。到 2011 年，基本实现 16 个城市间参保人员的异地就医联网结算。正如宁波居住 80 岁的上海人刘冠军长舒了一口气，说："医保费用实现异地结算，对我来说实在太好了！"

2. 以医改为突破点的政策建构。建设一个高效的服务型政府，需要对原有的财政制度进行创新，发展公共财政是政府转型过程中的必然选择。公共财政是指政府为提供公共物品而进行的财政支出，对于一个有限的责任政府来说，它的基本财政支出就是公共财政。公共财政的职能范围是以满足社会公共需要为限，这种建设性支出的安排要始终以满足社会公共需求为出发点和落脚点。政府边界的重新确定和公共财政的实施，则为中国社会最终实现建设自由繁荣国家的梦想提供了有效的制度安排，建立公共老龄医保预算体系。

（1）拟建立独立的老龄医疗保险体系。目前有城镇职工医疗保险、城镇居民医疗保险、新型农村合作医疗、大学生的公费医疗、红十字会的中小学生医疗保险等多种医疗保险，这些保险仍无法满足老年人群的需要。例如上海医改将整合各类保险，拟建立独立的老年医疗保险。近年来上海人口自然增长率出现负增长，人口老龄化问题日趋显现，社会压力增加。医改将整合各类医疗保险，引入商业保险机制，建立独立的老年医疗保险。[①] 因此浙江作为比上海地域更大的经济后发达省区，实现超常规运作，完全可以比上海做得更好。

（2）可将发达市中心城区的某些二级医院转为老年护理院的构想，以适应老龄化的到来。随着浙江省社区医疗服务中心功能的加强，三级医院在其专业领域的发展越来越快，夹在中间的二级医院在发展上受到一定程度的限制。结合空巢家庭独居老人的生活和健康上问题的显现，特别是老年人的心理问题，建设老龄护理院。

（3）可参考日本介护老龄医保制度，建构集预防—治疗—健康于一体的包容性极强的医保体系。介护保险作为一种新型保健—医疗—福利新概念和新文化，构筑社会参与的家庭养老体系，为老人的治疗和照顾提供服务。1997 年日本的 65 岁以上的老年人已经超过了 15 岁以下的青少年人口，为了保障老龄人权益，为他们的独立生活提供介护

[①]《上海医改整合各类保险拟建老年医疗保险》，《新民晚报》，2009 年 6 月 25 日。

服务，日本从 2000 年 4 月开始实施介护保险制度。被保险者为 65 岁以上的老人，强制被保险，大约有 2200 万人左右。费用支付：在介护保险范围内，个人承担 10％服务费；超出认定介护服务水平之外的费用，全部由个人自己承担；入住专业机构时，伙食费用 2 万日元，日常生活费用 1 万日元由个人自己承担。可见，日本的老龄医保具有"福利化"特征，彰显日本经济高速发展的成就。日本政府的老龄医保政策确实令人鼓舞。

（4）可适当确定基本医疗保险缴费的最低年限。凡在退休后能够享受基本医疗保险待遇者，其累计缴费必须达到一定的年限。在充分研究提前退休者的医疗保险成本分担机制的前提下，遏制用人单位、职工个人的提前退休倾向，从而鼓励老龄人参与服务社会的理念，延缓"银发浪潮"对医保基金的压力。同时，建立提前退休者医疗保险成本分担机制。退休人员适当缴费，有助于改善医疗保险基金状况，提高基金支付能力。可以实行医疗保险终身缴费制，由退休人员从养老金中提取一定比率作为医疗保险费，或者采用社会平均工资作为基数来征收。也可以通过财政注入资金的办法来解决。此外，改进医疗保险制度，鼓励退休人员再就业，鼓励推迟退休，实行弹性退休制度，并且适当增加退休者当中年龄较小个体的自负比重。扩大基本医疗保险覆盖面，建立基本医疗保险基金储备，明确财政的医疗保险责任。

（5）取消"以药养医"，实现"药品零差价"政策。公立医疗机构收入来源有三块，即医疗服务收费、药品出售利润和政府财政补助。未来的改革将大幅度降低并且最终取消来自药品出售的利润，具体措施就是逐步取消公立医院（以及其他医疗机构）的药品加成。目前，我国实施的是医院和药品经营合二为一的模式，医院因为具有双重身份而造成了市场失灵。在党的十七大报告中对现有的医疗体制进行一系列的改革，其中就提到了"医药分开"。公立医院取消"以药养医"之后，其药品收入的损失将通过三个途径来补偿，即增设药事服务费；增加政府财政补助；调整（其实是提高）医疗服务收费。[①] 落实好政府在物质资金

---

① 顾昕：《顾昕谈新医改：取消"以药养医"关键医保埋单》，《中国医药报》，2009。

方面的投入责任，来强化公立医院的公益性；同时，还必须积极打破当前公立医院垄断医疗卫生市场的局面，让医疗市场处于良性的竞争状态，也只有在竞争中才能真正实现医疗资源的良性配置。[①]　全面推进基本医疗卫生制度的改革和建设；建立规范合理的财政补偿机制；有效运用市场机制和政府监管；完善医药价格机制；完善药品的招标采购政策。

(6)立基于多中心治理的医保服务供给安排。在公共物品的提供上，出现了两种类型的组织：政府与非政府组织。这两种组织都具有公共性的特征。政府与非政府组织都提供公共物品和服务，但是这两种组织在提供这些物品和服务时遵循的是不同的作用机制。因此，不可能用一种组织完全代替另一种组织发挥作用，而应根据公共物品的特点和社会对物品和服务需求的特征，调动两种组织资源的优势，使社会公共物品和服务提供最大化。医保供给除了使供应与生产相分离，也要有多方的提供者，求同存异相互配合。[②]

第四节　渐进调试中前行的浙江老龄医保

全体化的老龄医保政策执行的阻碍分析。老龄医保服务地方政府的有效供给，依靠政策强有力的执行才能达到"全民医保"所描绘的蓝图，让老年人能够颐养天年。但在现实环境中，老龄医保政策的执行遇到阻碍，这些阻碍的形成及克服办法，是地方政府在今后开展老龄医保工作时需要认真对待和处理的。

(1)资金的挪用。资金管理、使用不到位，上海社保基金被挪用揭发出官商勾结的腐败大案，天津市第二中级法院对原中共中央政治局委员、原上海市委书记陈良宇作出了一审判决，中央对涉案官员相继处

---

① 李铃：《国外医疗卫生体制以及对我国医疗卫生改革的启示》，《红旗文稿》，2004 年第 21 期，第 18—21 页。

② 汪锦军：《政府与非政府组织：公共性之比较》，《浙江学刊》，2004 年第 6 期。

以重刑显示反腐决心。贪官的倒台应让制度受益，推动制度的改革与完善。地方政府亟需建立起预防机制，避免"前腐后继"，避免医疗保险基金被挥霍、蚕食。亡羊补牢为时未晚，上海社保案对地方政府提出了警醒。加强对一把手官员的监管力度，规范官员提拔机制，完善民主集中制；需要划清政府权力的界线，避免社保管理机构的"泛行政化设计"；应加强权力的制约措施，对于政府的监督，建立独立的审计监督，建立健全官员财产申报制；社会化慈善事业，而非政治化。

（2）资金的亏空。由于制度设计不合理，造成上海医保账户5年20亿亏空。医保账户为何收不抵支？关键原因在于政府财政投入不足，出资不到位。医改好比做一个蛋糕，关键是增加做饼原料的供应，由谁供应。医保账户收入逐年递增，但是医保账户支出却增长更快，导致医保统筹账户年年收不抵支。2001年，上海市制定医疗保险实施方案，明确出资方式为：城镇所有用人单位及其职工均参加医疗保险；医疗保险费用由用人单位和职工双方共同负担。财政投入不足，导致收不抵支的缺口越来越大。医疗是公益性事业，公共财政应当加大对公共产品的投入。明确统筹基金账户和个人账户的职责，避免混同管理。由此可以看出，上海2001方案本身就是一个有失公平的方案，加重在职职工的负担，影响在职职工缴纳的积极性，给企业制造发展压力。现在亟需改革财政缴纳方式，加大人大对医保修改方案严格审查监督力度。据上海证券报消息，财政部近日在答复关于"完善医疗保险与医疗救助体制，构筑全方位医疗保障"的提案中表示，目前，有关部门正在抓紧《中华人民共和国慈善法》的起草工作，为我国慈善事业的发展提供法律保障，国家将继续通过完善财税政策对慈善事业加以引导、鼓励，关于推出"慈善彩票"的提议，未获通过。①

（3）地方政府财政困境。地方财政对老龄医保的作用重大，丰厚的物质基础和强大的经济源泉对老龄医保工作的开展具有促进作用，反之会使老龄医保寸步难行。目前，地方政府财政出现困境。在财政收入上：地方整体经济结构不合理，经济增长乏力；体制因素造成地方

---

① 《专项彩票"公益金"不断发展，将继续助力慈善事业》，佛教在线，2008年3月3日。

财政收入占财政总收入的比重不断下降，地方财政自给能力弱；现有地方税体系存在严重缺陷，阻碍了地方财政收入的增长；中央财政对地方财政的支持力度不够，没有建立完善的转移支付体系。在财政支出上：社会发展要求地方财政承担越来越多的支出职责；公共财政支出范围界定不清，法定支出比例保证之间存在矛盾；行政事业费用不断膨胀，加剧了地方财政支出的困难；地方财政支出管理混乱，财政支出监督乏力。化解地方财政困境的对策措施。调整地方经济结构，提高地方经济效益，确保地方经济的持续发展；完善分税制财政体制，合理划分中央与地方的财权事权；严格控制行政管理费用的规模，加强对地方财政支出的管理和监督；适当赋予地方政府一定的发债权。[①]

　　近年来频发的老龄流浪人口冻死在异乡的新闻，读来令作者备感辛酸。广州等地天桥下天寒冻亡的可怜老人，由于没有有效的体检与治疗而死于寒冷天气，引发有识之士研究老年养老与老龄医保的政策供给。发达地区服务型政府应该建立起对老龄人群的医保责任，使国人"老有所医，老有所养"，真正建构和谐社会的制度基础。西周设有"司救"官救济有病之民。510年，梁朝曾建慈善机构救济患病贫民，并于521年建孤独院照料鳏寡老人。8世纪，唐朝的悲田坊成为最早的贫民救济机构。北宋初期的福田院和中期的惠民药局成为老龄群体养老治病的慈善机构。元明清大都延续宋朝的制度，只是经办机构名称略有不同而已，明清则叫养济院。[②] 近现代以来，各类红十字会承担起老龄人因病致贫的救济工作。在和谐社会的今天，老龄医保的研究显得格外有意义。而现阶段的老人逐渐增多主要源于五六十年代的"人多力量大"生育政策造成的多生、超生。医保是在国家和社会根据一定的法律法规前提下为向保障范围内的劳动者提供患病时基本医疗需求保障而建立的社会保险制度。随着时间的推移，老龄浪潮必将慢慢消去。目前是浙江老龄医保的关键时期，责任政府的价值

---

① 贾康：《地方财政问题研究》，北京：经济科学出版社，2004。
② 详细的研究参阅，周秋光、曾桂林：《中国慈善简史》，北京：人民出版社，2006，第438—446页。

诉求决定地方政府必须扛起老龄医保的重任。浙江省在老龄医保服务的有效供给上，任重而道远，慎重而求全，取得巨大的成绩。

2007 浙江农村合作医疗参保情况表[①]

参保地域	参保人数（万）	参保人数排名	参保率	参保率排名
温州	422.8	1	83.35	8
宁波	370	2	96.6	2
杭州	369.7	3	97	1
金华	340.92	4	88.59	6
绍兴	324.7	5	93.8	4
湖州	179.69	6	95.7	3
衢州	178.63	7	90.9	5
丽水	175.47	8	87	7

从 2007 年的成绩来看，老龄农村医保还存在不少盲点，需要我们深入的工作。各地老龄医保工作不平衡，医保人数与参保率不一，宁波的老龄服务工作出色，丽水和衢州的农村老龄医保任务重。2009 年推进医疗保险制度建设，全省新增医疗保险人数 60 万，新增城镇居民医疗保险 80 万。困难老年人得到及时救助，农村三老人员医疗补助得到有效发放。老年人卫生服务工作得到加强，新型农村合作医疗制度得到加强，省财政增加对参合农民补助，各级财政投入以及农民缴费相应提高，全省县市区新农合筹集资金达到 140 亿以上。即便在富裕的美国，随着经济危机的来临，美国医保基金面临破产的边缘。由于自然性老龄化，美国医疗信托基金 2008 年中用于支付住院费用的部分已经入不敷出，到 2017 年，用于此项医保的税收收入将只能满足支付需要的 81%。[②]

---

① 长三角联合研究中心编，《长三角年鉴》(2008)，河海大学出版社，2008，第 224—414 页。本表数据参考该书而作。
② 美国医保筹划"大修"，老龄化逆转"供养"关系，《第一财经日报》，2009 年第 6 期，第 17 页。

　　总之，人口老龄化对浙江的社会医疗保险制度的有序运行提出了现实挑战。地方政府及时建立符合国情并能满足公民需要的社会医疗保险制度迫在眉睫。浙江作为长三角的经济发达地区，在老龄医保服务供给方面应该作出表率，建构适合老龄需求的独立医保服务，扩大社区的老龄服务供给能力，普及健康与科学的老年人群的生活方式，提升医保基金的增值与保值能力，为平安浙江、和谐浙江添上浓重的一笔。在老龄医保服务政策供给方面，浙江省政府不仅要为所有的老人（包括具有暂住证的老人）提供底线医保服务，更要为各类退休职工提供差异化的医保服务。在就医方便建设方面，加快实现"一卡通"在浙江的全面流通，为老龄患者的生活提供更好的服务，彻底实现"老有所医"。

第六章　与时俱进稳健推进我国政治发展

2021 年 10 月 15 日，习近平总书记在中央人大工作会议上的重要讲话在全国各地引发热烈反响，报告指出要抓牢人大制度的利益维护、利益表达、利益确定与利益实现的渠道，要加强全过程民主与人民民主建设，凸显民主决策在新时代政治发展过程中的全链条、全方位与全覆盖，致力于共同富裕建设的高品质、高质量，对于坚持中国特色社会主义政治发展道路，为实现中华民族伟大复兴筑牢民主基石，积累中国新时代政治发展的政治智慧与政治文明建设新力量，提供政治领域的中国方案、中国道路与中国经验。[①] 习近平总书记拥有深厚的政治理论素养，全国大调研，走进千家万户，深入全国各地实践，高瞻远瞩，审时度势，直面疫情冲击与中美贸易战的不利国际形势，政府治理理论不断创新，强调政府治理过程的实效性、针对性与真实性，审时度势地提出全过程人民民主建设的重要思想，值得新时代政治学者深入细化研究。

从学术界而言，全球著名政治发展研究学者亨廷顿认为，经济发展意味着政治发展，而政治发展将引发政治参与问题，进而对政府当局的权威认同感形成一定的挑战。[②] 其著名亲传弟子、日裔学者福山甚至认为，资本主义政治发展体系是历史上最高的治理形态，试图挑战马克思主义的共产主义社会治理体系。众所周知，经济发展伴随资本的逻辑，而资本扩张带有自发性与粗暴性。资本这种自我强大的逻辑会要求政治体系给其开路，因此，在现实政治生活中，经济发展较快的地区，

---

① 中央广播电视总台，2021 年 10 月 15 日。
② [美]塞缪尔·P·亨廷顿：《变革社会中的政治秩序》，王冠华、刘为等译，沈宗美校，北京：三联书店，1996，第 30—66 页。

或者体现为较高的腐败机会,或者体现为较多的政治参与现象。

四十多年的改革开放,带来巨大的经济剩余,而人民群众要求参与政治的强烈渴望,也同步增长。而随着市场经济的扩展和深化,货币交易体系的发达,信用制度的逐渐扩散,信息的分散化,通讯技术和设备的改进,交往领域的深化,尤其是民众的教育水平和文化素质的提高,城市化与都市化的兴起,各种各样社会组织的涌现,特别是 QQ 交往工具与微信聊天平台的开发,即时通信成为可能,政治参与现象就大规模出现了。而网络参与,尤其是爆点的出现,随时会引发网络群体性实践。无论是 2022 年初处于抗疫前线的西安孕妇看病难、进院难、核酸检测慢引发的大规模网络利益表达,还是 2020 年初网民对于抗疫"吹哨人"遭遇的同情引发的群体性声援,都说明,我国普通民众在网络空间表达合理合法诉求的巨大渴望与对公平正义的追求。事实上,新时代我国的政治发展问题已经出现,而网络媒体的即时性、可参与性、大众性无疑放大了普通民众的政治参与渠道,当然,也随时可能引发网络政治参与的"群体性事件",值得我们学术界研究和总结。无论我们正视与否,政治参与、利益表达与政治发展问题,都在我们的现实与真实的生活世界出现了。我们必须科学与客观地研究政治发展现象。

政治发展,最初表现为某一领域的公民要求政治机构满足自己的合法与合理利益的要求,在其利益与偏好没有引起政府当局注意,或者说没有给予应该的政府作为的时候,他们或者会联合起来形成利益团体影响当局政策,或者会通过非制度化的管道影响政策和决定的输出,甚至以极端残忍与极端暴力的方式发泄对政府的不满。在这样的情况假设之下,政府所要做的就是要不断解决现代化过程中接踵而来的政治参与、偏好表达和要求满足问题,其间政府的统治艺术和管理能力不断得到增强,社会稳定的调节机制愈趋制度化,法律体系趋于科学,民主精神得到完全的体现,这实际上就是一个政治发展的进程。① 政治

---

① 详细的论述参阅达尔对古典民主制特征的研究。见［美］罗伯特・达尔:《多元主义的民主困境:自治与控制》,北京大学当代中国社会发展研究中心组织翻译,北京:求实出版社,1989。

发展的实质是解决经济发展过程中的动荡、腐败、政府行政低效与法律不公等政治衰朽问题。

那么,究竟什么是政治发展? 怎样衡量当前我国的政治发展? 当前我国为实现政治发展的目标其合理与稳定的途径是什么? 要解决这些问题,势必要求学术界作出科学与合理的回答。而要维护社会主义治理体系的权威,我们必须直面问题,深入实践,批判总结资本主义治理体系的现实困境,高扬社会主体治理体系的优越性、科学性与合理性。

第一节　从经济发展到政治发展

从 1978 年改革开放以来,我国采取一种政党领导社会式的权威主义发展模式,以快速的经济发展改善人民的生活、赢得人民的支持和取得其政权的合法性。经济体制改革的主要目的在于实现经济领域和政治领域的分离,按照自身交换体系自我运作和自我扩展,促进经济的自主性发展。当时的经济改革包含两个层面:速度上的渐进改革(gradual reform)与数量上的渐进改革(incremental reform)。① 前者是指部分的、缓慢的(分步走)改革,后者是指在旧体制改革遭遇较大阻力先在其周围发展起新的经济成分(如市场定价制度、各种形式的非国有制经济),随着这部分经济成分的发展和壮大、结构的完善和体制环境的不断完善,逐步替换原有体制中的不能满足经济发展要求的部分。从最开始的完全的计划经济到有计划的商品经济,到计划经济为主、市场体制为辅的发展策略;再从计划与市场互相促进到以市场为主、计划为辅,最后完成社会主义市场经济体制的全面建立,在这个过程中,我们党的发展策略是缓慢提出并付诸实施的,而且发展战略是一个与时俱进、不断调试和纠错的过程。在邓小平的领导下,经济体制改革成功

---

① 黄德北,《渐进主义政治变迁的持续: 中共十五届五中全会后政治的变化》,www. dsis. org. tw。

地摆脱政府权威的控制,市场体系开始发育,成为一个自我演进的发展体系;在江泽民的继续带领下,市场体系发育进一步成熟,社会主义市场经济体制得到完全的确立。经济改革的过程实际是一个渐进的、试点的和缓慢推进的过程,不仅表现为不同行业体制改革间的缓慢过渡性,主要是时间上和改革深度上的渐进性;还表现为单个行业内不同规章、规定和法令改革的渐进性。事实上,经济改革是最先从农业部门,逐渐扩展到工业、商业,再扩展到银行业、电信部门等,起步时间有先后,改革的重点也有先后次序。以农业体制改革,家庭联产承包责任制代替集体耕作制改革本身用了 5 年时间,其推进的过程是缓慢的,承包年限的慢慢延长也是微调式推进的,从刚开始的 1—3 年到 15 年(1984),再到 30 年,实际上标志着农业经营权体制改革的完成。①

　　政治改革的主要目标是在政治稳定的条件下实现政府行为的高效化、政治运作程序的民主化和法治化,稳定、效率、民主和法治成为政治改革的四大价值取向。而要实现这么多重要的价值对于一个转型的并带有浓厚传统习俗的巨型政府而言并非易事。从经济改革到政治改革是一个后发国家转型遇到的必然过程,是"示范效应"在发展中国家的反映。转型社会不仅要解决遇到的经济困难,还要解决西方国家民主政治对民众的诱惑问题,这进一步增加后发国家改革的难度。经济的发展要求政治体制进行作出适应性改革。但是,社会发展是一项宏大的社会工程,要求满足各个方面协调发展,也就是说经济改革与政治改革不可能同时进行。政治改革在我国要滞后于经济改革,这不仅是党的政治精英慎思努力的结果,也是当时政治、文化和国际气候影响的产物,更是一个超大型社会的必然选择,这也反映了我国渐进改革相对于其他小型与同质性国家而言,任务更加艰巨,所需时间更长。在社会经济发展到一定条件的基础上,在经济发展提供充裕的财源和社会拥有巨大剩余的条件下,在政治精英和社会普通民众心理机制都能承受的前提下,在确保政治稳定的大局下,政治改革才有实现和成功转换的可

---

① 学者徐湘林对我国政治发展作了深入分析,见徐湘林,《"摸着石头过河"与政治改革的政策选择》,原载《天津社会科学》,转载 edu. beida-online. com。

能性。因此，在理解我国的渐进改革的过程中，我们就会发现这样的事实：我们的渐进改革是在党和国家主导下，经济改革优先于政治改革，政治改革服务于经济改革。政治改革是根据经济发展的程度和经济改革的进展而选择改革的力度、时机和内容的。也就是说，"政治发展遵循于经济发展的模式，政治发展成为经济发展的副产品"，[①]一致现实中的改革是一种以经济改革所带来的巨大成就掩盖政治改革不足的方式进行的。问题既然存在，那么，采用什么样的途径才能实现二者的互动呢？从经济改革到政治改革就要有一个连接的纽带。而这个纽带就是作为政治体制改革与经济体制改革结合部的行政体制改革。事实证明，政治体制改革恰恰就是从行政管理体制改革入手的。

从渐进的行政管理体制到政治体制改革的政治发展历程。我国20年来的政治改革大致可以分为行政体制改革和政治体制改革两个领域。政治改革的过程是由行政体制改革向政治体制改革缓慢式迈进。到目前为止，行政管理体制获得巨大的成功，从政治领域中分离出来，在党的领导下实现权力和治理的独立性，建立一批高度专业化和制度化的文官队伍。政治改革也取得较大的成就，法治化建设初具规模，民主文化开始深入民心。其一，行政体制改革的根本取向为政府效率的提高，表现为党政分开、政企分开、干部制度的改革和四次政府机构的改革，实现行政管理体系结构与功能的科学化、合理化与专业化。党政分开是指党和政府部门之间进行必要的职能划分，减少和排除党内的非技术官僚，防止党的保守的意识形态对经济建设和改革的影响。政企分开是解决政府职能部门对企业经营的过多干预，使企业成为自主经营、自负盈亏和自我发展的经济组织，促进经济发展。干部制度的改革是改变过去党的阶级身份取向的用人制度，实行以经济建设为中心的党与政府精英的转变。80年代进行的干部四个现代化建设和90年代推行的公务员制度改革，在公务员制度上建立了以绩效为基础、以年轻化和专业化等能力为取向的人事选拔制度和离退休制度，满足新时期政治发展的要求。政府机构改革旨在精简机构提高效率，配合经

① 胡伟，经济转型中的政府整合：政治体制改革的维度，《社会科学战线》，1996，第2期。

济体制的转型,减少计划经济体制下设立的经济职能部门,转变政府职能,理顺职责和目标。其二,政治体制改革主要包括民主化和法治化建设。这一改革在 70 年代末 80 年代初开始,民主改革主要是在现有的政治体制的框架中进行的渐进改革,使现行的政治体制在社会经济的快速变化中能够增强其体制的适应性。由于这方面的改革对国内和国外政治因素的影响十分敏感,其进程时断时续,领导体制的逐步改进和制度化、人民代表大会制度和选举制度的改进以及政治参与渠道的逐步拓宽等民主性体制和制度逐渐完善。同时立法工作取得重大进展,司法体系日趋健全;法律的实施体系日趋完善,党的十五大提出:"依法治国"的治国纲领,到 1998 年底,全国有 26 个省、自治区和直辖市,80%的地级市,70%的县(市、区)和 60%的基层单位正式作出了依法行政和依法治理的决定和决议,并成立了相应的机构。① 通过 20 多年的政治改革,中国的政治体制(包括行政体制)在制度化、民主化和法治化等方面都取得了一定的成就。正如台湾学者黄德北认为,采取这样的改革模式,在政治上取得许多惊人变化:"政治制度化的建立、专家政治的形成、宪政主义的逐步发展。"②经过 20 多年的经济改革和政治改革,中国已经摆脱政治与经济一体化、政治行政一体化和行政集权主导的治理模式,形成一个初步的"政治民主化、行政集权化与政治—经济二元分化"三位一体的经济与政治格局。③ 不仅市场机制能够建立和运行,行政决策日趋科学化、民主化与高效化,而且法治化建设表现在政府行为中,事实证明中国共产党领导的自上而下的系列改革是有效的。

　　但是,通过政治发展逐步减少束缚经济发展的制约性因素。如尽量减少现实中的经济不平等现象。包括继续加大对贫困地区教育扶贫的力度、给予城市和农村中无法生活下去的贫困民众合理的经济帮助,

---

① 对经济发展的内在逻辑,经济学家作了艰苦的理论和实证的研究,有林毅夫、汪丁丁、盛洪、樊纲、张军、茅于轼、张宇燕等,代表性著作与论文有盛洪主编的《中国的过渡经济学》、张军的论文《过渡经济学:我们知道什么?》、汪丁丁的《永远的徘徊》等。
② 黄德北《渐进主义政治变迁的持续:中共十五届五中全会后政治的变化》。
③ 胡伟《经济转型中的政府整合:政治体制改革的维度》,《社会科学战线》,1996,第 2 期。

消除贫困民众的不平衡和仇恨情绪，实现动态的社会稳定。其贯彻的原则在于对最贫困的地方、领域给予最多的帮助以体现政府和社会正义。逐步、有间断和有步骤废除死刑以重建生命完整权，废除死刑从学理上说有很大的合理性，也符合中国逐渐履行世界人权公约和建设政治文明的要求，也可以避免类似传统社会政治冲突残酷性所带来政治精英损失的悲剧。[①] 政府重建一些完全公立性的大学以体现政府对困难学生的关怀和对学术研究的支持。据学术研究分析大学收费政策将导致11％的大学生因困难而辍学。由于中国实行的类似美国的大学收费政策，但是在政策引进的过程中似乎过于高估贫困学生的经济承受能力。中国的很大一部分民众仍然是农民，与美国收费的价值取向的群众基础根本不一样，按比例收费的政策取向运用在中国应该充分分析民众特别是农民的承受能力。随着大学生失业人数的逐年增加和经济发展的不确定性，社会的稳定因子可能爆发，这是需要引起政府精英高度警惕的。一个可行的办法是充分研究什么样程度的收费基数是切合现实的，同时减慢甚至停止收费逐年增加的政策，缓慢的调试。现在的问题在于收费政策在现实的运作中被执行过快、范围过大，容易使政策扭曲甚至失去其理论的高度认同度，容易引起意加大民众对政府的不满情绪。展现现代社会的警察权威。高度发达的文明社会有高度和谐的生活秩序，提高政府权威公信力。社团的利益表达和整合功能应该得到展现，依法治国实现中观领域的彻底民主化，使民情能够传达和释放，使之成为联系政府和民众的桥梁，以避免类似台湾自力救济式民粹主义悲剧。中国政治发展的实质性突破仍然在于政治体制上的制度化创新，解决几千年来中国政治的固有弊病和长久缺陷。有学者指出，近几年的危机事件已暴露出中国政治的宏观层面存在重大问题。时不我待，建设有中国特色的政治文明是未来几十年政治精英、文化精英和经济精英的使命。无疑，探索一条适合中国政治民主化道路，是一项重要的选择。

[①]《南方周末》2003.1.9. 2002.12.9—10。死刑问题国际研讨会在湖南湘潭召开。绝大多数学者认为在中国实现废除死刑的理想应从严格限制死刑的适用开始，逐步过渡到全面废除死刑，并认为这是中国通往废除死刑的现实之路。

第二节　当代中国政治发展的含义

这个概念可以从微观与宏观两个层面来解释。微观层面是指从政治学意义上的公民个人而言，学者英格尔斯经过大量的经验研究发现，与传统政治人相比，现代人表现为更愿意接受政治革新、更为容忍、更珍惜时间、更愿意参与政治、更能支配政治环境、更加自信、更为尊重别人、更相信科学技术和更相信正义等等。[①]简而言之，微观层面意义上的政治发展意味着现代人的多元、开放、竞争、理性、自信和独立等品格的形成。从宏观上讲，政治发展是指在政治稳定的前提下，在法治化的制度保障下，在专业化的队伍的高效率指导下，政府当局有效地提高公民素养、扩大民众政治参与和促进社会发展的过程。

著名学者王沪宁从经济、文化、社会发展的多维角度来理解政治发展。他认为，发达的商品经济体系对政治体系提出四个新的要求：政治一体化、政治结构的分化、政府机构的高效化、政治民主化，而政治发展意味着建立一个"适应特定社会的历史—社会—文化要求变化的稳定"[②]的政治体系来满足经济发展的要求。亨廷顿和多米格斯将政治发展看成是向政治民主与政治稳定两个目标迈进的动态过程。[③]以研究发展中国家和地区的政治发展而出名的学者 L·派伊则认为，政治发展至少包含"民主的制度与民主的生活方式的建设""缓解冲突与矛盾以保证社会的稳定"两部分。[④]因此，从以上各派学者对政治发展的理解可知，政治发展可以通过四个指标来衡量：政治稳定性、结构专业

---

① ［美］格林斯坦、波尔斯比合编：《政治学手册精选》(下卷)，储复耘译，王沪宁校，北京：商务印书馆，1996，第181—182页。

② 王沪宁：《比较政治分析》，上海：上海人民出版社，1987，第233—241页。

③ Fred I·Green Stein, Nelson W·Polsby 主编：《总体政治学》(政治科学大全第三卷)，台北：幼师文化事业公司编译出版，1983，第4—13页。

④ 参阅王云五主编：云五社会科学大词典：政治学卷，台北：商务印书馆，1971，第193—195页；亦可参见王邦佐等编：《新政治学概要》，上海：复旦大学出版社，1998，第292—293页。

化、政治法治化和政治民主化。

在政治发展的分析框架中，政治稳定居于首要的地位，是其他几项变量存在的前提条件。专业性的结构是法治和民主的必备条件，为法治化和民主化提供结构基础。而法治又是民主的保障和民主实现的前提条件，正如华裔学者周天纬认为，"先行从事法治建设，司法是民主政治良性发展的重要前提，（没有法治）民主可能倒退"①。可见政治民主化应居于发展战略的最后步骤，是政治发展的最主要的和终极的目标，也是最难完成的任务。故在分析政治发展的过程中，分析的先后顺序为政治稳定、结构专业化、政治法治化和政治民主化。

第一，政治稳定的要义和意义。政治稳定是政治发展的一个核心概念，它是一个动态的概念，指的是政治体系的价值、文化和宪法等基本组织结构没有发生变化，也不存在威胁整个社会的暴力、武力、高压政治和分裂，有序和持续性是其主要特征。一般来讲，政治稳定通过不稳定的指标来衡量，如果一个社会存在着由政变、暴力、暗杀、暴动、骚乱、镇压和政府结构等因素所带来的低水平的死亡，那我们可以断定这是一个相对不稳定的社会。②

第二，政治结构专业化与分化及其对政治参与的影响。一套适应复杂多变的形势、高度专业化的社会机构与社会组织的出现反映社会需要专门的机构来管理、解决和处理专门的事务，反映了社会中需要代表不同的利益、愿望和要求的机构，表明人类智力水平和治理水平的提高，有利于政治民主化程度的提高，有利于民众利益、呼声和政治诉求的表达。

第三，政治体系法治化。政治体系法治化是指统治者与民众通过制定详细与严格的法令和法规来调控社会关系以达到稳定政治秩序的目的，其中统治者与民众共同遵守、维护和完善法律体系。法治的基本价值和功能在于制约政府的专断、维护社会正义与保护个人的自由和

---

① ［美］周天纬：《法治理想国：苏格拉底与孟子底虚拟对话》，北京：商务印书馆，1999，自序第 15—16 页。
② ［美］格林斯坦、波尔斯比合编：《政治学手册精选》（下卷），储复耘译，王沪宁校，第155 页。

尊严,即"排除人治的专断、维护个人自由的权利、政府依法行事而且本身受到法律规范及其守法作为一种道德承担"。① 可见法治的基本价值和功能在于制约政府的专断、维护社会正义与保护个人的自由和尊严,更为重要的是法律在社会行为中不要动用政府的权威就能自我执行和自行贯彻。法制的完善与发达程度直接标志着政治制度的文明程度。

第四,政治民主化。民主是一种对深深期望得到体面对待的人的回应的精神,是人类出自天然本性对他们各自的命运都有发言权的期望,是一种在日常行为中体现人的主体性和政治权利的生活方式,这是民主的实质内涵。民主还是一种程序和过程,采用竞争性选举投票来决定官员,再由这些官员来代表选民决策,政治决策过程中体现出民主性,注重在动态的政治过程中民众参与的广泛性,选举、竞争、负责任的领袖和正义的公共政策是衡量民主的重要标尺,这些是民主的程序要义。民主的程序要通过制度性建设来保障,要体现在民众参与的日常政治行为中。

第三节　当代中国政治发展的目标

当代中国的政治发展是在坚持和巩固中国共产党的领导下稳妥地推进政治体制改革,扩大社会主义民主,建设社会主义法治国家,形成一种稳定、高效、法治、民主和文明的政治制度。政治体制改革必须在中国共产党的领导下积极地渐进进行。中国共产党在现行政治权力结构中居于主导地位,是当前有序政治生活的强有力保障,不仅成功地实现市场经济体制的转型,还初步建立了一套专业性的文官体系,提高了大众的生活水平和社会福利。②

---

① 《法治理想国:苏格拉底与孟子底虚拟对话》,第 7 页。
② 王邦佐、谢岳:《政党推动:中国政治体制改革的演展逻辑》,《政治与法律》,2001 年第 3 期,第 3—7 页。

第一，党要确保安定团结的政治环境，使得政治改革能够有效的持续进行。从组织网络上讲，在社会的各个领域发展党员以扩大党的群众基础，建立和健全党的纵横交错的组织网络。从制度上来讲，党的根本制度、基本制度和具体工作制度是其他政治组织赖以运作的核心制度，一定要增强它们的功能。① 从文化上来讲，共产党掌握的政治资源的优势，通过说服、教育和灌输等思想政治教育的方式使社会民众认同和维护现有的政治规范和政治价值，实现马克思主义政治文化与政治信念的社会化，促进政治稳定的生成。

稳定的政治秩序并不是静态的，而是动态的，将不安定事件和因素控制在一定范围，实现政治秩序总体可控。一方面，以美国为首的西方资本主义国家亡我之心不死，无论是特朗普时期的中美贸易战对我国高新技术的打压和控制，还是欧美国家对我国人权事业指指点点，势必会影响我国稳定的政治环境。另一方面，长达三年多时间的新冠病毒横行，不仅对我国正常的政治生活产生一定的冲击，而且使得我国依赖出口的制造业受到不小的打击，都会对老百姓的政治心理产生挤压，从而影响国内政治体系的安全性与和谐感。内外交困，因此，党和国家的政治发展面临不小的压力，这就更需要我们保护并维持好安定的政治环境，齐心协力，加强内循环，实现经济与社会环境的好转。

第二，党不仅要促进政府体制内的专业化建设，还要促进政府体制外的专业化建设。从体制内建设来讲，政府行政体系本身是一个高度集权的科层制体系，继续完善和发展公务员制度专业化建设，使地方与中央形成制度化权力分享的格局；理顺党政关系；提高政府的行政效率，降低行政成本，形成行为规范、运转协调、公正透明、廉洁高效的行政管理体制，提升中央和各级政府的权威。从体制外层面来讲，社会是一个自主性体系，支持市民社会的健康发育和第三部门的专业化建设，增强各级人民代表大会和政治协商会议的自主性，使立法、行政、司法和社会组织形成良性互动的关系。提升公众政治参与的主动性，拓展公民的信访、申诉、举报等政治参与渠道，完善和发展选举法，发挥大众

---

① 郭定平：《政党与政府》，杭州：浙江人民出版社，1998，第58—59页。

传媒等第三部门利益表达和偏好展现的功能,发挥舆论监督的功能;增强人民代表大会的政治沟通,提高人大立法功能,激发人民的政治参与热情;提高公众参与基层政治生活的程度,切实加强基层民主建设,扩大人民实际政治生活的民主程度,民主决策、民主管理和民主监督成为人民群众参与基层政治生活的基本特征。①

2019 年 11 月,习近平总书记来到上海长宁区虹桥街道古北市民中心考察时指出,我们走的是一条中国特色社会主义政治发展道路,人民民主是一种全过程的民主,所有的重大立法决策都是依照程序、经过民主酝酿,通过科学决策、民主决策产生的。②据新华社 2021 年 3 月 8 日报道,施行三十多年的全国人民代表大会组织法和全国人大议事规则,将在十三届全国人代四次会议上作出修改。其中一大亮点,是拟将全国人大及其常委会坚持“全过程民主”写入法律。③ 习近平总书记敢于亮剑,对人民民主进行新时代创新,具有重要的新时代指南意义。习近平总书记的全过程民主不仅是一种过程民主,也是一种成果民主,强调合作治理的民主;不仅是一种程序民主,也是一种实质民主,强调协商恳谈民主;不仅是一种间接民主,也是一种直接民主,多种民主方式并行并举,强调民主形式多样。在这样的民主框架内,全过程民主必然是高度体现人民民主和国家意志相统一,发展毛主席人民当家作主与马克思市民社会思想,故而是全链条、全方位、全覆盖的整体性民主,是整体性政府治理成效在网络时代的凝聚与展现。

第三,以依法治国为主导和以德治国为辅建设高度法治国家。坚持有法可依、有法必依、执法必严和违法必究的基本原则,维护法律面前人人平等的原则,加强社会主义法制建设,完善社会主义司法体系。拓展和规范法律服务,开展法律援助,加强法制宣传教育,提高民众的法律素养,特别是增强国家公务人员的法制观念,使法治精神深入民心,形成自我执行和自我贯彻的法治运行机制。在依法治国的制度保

---

① 杨帆:《论 90 年代中国的政治发展》,《云南行政学院学报》,2001 年第 2 期,第 9—13 页。
② 新华网,2021 年 3 月 8 日。
③ 新华网,2021 年 3 月 9 日。

障基础上，实现政治稳定、专业化建设和民主化建设，健全习近平总书记法治思想治国，实现有限政府的治理模式；在依法治国的基础上，加强传统道德的宣传、教育和普及，知行合一，事上磨练，脚踏实地弘扬伟大传统文化的精华，君子文质彬彬，内外表里如一，成人之美，德性润身，美德润心田，高扬真善美的榜样力量，实现依法治国和以德治国的良性互动和统一。

第四，巩固基层选举自治民主，发展党内民主，发展协商民主，发展网络直接参与民主，实现政策制定和政治制度运作的民主化，实现人民当家作主。基层民主的目的重在试探和韬光养晦，为党内民主作铺垫。党内民主化是指在坚持民主集中制的前提下，将民主与集中有机地统一起来，实现民主程序和决策机制的制度化。十六大报告指出，"党内民主是党的生命"，"党内民主化要从改革体制机制入手"，要"改革和完善选举制度"，因为党内民主对"人民民主具有重要的示范和带动作用"。① 温岭的商谈民主是我国民主建设的靓丽金名片，一定要保护好、维护好、宣传好。

第四节　当代中国政治发展的路径

在经济发展取得巨大成就的今天，党和政府将面临一个巨大的任务，那就是实现政治发展的目标。由于目前的政治发展严重滞后于经济发展，已经成为影响经济发展、获得后续动力的一个重要变量。政治发展的主要途径就是在中国共产党的强有力的领导下，渐进式和稳妥地推进政治体制改革。理清和界定政治发展的目标和任务可以为将来的政治改革提供一种方向上的说明。

当代中国政治发展的目标定位就成为首要的问题，有了明确的目标，改革过程和未来不会迷途，社会生活不会无序与混乱。目标，尤其

---

① 江泽民：《全面建设小康社会，开创中国特色社会主义事业新局面》，新华社，2002 年 11 月 17 日。

是适宜而又富有想象力的目标,往往会鼓舞民心,推进各项事业的健康发展。未来时期实现稳定、法治、专业化与民主四项价值的途径与过程成为一项重大课题。从西方早期政治发展的道路历程,我们发现法治化与民主化和稳定性强度总是密切结合在一起。某项法令其实就是民主程序的结晶与持续运作的表现。专业化是市民社会的形成尤其是公共领域成熟的主要特征。没有高度复杂、自我运转与维持的制度化组织,很难会有民众的热情政治参与,很难会有民主运转和法令的出台,公共政策很难反映民意和顺利生效,最终很难有昌明国度的产生;对于科层制的政府而言,制度化的专门组织更是占主导作用。因此,探讨当代中国政治发展的道路的社会条件是市民社会的成熟、中介组织的健全和公民精神人格的形成。没有这些条件,即便进行锐意式改革,往往会陷入失败的深渊。在中产阶层具有适度规模、妥协精神和民主意识条件下,在党派团体有着浓厚的民主精神、自由气质和平等态度等条件下,政治改革可能有成功的希望。当代中国政治发展的各项价值的实现顺序是由法治化到民主化、先法治后民主的途径,而民主化成为探讨政治发展的核心议题。这里并不是说,法治化离开民主化单独进行。

重新确定政府、党团与民众的制度化关系,实现习近平总书记法治思想、党内民主与基层民主三位互动是民主化道路研究可以参考的一种分析思路。对于民主化道路的研究主要可分为两种观点的论证:基层民主论与党内民主论。对于路途的研究涉及各式各样的争议与分歧,即便是党内民主论又分化为三种不同的学派。总的看来,基层民主的理论预设是由最底层的民众自行训练民主的实践,由下至上,随着民主素养与实践政治智慧的提高,逐步推进,由村至乡、县,再由县、市至省以至中央层,稳固地推进民主化建设。从实践来看,改革开放以来的四十年,基层民主制度的建设取得了许多令人可喜的成果。当前中国乡村选举引人注目的主要有以下两种形式:一是村委会选举;二是村党支部选举。经过改革开放四十多年的发展,在中国农村基层选举中逐渐形成两种民主性较强的模式。其一是海选,是在村委会选举过程中由选民直接提名候选人(党支部和村委会不再以组织的名义参与提名),按提名票多少差额确定正式候选人;在正式选举阶段再由选民直接投票产生村委会成员，体现出民主原则的彻底性、选举过程的公正性和选民参与的广泛性以及对选民民主意志的尊重。另一种模式是农村党支部选举过程中所采用的两票制。两票指信任票（有些地方称之为提名票）和选举票。具体来说，首先由全体选民对村党支部所有党员投信任票，只有且必须过半数信任票的党员才有资格成为村支委的候选人；然后根据信任票的多少确定村党支部书记及委员候选人，最后由村党支部全体党员投票选举产生新一届村党支部委员会。与此类似的做法还有公推直选制，或者采取村民投票的方法对党员进行民主评议活动，加大村民对党员的监督力度，扩大民意基础，拓宽党支部领导权威的合法性基础。但是目前就基层民主效果看来，虽然某些地方存在着违反民主精神与原则，比如金钱贿赂、宗派斗争、宗族控制。① 但是，整体看来，基层民主成绩喜人。不过，如果范围仅仅局限于村、镇一级的小规模的层次，实难取得政治体制的大突破。在基层民主政治实践尚未能突破县、乡一级的立法、行政类官员的直接选举的条件下，一种新的民主化道路的探讨就成为一种需要。党内民主论主张由上至下的精英的主体式理性改革。在民主化道路上应选择先精英后大众、先共产党内后共产党外的体制内渐进发展路线，通过扩大差额选举切实推进党内民主，并从中央做起。即沿着从党内到党外、从主体到边缘、从精英到大众的顺序逐步推进发展党内民主。发展党内民主的一个基本方向应当是扩大差额选举，扩大为对党提名的国家机构的领导人实行差额选举。在共产党内不断扩大民主选举，尝试一种非政党间有竞争的选举制度，则可能是在现存体制框架内缓解这种张力的更为有效的途径；既保持共产党的执政地位，又能适应社会利益多元化的客观需求。党内民主化不仅可能成为多党制的替代物，而且也有助于形成具有中国特色的权力制约机制。因此，通过党内民主带动国家政治生活的民主化，并由精英民主导向大众民主。②

---

① 详细的分析见肖立辉：乡村选举的民主模式，《学习时报》，第10页。
② 详细的分析见胡伟：党内民主与政治发展：开发中国民主化的体制内资源，《复旦学报（社会科学版）》，1999年第1期。其观点引起台湾等地区政治学者的注意和研究。

　　无论是基层民主论还是党内民主论都有各自的理论优势与不足。民主政治是一个牵涉宏观政治体制的大问题。基层民主论是一种多数民主论，强调公民个人的民主训练，实际上强调微观领域的政治稳定性与认同性，是一种朴素的民主论。在这样的理论指引下，能生成稳固式民主，但由于传统政治特征的专制性的长久影响和现实条件下各种约束变量的制约，费时太长，基层民主论是一种基本的、必要的不可或缺的民主化途径。台湾地区民众与内地民众有着相同的政治性格，就台湾政治发展的实践来看，由于长达半个世纪的长期的基层民主的运作，产生当前其政治民主化的巩固；所以，如果中国要想成功实现民主化的转型，基层民主应逐步推进并不断调适。

　　党内民主论是一种少数民主论，强调党团组织内的高度民主性，认为党团民主对社会民主的示范效应和领导作用，强调中观领域民主决策的重要性，强调精英与发达组织的民主性对社会发展的决定性。就这一高屋建瓴式的理论建构而言，这一理论创新具有重要的作用，其理论的重要性不言自明。特别是目前中国共产党与国家政权合二为一，实际上是一个政权组织，掌握公共权力，与立法、司法、行政合为一体，党引领权力机关为民谋福。实现了共产党的党内的高度民主性实际上就表示着国家体系的民主性特征的贯穿，有利于政治体制的开放性与法治性。在中国这样一个特殊的政治环境下，党内民主具有极其重要的意义。但问题是党内民主化有无实践的可能呢？它会不会造成政治体系的崩溃？中国的共产党精英有没有这样锐意改革的强大动力？原有统治阶层的保守人士的阻力到底有多大呢？实际地考虑一下，我们发现，虽然党内民主有着美好的前途和重大的战略意义，但可操作性与可实现性将遭到挑战，而且这种巨大的阻力对于党内民主而言是致命的。在既定的政治体制内，尤其是宏观领域政治约束条件不变的条件下，党内民主可能困难重重。

　　党内民主既然有着这么大的理论魅力，而且基层民主又不能在短期内实现政治突破，一种政治民主化的权宜之计是什么呢？这就涉及到政治体制的宏观层面，它直接影响到中观层面与微观层面的核心问题。没有宏观领域的大突破，中观民主与微观民主不可能促使中国踏入民主国家之林，组织民主与个体民主得不到持续发育的制度保护。在开放体制下民主化才会成功。问题是如何在确保共产党执政合法性的条件下实现宏观领域的突破？宏观领域开放性格主要包括哪几个方面呢？这不仅仅是政治理论的一项大突破，也是对中国能否成功转型的巨大考验。开放体制的能否形成是宏观领域改革能否取得重大突破的关键。开放体制首要的是立法、行政与司法体制内部体系高度专业化，互相之间存在着高度的独立性，都享有至高的决定权，类似美国三权分立体制实现治理的独立性，自身拥有同等的权威，自身具有不可跨越的至高价值，实现党的组织机构与国家权力组织的分离与分立，减少党务官僚与政务官僚的竞争、权钱交易与腐败，实现三大体系决策的科学性与正确性。其间政治精英内部平等的态度、同情的了解、渐进政治的原则与和平地处理政治冲突则是民主化的基本精神。

当代我国政治发展的目标定位可以通过政治稳定性、结构专业化、法治化和民主化等方面来考虑，而政治发展的目标主要是指维护安定团结的政治局面、加大政治结构的专业化建设、建设高度法治国家与实现政治民主化。政治发展的目标通过稳妥地推进政治体制改革而实现，其实现的社会条件是市民社会的成熟、中介组织的健全和公民精神人格的形成。民主与民主化的路径成为政治发展的路途的主要指向。重新确定政府、党团与民众的制度化关系，实现习近平总书记法治思想、全过程民主、党内民主与基层民主四维互动是民主化道路研究可以参考的一种分析思路。开放体制的能否形成是宏观领域改革能否取得重大突破的关键。政治精英内部平等的态度、同情的了解、渐进政治的原则与和平地处理冲突则是民主化和政治转型的基本精神。

第五节　党内民主的成长

中共十七大报告提出以扩大党内民主带动人民民主，十七届四中全会继而提出党内民主是党的生命，加强党内基层民主建设为基础，完善党内民主决策机制，完善党内选举制度，以民主、公开、竞争、择优为标准选拔优秀精英,体现出"五湖四海"的开阔视野。国家的发展必须立基于组织严密的执政党。强有力的执政党,推动国家和社会构建完备的政治制度和系列机构,会推动国家一体化、动员民众、丰富政治生活和维持政治体系稳定有序的发展,确保民众利益的聚合、表达、维护和确定,实现人与社会的和谐互动。[①] 政党推动已经成为转型国家政治现代化的普遍特征。作为特大规模的后发国家,随着经济发展的深入,利益与要求的多元化和表达诉求的日益强烈,尤其是社会矛盾随着网络等通信技术的广泛传播日益聚集,群体性冲突事件也屡见不鲜,一个强有力的执政党必须直面现实问题,锐意前行,解决制约与困扰我国政治发展的各类问题,为世界贡献中国的政治文明成果。而党内民主是党重现活力、提升合法性的有效武器。

　　政治发展需要通过一系列的团体政治互动完成利益的聚合与体现。通过政治精英间的协商、谈判和沟通,秩序化的政治活动,促进政治过程确定性,减少团体活动的强度和激烈度,加强政府合法性权威,改善政治输出,促进民主化和法治化。执政党具有很强的纪律和规则,使得整个政治体系有序变换,从政治角色的重新定位到政治机构的创设与撤销;从政府机构的整合到大部制改革的产生和运作。执政党推动政治发展是民主建设与政治文明的通则。实现党内民主的政治体制之所以能够保持一种稳定的政治秩序,不仅来源于其长期的政治体系制度化和政党体系制度化建设,还来源于其对社会稳定性的关心与对社会民众利益的爱护。首先,扫黑肃贪有利于改善治安,确保社会秩序稳定。2009 年上半年,我国大规模的打击黑社会的行动,有力地振奋民心,确保国庆 60 周年的顺利举行。强力政府敢于面对野蛮的黑社会组织,社会秩序很快就会趋于安定。以重庆打击黑社会为例,短短几个月,社会治安明显好转,老百姓拍手称快。其次,加强政治体系的制度化建设。建立在复杂和完备的政治结构上的民主被认为是具有很强的稳定性的。党章的不断完备,有助于政府体制逐步迈向制度化,并确保民主政治的稳定和发展。政治上人民参政效能感可以获得大幅提升,

---

[①] 王沪宁:比较政治分析,上海:上海人民出版社,1987,第 255 页。

打击"躲猫猫""喝冷水"等冤案与错案有利于减少司法不公正。民众的言论、出版及集会结社自由权利受到宪法保障；公务员贯彻经考试任用的原则，实现革命化、年轻化、知识化、专业化，公职人员权利受到更多的重视。选举是民主的基石。通过党内选举，新的人事任免和政策不断推出，有利于净化社会空气。随着地方基层民主政治的深化发展，协商民主的不断实践、总结和展开，基层地方政府的各项选举竞争越来越激烈。① 在法治政治与民主政治的宪法框架下，政治运作有了良好制度基础和人才保证，实现了社会体制、政治体制从威权模式转为民主模式，实现了中共从革命党到执政党的转型，做到权为民所用。

政治发展意味着建立适合我国历史、社会与文化国情的稳定的政治体系。② 政治体系必须具有自我变革、自我创新与自我发展的能力。党内选举民主提倡由上至下的精英的主体式理性改革。党内民主注意到政治精英在政治领导中的示范效应，突出政治领袖的高素质对未来政治发展的模范效果。它强调党团组织内的高度民主性，认为党团民主对社会民主具有示范效应和领导作用，强调中观领域民主决策的重要性，强调精英与发达组织的民主性对社会发展的决定性。目前中国共产党与国家政权合二为一，实际上是一个政权组织，掌握公共权力，与立法、司法、行政合为一体。实现了共产党的党内的高度民主性实际上就表示着国家体系的民主性特征的贯穿，有利于政治体制的开放性与法治性。在中国这样一个特殊的政治环境下，党内选举民主必将开创党建的新思维，具有极其重要的意义。党内民主体现出执政党审时度势，建构中国政治发展的新思维。党内民主的提出彰显执政党深刻地认识到目前群体性事件增多对执政权威、合法性与政府公信力的冲击。可见，党内民主可以广泛凝聚全党意愿和主张，充分发挥各级党组织和广大党员的积极性、主动性、创造性，坚决维护党的集中统一，保证全国各族人民的大团结，保障党员主体地位和民主权利，完善党内民主

---

① 参阅俞可平、陈家刚、何包钢、郎友兴等人研究成果。2004 年，浙江大学举办了"协商民主理论与中国地方民主的实践"国际学术研讨会。2006 年后，中央编译局推出"协商民主"译丛。

② 王沪宁：《比较政治分析》，上海人民出版社，1987，页 237。

决策机制,维护党的集中统一。①

　　总之,党内民主建设有利于增强共产党组织的适应性、复杂性、凝聚力和权威性,增进社会和谐与开放社会的形成,体现出中国政治发展和政治文明建设进入新的阶段。党内民主通过党内协商、选举民主的运作过程,是执政党重新建构政治发展的新形式,有利于人民利益的真实表达、确定和维护,体现精英政治有序运转政治的自觉精神,为走向法治与稳定政治秩序提供可能。党内民主兼顾规范民主观和经验民主观的双重优势,彰显出政治精英敢于担当的精神,将会形成法治制度的稳定与有效,体现了官员自觉政治整合的新思维。

第六节　协商民主的成长

　　随着学界与政界"地方政府创新"项目的启动,作为政治文明建设的有效成果,协商民主实践与理论研究引人注目。协商民主最先源于经济活力较强的浙江,并被不少学者高度赞扬,事实上已经成为中国政治文明建设不可或缺的部分。狭义上的协商民主是指以民主恳谈会为代表的一种利益表达机制。浙江省温岭市创造了"民主恳谈"的对话机制,鼓励公民与政府官员协商、讨论和对话。民主协商制度安排还有民情恳谈会、民主理财会、民情直通车、便民服务窗、居民论坛、乡村论坛和民主听(议)证会等。最近各地领导纷纷开博,地方领导与群体性事件"积极分子"、拆迁户居民、罢运的士司机等面对面对话,扩大官民对话的渠道,有利于民情彰显和公民的利益、偏好表达,推进协商民主制度在我国的发展,标志我国政治文明建设初见成效。

　　尤其是温岭市泽国镇于 2008 年 2 月 20 日举行的"泽国镇 2008 年财政预算民主恳谈会",是继 2005 年、2006 年举行的民主恳谈会后的协商民意测验。这次民主恳谈会是协商民主在基层的一次深化,主要改进有四,主要体现在财政预算进入大会议程(第 48 页的 2008 年财政

①《中国共产党第十七届中央委员会第四次全体会议公报》,新华网,2009 年 9 月 18 日。

预算支出测算表：对 24852 万元的财政预算提供了极为详细的预算开支清单）、随机抽样产生的 196 名民意代表、同一问卷两次填写、民意代表与人大代表互动（邀请了 63 位镇人大代表旁听）[①]。"协商"包含协调、讨论、商谈、商议、讨价还价和共同商议的意思。它最先起源于我国乡村，为节省诉讼成本而依靠乡里德高望重之人自发调节民事纠纷以确保乡村和谐的一种治理手段。后来，在公共事务的活动中，官员为体现地方政府的开明与开放，吸收地方乡绅参与权威当局共同治理公共事务。华伦说，"民主有两个相辅相成的目的，一是集体决策时权力均分，二是集体判断时平等参与"[②]，协商民主强调政治参与时对公共利益的道德责任，具有合法性、公开性、责任性三大特征。协商民主有利于提供高效而合法的决策、减少社会动荡，有利于公民利益和价值的表达，保护弱势群体，稳定社会秩序。中国协商民主的出现源于经济发展的溢出效应、基于网络的直接民主、宽容与博爱的民主文化、政治传统（省市人大立法过程中的协商程序、省政协常委会邀请代表就公众关心的热点社会问题进行的讨论和对话、水电价格听证会）等诸多因素。我国公共事务管理模式还没完全走出巨型权威政府管治路径。无限政府可能造成行政责任的缺失（即行政行为错位、民主渠道不畅、腐败屡禁不止）[③]。通过社会责任的共担、行政授权和契约外包等多种形式，让民间力量释放出来，将民间资源导入国家与社会发展的行列，形成国家建设的合作网络。

1999 年浙江台州温岭等地创造的"民主恳谈会"现已演变为全省乡村公共事务合法民主决策的主要形式，大多数县乡干部亲身参与民主恳谈，面对面地与农民代表们商讨和决定村务大事。浙江一些县市还创造了村民听证会，鼓励村民直接参与地方公共事务管理。[④] 总结

---

① 何包钢、郎友兴：泽国镇的 2008 年财政预算民主恳谈会，《学习时报》，2008 年 3 月 10 日。
② ［加］马克·华伦：协商性民主，《浙江社会科学》，2005.1.14—27.
③ 谭国太：《社会主义民主与构建和谐社会》，《西南师范大学学报》（人文社会科学版），2006.2，103—104.
④ 胡振：《民主政治的新探索："中国特色社会主义在浙江的实践"》系列报道之四，《浙江日报》，2002.10.14.

协商民主实践经验,研究参与的代表性、参与结构的合理性、协商的可持续性和公正性等问题,不断提升其民主内涵。[①] 官员要意识到"结社自由已经成为反对多数专制的一种必要保障"[②],走法治化管理社团的路径。社会中介组织具有意愿表达和利益整合的功能,对凝聚民众、缓解社会压力、沟通和平衡政府与公民关系起着特殊的作用。公民社会的成长有助于发现地方政府决策不合理。民间组织越是强大的地方,政府的压力就越大。[③] 协商民主的成长有助于决策程序化、民主化与广泛性,培养公民精神,有效消除社会的不稳定因素,促进社会和谐。

协商民主由于敢于直面挑战,面向真实世界,不拘泥于改进民主、提高代表性扩大参与的具体技术、规则、制度与方法,切实提高民主参与的广度、深度与代表性,增强权威当局的合法性,促进公民对政府重大公共政策的有效认同。总之,协商民主理论充分吸收民主理论的精华,兼顾民主的参与性与广泛性、自由与平等的双重价值。协商民主在中国的实际运作有效地贯彻规范主义民主观的平等价值,尊重参与者的主体性,获得社会的广泛好评。同时,它又吸纳经验主义民主观的商谈、折中与讨论精神,照顾参与者的体验与主动性。协商民主的逐步推广有助于我国的政治文明建设与和谐社会的形成,也是科学发展观在政治生活世界的延伸,有助于政治体系的民主化、法治化,提升村民政治参与的积极性,确保民众利益的有效表达和实现。

---

① 郎友兴:《商议式民主与中国的地方经验:浙江省温岭市的"民主恳谈会"》,《浙江社会科学》,2005.2.2。

② [美]帕特南:使民主运转起来,王列、赖海蓉译,江西人民出版社,2001.3。

③ 俞可平:治理与善治,北京:中国社会科学文献出版社,2000,第350页。

第七章　理解当代民主的含义

究竟什么是民主？民主含义的界定往往成为当代政治学者思考的头等大事。民主含义的争论"不仅仅是一种学术或知识争论"，"已经成为一个重要的政策议题"①。"一个精确的民主定义"对描述和解释民主在程度和特点上的差异和变化"特别重要"②。重新整理民主的含义，归纳民主的内涵，确定民主的内在价值，成为一项有意义的事情。对民主含义的定义，自古以来有两种思路：理想主义的与现实主义的，"一种是理性主义的、乌托邦的和理想主义的民主概念，另一种是经验的、描述的、制度的和程序的民主概念"③。理想主义思路侧重民主含义的价值方面、实质内涵，重从抽象演绎的层面界定；现实主义思路侧重民主含义的经验分析、民主制度建构的可操作性，重从具体归纳的角度定义民主。前一种方法是从理论到理论的规范式研究，多采用静态的、历史的与制度性分析方法，重从抽象角度考虑问题，理论上应该是怎样的就怎样的"应然"（should be）研究方法；后一种方法则是从现实到理论的实证式研究，多采用实地田野调查等动态、实证方法，重从具体、可操作角度考虑问题，现实是怎样的就怎样的"实然"（it is）研究方法。前一种方法为"理想类"，后一种方法为

---

① ［美］霍华德·威亚尔达编，《民主与民主化比较研究》，榕远译，北京：北京大学出版社，2004，第10—11页。
② ［美］查尔斯·蒂利：《民主》，魏洪钟译，上海：上海人民出版社，2009，第6页。
③ ［美］塞缪尔·亨廷顿《第三波：20世纪末期民主化浪潮》，刘军宁译，上海：上海三联书店，1998，第5页。对民主概念作此类划分见毛寿龙《制度评论之八十二：理想的民主与现实的民主》、李景鹏《关于民主的理想和民主的现实》。

"现实类"。① 研究方法取向的不同,学者对民主含义的定义就可能不同。正是由于政治学者研究角度与方法论的多样化,出现了数不胜数的民主概念,困扰甚至阻碍学者对民主理论研究的深入。

第一节 实质民主观

理想类民主观往往把民主当成一项崇高的原则——比如自由、平等、最高的善、多数人统治等具有实质内涵的、抽象的意义。民主是政治绝对自由,民主是人人平等,民主是善,民主是维护全体公民的利益,也称之为"实质民主观"。理想类民主观可细分为自由主义民主观、平等主义观、多数统治论。

自由主义民主观侧重把政治公民对政府的自由选择与政治公民行为自由作为民主的实质内涵。现代意义上的自由观念的最初代表人物密尔、卢梭、洛克、斯宾诺莎、孟德斯鸠继承了亚里士多德的观点,提出了三权分立学说,以民主制度保证人的自由权利。斯宾诺莎认为,民主制可以使人人平等,人们可以享受宗教信仰、思想和言论的自由。阿兰·图雷纳认为:"民主是指对政府的自由选择,这个政府代表多数人的利益,尊重人权,尊重人们按其信念与基本利益而生存的权利。"②在这样一个民主体制中,由被统治者自由选举统治者,全体成员决定政治选择,对多数利益的尊重,对人权尊重的道义式的个人主义,构建民主制度的理想模式,理性主义与个人主义是自由民主的两大目标。每个人都有权按照理性自由创造与发展个人特性,有权自由选择个人的生活模式。弗里德曼、林德布洛姆、哈耶克和波普尔是其主要代表,他们认为政治自由与不受政府权威控制的经济自由就是民主。

---

① 有关"实然"与"应然"研究方法的介绍,见李景鹏《论权力分析在政治学中的地位》,《天津社会科学》,1996.3.22—25;《中国政治发展理论研究纲要》,黑龙江人民出版社,2000。李景鹏教授主张对"民主"的研究更应关注民主现实是怎样,然后再作结论;而不是民主理论上应该怎样就怎样。

② 中国社会科学杂志社编,《民主的再思考》,社会科学文献出版社,2000,第30页。

平等主义观侧重把政治公民人人平等作为民主的实质内涵。其认为民主是一种遵守政治平等原则的政治体制，人人平等，一人一票，强调政治平等的重要性。卢梭是平等主义的主要代表人物之一，他认为政治民主是社会平等、法律平等，是反映所有人的利益制度。每个人都有相同的法律和政治权利，即都有反抗政治权力的法定权利；而且每个人都有相同的社会尊严，即都有反抗被歧视的权力。为了实现这种制度，他还认为直接民主制比较适合，主张较小规模的政治体系，而公有制的经济体制比较适合平等主义民主观的实现。

多数统治论侧重由多数人制定公共政策，保证全体民众的共同利益。由于全体共同参与民主的不可能性，全体一致就让位于大多数人决策。尽量使一个民主政体反映或接近全体民众的意愿，是理想类民主观追求的目标。卢梭认为，民主是通过多数投票决定的反映全体民众意愿的政治模式。托克维尔也认为，民主统治的要义包括多数人的绝对主权。S·李普赛特的前提假设是，"所有的民主制度都内在地包含一种单一的价值体系"，并认为，"民主应满足两个基本条件：合法性与良治"[1]。他认为民主的基础是应该是按人口数的比例代表制，这样才能使民主政体获得民众的服从与支持，也能够对经济及行政机构实施有效的控制。阿伦·利法特认为，把民主定义为少数服从多数的观点，无论从理论上还是从实践来看都有很大的局限性。从民治、民享、民有的标准定义出发，他认为民主仍能是一种"包含全体一致的体制"[2]。上述观点强调多数人的利益、权利、政治选择的至上性、绝对性，强调人民主权的合法性，这些观点的优势就是强调政治价值的完美性，突出对大多数人的利益的关心，典型地反映了全体民众的利益。

民主是"以多数人的意志为政权的基础，承认公民自由和平等的统治形式和国家形态"[3]。理想类民主观认为人本身就是目的，而不是达到任何目的的手段；社会的基础是一个个单独的个人，社会以个人为本

---

① ［日］猪口孝等编，《变动中的民主》，林猛等译，吉林人民出版社，1999，第 211 页。
② 中国社会科学杂志社编，《民主的再思考》，社会科学文献出版社，2000，第 208 页。
③ 《大百科全书·政治学卷》，大百科全书出版社，1995，第 251 页。

位；个人的权利是天赋的，是神圣不可侵犯的，这些权利包括自由权、平等权；人民是最高的主权者，人民有权监督政府的权力，必要时人民有权收回其所授出的权力；多数裁决。理想类民主观的一个主要思路是，重个人、重正义、重目的、重分配结果。理想的民主观相信的是一种政治上个人价值的完美性，一种政治上的至善。正如亚当·普热沃斯基所说，民主精神体现在对政治行为的不确定性的认可之中。[①] 无论遇到多大的困难，在这样一个信奉民主价值的成熟社会，都可以实现民主制。作为一个民主理论家，普热沃斯基构思了这样一个完美民主社会：民主的含义与信念深入人心，以致民主成为一种自行贯彻运行机制，就像被誉为"看不见的手"的价值规律一样，能够在社会中自我良好的运行、自我纠错。

理想民主的意义在于为反抗专制制度提供理论基础和战斗武器，适用于号召民众争取民主。随着专制社会的衰落和新的社会力量的生长，人们对旧的专制制度越来越不能容忍。然而，要反对专制制度就必须找到否定专制制度的理论依据，一些思想家便设想出一系列与专制制度相对立的原则，这就是民主理论产生的过程。当时社会中的占统治地位的思想认为政治权力应该属于统治者，并且统治者的权力是绝对的、世袭的、神授的。与之相反，民主的根本原则是一切权力属于人民，权力不属于任何个人，也就是任何个人都不应有比别人更多的权力。理想民主观是人们追寻正义社会的浪漫希望，追求的是理想、价值，最高境界就是由人民群众自己来直接地行使一切权力，也就是古代雅典的直接民主。但是，理想民主观的缺陷也是明显的，没有反映出民主如何实现，也没有表达民主如何操作的程序与规则，一句话，没有运作于政治现实的步骤。如果我们对提出理想民主观的学者进行一番仔细考察的话，无论是密尔、穆勒、洛克，还是卢梭、贡斯当，抑或是托克维尔，就会发现其代表人物主要为18、19世纪工业革命时代的人物。由于时代、经济、社会条件的局限性，他们提出的理想民主理论战斗性较强、理想性过强，但现实性与可操作性过分缺乏。一旦这种民主理论被

---

① 中国社会科学杂志社编，《民主的再思考》，社会科学文献出版社，2000，第13页。

运用于现实,就有可能给民众带来不必要的痛苦,使政治民主化的实现变得特别的困难。另外,理想民主观代表人民有同等的机会参与政治和一切都需要全体公民的同意,由于全体一致同意在现实上是非常困难的,理想的民主所尊崇的实际上是多数至上,少数必须服从多数,少数成为一种被孤立的少数,往往被多数决策规则所伤害,少数提出的政策通常被否决或漠视。在这种情况下,很容易出现多数的暴政。概括地讲,理想民主观的不足在于自由与平等的现实性不足和多数决策论的狭隘性。

人类民主发展的实践已经表明,追求理想民主观的国家,结果不是建立了民主较弱、专制较强的权威主义政体,就是建立了动荡性的民主制度。理想民主观的典型运用是以法国为代表的欧洲大陆民主体制。无论是建立民主政体采用的与传统政治制度相决裂的革命手段,还是强调人民主权、政治平等与自由、比例代表制,抑或是对国家利益的重视,都反映了此类民主政体的理想主义特征,反映了民主创造者对这种政治理性价值的追求。从历史来看,此类民主政体具有相当大的不稳定性,不单说两次大战的主要参与国,从民主的建立到民主的完全巩固来讲,此类民主政体伴随着经常的政局更换,给社会民众带来了巨大的负担。重新建构一种新的民主观来弥补理想民主观的不足就很有必要了。新的民主观能够解决理想民主观的不足,能够缓解甚至解决多数人的暴政,能够缓解自由与平等的过分抽象性,给民众一个实实在在的民主概念,给学者一个清晰的分析框架。千奇百态的现实类民主观出现了。

第二节　现实民主观

现实类民主观是伴随着行为主义研究方法在政治和社会生活中的广泛运用兴起的。理想类民主观由于其明显的缺陷越来越不能满足政治学研究的需要。学术研究需要一些可操作性的概念,需要一个能判断政体优劣的指标。社会也需要一个能衡量政体民主程度的概念。现实类民主观是研究发展的要求,但是,在当代却产生了民主概念的泛滥。几乎每一个政治学者为了经验研究的需要都有一个自己定义的民主概念。可以这样说,正是由于当代经验政治学者的太多的定义,使民主概念令人难以把握。现实类民主观可细分为程序民主观、宪政民主观、平衡民主观、协商民主观。

程序民主观或选举民主观把民主当成一种方法、一种程序、一种手段、一种机制、一种框架或者一种制度,在这种规则安排下,采用竞争性选举投票来决定官员,再由这些官员来代表选民决策。程序民主观比较注重民主过程中体现的民主性,注重在动态的政治过程中民众参与的广泛性,选举、竞争、负责任的领袖、政策、政治冲突是体现程序民主观的关键词。约瑟夫·熊彼特认为"民主是一种政治方法",[①]"民主方法就是那种为作出政治决定而实行的制度安排,在这种安排中,某些人通过争取人民选票取得作出决定的权力"[②]。有学者认为,民主是"一种把公共偏好转化为公共政策的机制。没有公民方面的积极参与,民主制度不可能产生预期的政策结果"[③]。塞缪尔·亨廷顿在早期的著作中认为,"民主在于:通过大多数居民有机会参与的竞选,选出政权的主要领袖"[④],"选举是民主的本质"[⑤],"民主统治的核心程序是通过竞争性选举来挑选领袖"[⑥]。菲利普·施米特和特丽·林恩·卡尔认为:"现代民主统治是一种管理体制,其中统治者在公共领域中的行为要对公众负责,公民的行为通过他们选举产生的代表的竞争与合作来完成。"[⑦]上述概念突出选举、政策、领袖、责任,指出现实民主运作的基

① [美]约瑟夫·熊彼特,《资本主义、社会主义、民主》,吴良键译,商务印书馆,1999,第358页。
② [美]约瑟夫·熊彼特,《资本主义、社会主义、民主》,吴良键译,商务印书馆,1999,396
③ [日]猪口孝等编:《变动中的民主》,林猛等译,吉林人民出版社,1999,第5页。
④ S·P·Huntington, and C·H·Moore(eds), *Authoritarian Politics in Modern Society*, New York: Basic Books, 1970, p.509.
⑤ [美]塞缪尔·亨廷顿,《第三波——20世纪末期民主化浪潮》,刘军宁译,上海三联书店,1998,序第6页
⑥ [美]塞缪尔·亨廷顿,《第三波——20世纪末期民主化浪潮》,刘军宁译,上海三联书店,1998,第4页
⑦ 刘军宁编,《民主与民主化》,李柏光等译,商务印书馆,1999,第2页。

本特征，大体反映了程序民主观的主要内涵，但是还是不够全面。罗宾斯补充道：民主体制还要容忍少数派，容忍有分歧的观点。① 他突出少数利益、少数派别的重要性，弥补上述学者研究的不足。程序民主观定义比较全面的是美国政治学者谢茨施奈德，他认为民主是"这样一种竞争性的政治体制，在这种体制中，相互竞争的领袖和组织以某种方式确定公共政策的选择范围，以便使公众能够参与决策过程"，"冲突、竞争、组织、领导、责任是可操作性民主定义的要素"②。此民主概念的最大优势就是描述了现实民主政治的实际是怎么样的运行，深刻地表达了政治运作的复杂性，不仅突出竞争、选举、政策、领袖，还把政治自由和政治领导作为民主的两个关键要素，在这样的过程中，作者突出政治冲突的社会化过程是民主过程主要含义之一。作为一个研究政治冲突的学者，他认为民主过程的实现，一个很重要的方面就是能够缓解社会的政治冲突，确保社会的稳定与和谐。

宪政民主观认为宪法是人民建立政府、约束政府、管理政府的基本依据和保障。主要代表之一胡安·林茨认为："倘若一个政府按照宪法定期为各种群体提供和平竞争政权的机会，而不用武力排除任何一部分居民来参加竞争，那么，我们就认为这个政权是民主的。"③他强调和平手段、非暴力行为的定期选举和宪政对于判断民主体制的重要性。D. C. 缪勒则认为，"民主是一种政府体制，在这一体制中公民或选择统治者，或选择政府的政策，或选择两者。民主通过宪法来决定、约束规则、制约政府。宪政是民主的重要组成部分"④。A. 布来顿与 M. 布来顿认为，"民主制是一种能使人民被授权的制度，人民可以一定程度地控制国家机器，从而一定程度地控制那些影响到他们的生活的事务"。⑤ 此类概念比程序民主观定义还要全面、细致，即在程序民主观

① 《Political Science：An Introduction》，Michael G·Roksim，Prentice-Hall，1997，p82.
② ［美］谢茨施奈德，《半主权的人民：一个现实主义者眼中的美国民主》，任军锋译，天津人民出版社，2000，第 125 页。
③ 中国社会科学杂志社编，《民主的再思考》，社会科学文献出版社，2000，第 8 页。
④ ［加］布来顿等：《理解民主：经济与政治的视角》，毛丹等译，学林出版社，2000，第 63 页。
⑤ ［加］布来顿等：《理解民主：经济与政治的视角》，毛丹等译，学林出版社，2000，第 189 页。

的基础上强调宪法的纲领性作用,突出在和平的宪政体制环境下进行民主选举的重要性,反对武力进入选举过程从而改变民主的性质,此乃对非洲、拉丁美洲武力改变政权性质而出现的军事独裁政体的反映,弥补原来"选举主义的谬误"而发展的民主概念。选举民主观的缺陷在于这种运作过程有可能选出独裁领袖,他不受宪法的制约甚至破坏宪法建立集权体制奴役民众,而宪政民主观选出的领袖会受宪法的制约,在三权分立、权力分散的体制中不可能实现独裁,因而称之为宪政民主观。宪政民主观适用性不广、指标过高,有点类似自由民主观,不具有普遍的适用性。比如政治学者居伊·埃尔梅认为,民主是指被统治者真正能够以和平方式撤换被统治者,是个人能在宪法中学会自立的框架,同时也是政治行为的框架。这些框架主要由各种各样的选举、相互竞争党派的宣传和政治竞争的各种惯例等组成的宪法,在这样的框架内公民将获得真正意义上的公民身份,从而实现民主的目标。民主政体提供了公民通过和平手段在宪法保障下定期地更换政府的可能性,假如他们掌握了足够的多数又决定这么办。他们能以公民身份用非暴力方式自由地建立政党与社团,切实享有公认的全部自由权;保证公民权的法律的权威大于国家,载入法典,必要时有独立于政府的法律机构来裁决。[①] 虽然此概念是宪政民主观的比较全面的论述,但是从操作性层面来讲,符合此类指标的国家可能就是屈指可数的西方老牌民主国家,而新兴的民主发展国家由于宪法的不健全被排除在外。

　　平衡民主观强调对民主过程注重参与主体间利益的平衡。美国政治经济学者唐斯认为,民主实际上就是党团政治,侧重民主是一种人与人之间利益与权力的妥协机制。他所强调的就是经验政治的过程,因为在这个过程中,利益集团和政党是政治运转的主要决定力量,民主运作就是这些党团之间利益与力量的较量,通过系列磋商、交流、谈判、沟通、妥协、互助、讨价还价,共同决定公共政策的产出。正如国外人士所说,民主是"所有阶层参与的过程……民主的实质是相互妥协"[②]。麦

---

① 中国社会科学杂志社编,《民主的再思考》,社会科学文献出版社,2000,第6—14页。
② 《从"第三波"看世界》,《粤海风》1994年第4期,第34—36页。

迪逊(fames Madison)认为,民主实际上是一种关于利益和权力取得妥协与平衡,"要在多数人的权力与少数人的权力之间,以及所有成年公民的政治平等和限制其主权的需要之间"①,达成一种妥协。此类民主观认为民主机制是一种利益和权力的平衡、妥协机制,注重利益与权力在不同的团体、党派、机构的讨价还价的分配,保证所有参与者都能得到合理的一份利益。此类概念的优势在于表明民主的实质是一种权力与利益的平衡,深刻地指出民主政治的真谛,指明了现实政治运作的核心秘密。其缺陷也是明显的,即没有任何评价指标。

协商民主观通过话语交流和人际沟通推进平衡民主观,是哈贝马斯交往行为理论在政治领域的发展和推进。协商民主观通过官民交往和官员间面对面沟通使得民主主体体验和参与民主程序的核心过程,主要代表人物有贝塞特、博曼、庄泽克、莫奎尔、曼宁、科恩等。②"民主有两个相辅相成的目的,一是集体决策时权力均分,二是集体判断时平等参与"③,倡导民主治理中的信任、对话、协商、参与和责任协商民主,不拘泥于改进民主、提高代表性扩大参与的具体技术、规则、制度与方法,有助于宪政民主的推进。在协商过程中,米勒主张"每一个参与者的自由表达、倾听和考虑相反意见",科恩突出公共协商,瓦拉德斯强调"重视所有人需求与利益"的回应性和约束力政策④。"协商"包含理性说服、协调、讨论、商谈、商议、讨价还价和共同商议的意思,最先起源于我国乡村间,为节省诉讼成本而依靠乡里德高望重之人自发调节民事纠纷以确保乡村和谐的一种治理手段。部分地方官员为体现地方政府的开明与开放,吸收地方乡绅参与权威当局共同治理公共事务的一种惯例。目前我国协商民主不仅是指以民主恳谈会为代表的一种利益表达机制,还有民情恳谈会、民主理财会、民情直通车、便民服务窗、居民论坛、乡村论坛和民主听(议)证会等。我国的协商民主突出官员控制

---

① [美]罗伯特·达尔:《民主理论的前言》,顾昕、朱丹译,北京三联书店,1999,第1页。
② 陈家刚编译,《协商民主》,上海三联书店,2004,序言;谈火生编译,《审议民主》,江苏人民出版社,2007,编选说明。
③ [加]马克·华伦:《协商性民主》,《浙江社会科学》,2005.1.14—27。
④ 陈家刚编译,《协商民主》,上海三联书店,2004,序言第3页。

下民意的充分与最大限度表达，而西方的协商民主更注意代表者之间的公开讨论、理性说服和偏好转换。

　　现实类民主观的特点在于描绘了现实民主政治具体特征，是一套决定社会权力运作的制度安排，现实政治中的民主是选举民主、宪政民主、妥协民主，具有极大的可操作性、应用性、现实性，极大地弥补原有理想类民主观的价值成分过多的不足，是落实理想的具体设计，强调的是可运作性与效率，是一种现实的民主，也是可行的民主。现实民主观的典型运用是英美式民主，此类国家的民主发展历程是一条渐进发展的道路，比较注重历史发展的连续性，注重原有的政治传统，更多地强调民主的工具性和怎样使民主运行起来，而不是民主的理想内涵，在不断试错的基础上缓慢地发展民主，因此现实类民主观比较容易实行和获得社会的合法性，也不会造成社会的巨大动荡。但是，现实类民主观也有缺陷。1951年，经济学家阿罗发现了广义不可能性定理，指明程序民主观中系列选举规则的不合理性，程序民主也不一定能够反映选民的意见和想法。卡若文（M. Canovan）指出，现实类民主观在三个方面存在着不足：现在的法治政府的治理效果并没有完全反映人民的正义；代议制政府的腐败、低效与为人民服务的政府不相一致；过于制度化的政府已经陷入僵化的程度以致民众对参与政治失去兴趣。[1] 欣得斯甚至认为现实的民主观渗透着西方意识形态。[2]

　　既然理想民主观与现实民主观都有这样或那样的缺陷，理想民主观与现实民主观"各执一偏，分别强调主体和程序，这实际上把本来不可分割的东西分割了开来，它对于现实的民主政治很可能是非常危险的。其实对于健全的民主政治而言，公民个人的政治权力的实际后果以及实现这些权力的程序是同等重要的"[3]。如何在理想与现实之间建立一种新的民主观就成为部分政治学人的任务。在政治学研究的方法论中，特别是二战以来，除了规范研究和经验研究之外还有第三种研

---

[1] Canovan, Margaret (1999) Trust the People! Populism and the Two Faces of Democracy, *Political Studies*, XLVII, pp. 2 – 66.

[2] 何包钢：《民主理论：困境和出路》，法律出版社，2008，第59页。

[3] 俞可平：《权利政治与公益政治》，社会科学文献出版社，2000，第127页。

究方法那就是分析的方法论,此种方法论的优势在于综合规范研究与经验研究的长处,建立一个双方都能满意的理论。诚如欣得斯说,把握民主的含义需要不同的思维框架和概念[①]。

第三节　人民民主与过程民主

"作为一种政体,民主一直是根据政府权威的来源、政府的所服务的目的和组成政府的程序来界定。"[②]民主既可以从"人民的意志"(来源)和"公益"(目的)等实质性方面来界定民主,也可以从程序方面来界定民主,当然也可以从两个方面综合起来考虑。整合式建构民主观的特征在于从理想与现实两个方面综合起来进行考虑,既不过分追求民主的价值,也不过分地追求民主操作性,希望在理想与现实之间获得一个既能满足民众对正义的向往又能合乎现实运行的民主体制,开放的目的和对政治环境敏感的考虑是其主要因素,民主的概念随着一系列不同情境的发展而发展,就有点像民主评论家的风格,如夏皮罗、达尔、霍华德·威亚尔达等。夏皮罗认为他希望勾画出在理想民主观与现实民主观之间的争论中保持中立的民主观,"发展中既能对政治现实作出反应,又不要求首先解决'什么是正义'这样问题的理论。在过程与实质之间是描述我的观点的合适的口味",并认为民主实际上"一种次要的好"的观点。[③] 民主并不是一种政治上的至善、最好,而是一种比专制独裁政治稍好的政治体制,是一种政治体制上的比较级,是一种必要的善。霍华德·威亚尔达注意到选举主义和多头政治等西方民主观的苛刻性不适合中东伊斯兰国家、部分非洲国家的民主化,他提出"统治

---

① 何包钢:《民主理论:困境和出路》,法律出版社,2008,第58页。
② [美]塞缪尔·亨廷顿,《第三波:20世纪末期民主化浪潮》,刘军宁译,上海三联书店,1998,第4—5页。
③ [加]布来顿等:《理解民主:经济与政治的视角》,毛丹等译,学林出版社,2000,第11章。

者与被统治者之间应当相互听取意见"、建立"负责任的政府"①,民主
应该立基于原有的传统和文化,表明协商民主在落后地区成长的必要
性。协商民主充分注意到民主很难被复制或模仿,突出民主制度实现
的开放性和特殊性,民主的成长必须在本土文化的基础上生长。不同
的社会应该采用不同的民主形式,民主需要得到"与当地条件相适应的
细心照料和整理"②。

　　整合式建构民主观的最简单的表述认为民主就是人民当家作主。
民主是人民的统治,这也是一种我们最经常接触到的关于民主的一个
概念,它结合了程序民主与实质民主的两个最基本的方面,这种纯词源
意义上的民主,虽然突出政权的人民性、全体参与性,也讲到了程序性
方面,但是其缺陷也是明显的:忽视了政治实际运作的复杂性,过分简
化政治的运作。在现实政治中,其含义容易引发民众的集体参政行为,
往往会超出政府当局的合法控制范围,特别容易产生暴力行为,最明显
的就是9·4学潮事件,给我国民众心理带来了巨大的伤痛,其原因跟
这个民主理论过于理想化、现实性不强有很大的关系。而经济学者亚
瑟·刘易斯的论述比较具体,他认为:"民主有两重含义。第一层意思
是,凡是受某项决定的都应有机会直接或间接通过推选的代表参与作
出决议;第二层意思是以多数人的意志为依归。"③前一层讲民主的程
序是直接或间接参与政治过程,后一层讲民主的价值原则即多数统治
论,要在兼顾少数派利益基础之上,实现多数决定的原则。政治经济学
者德尔认为,民主政治是一个协调(处于市场之外)拥有平等地位的代
理机构及个人的决策的各种方法的集合。在这一过程中,所有的个人
独立地做计划,他们的权力是平等的,沟通的渠道是平行的,协调通过
谈判、全体一致决策、简单(或合格)多数表决以及通过委托决策选出代

---

① [美]霍华德·威亚尔达编,《民主与民主化比较研究》,榕远译,北京大学出版社,2004,第
　　9 页。
② [美]霍华德·威亚尔达编,《民主与民主化比较研究》,榕远译,北京大学出版社,2004,第
　　7 页。
③ 中国社会科学杂志社编,《民主的再思考》,社会科学文献出版社,2000,第 222 页。

表的方式来实现。① 该观点的特点就是在兼顾民主的平等价值之下，通过一系列的程序来保证民主的实现，反映了整合式建构民主观的含义。哈贝马斯则通过交往行动的理论，力图克服理想民主观与现实民主观的冲突，认为民主存在于人际交往活动中，是人们在符合交往理性的、自由平等的对话和讨论中通过话语共识而形成的，这种自由的批判性讨论公共领域的话语民主程序，为民主提供了挽救方案。

整合式建构民主观的经典论述的主要代表之一是罗伯特·达尔。特别是在其 1998 年发表的《论民主》一书中他提出，民主既是一种理想，又是一种现实。② 作为毕生研究民主理论的享誉世界政治学坛的专业学者，他不仅从规范层面研究民主的理论基础，比如《民主理论的前沿》，还从经验的层面研究民主的要素，比如《谁统治》：一个美国城市的民主和权力。他建构了著名的"多元主义民主理论"，即多重少数人统治社会的原理，他认为"辨识现代民主政体的依据，要看是否存在各种团体与组织，看他们是否拥有合法地位，以及他们相对于政府是否独立，彼此之间是否独立"③。从经验的层面分析了民主，强调现实政治中独立与分化的政治结构间政治参与和竞争对民主的重要性，这也是他的多元主义的主要观点。他还认为理想民主内涵是"政治平等"，它分为两个方面：从公民的角度，是指"我们应该把每个人的内在幸福看作是与他人平等的"；从政府的角度，就是指"政府在决策的时候，对于受到决策约束的人，应当平等地考虑他们的幸福和利益"④。达尔既把民主当成一种具有政治平等的实质内涵的意义来研究，又把民主视为实现这一原则的手段、方法或机制、程序，提出了分析的民主观，希望能够获得一个比较完美的民主定义。

总之，民主含义的梳理远远不是我们想象得那么简单⑤。有学者突出信任、社会资本等文化心理、价值在民主概念中的作用。查尔斯·

---

① ［美］德尔，《民主与福利经济学》，陈刚等译，中国社会科学出版社，1999，第10—12页。
② ［美］罗伯特·达尔：《论民主》，林猛、李柏光译，商务印书馆，1999，第30页。
③ 中国社会科学杂志社编，《民主的再思考》，社会科学文献出版社，2000，第9页。
④ ［美］罗伯特·达尔：《论民主》，商务印书馆，1999，第86—87页。
⑤ ［美］J·萨托利：《民主新论》，冯克利、阎克文译，1998，东方出版社，第15页。

蒂利侧重民主过程的信任网络构建。① 沃伦说"信任和民主是集体决策和组织集体行动既有区别又互相补充的方式"②，合理的信任有助于复杂社会民主决策的稳健。而一个牢固信任的社会，"能够应付更多的意外事件"③，激发公民的活力、创造性和安全感和满足感。信任制度建设有助于民主社会的成长。19 世纪的民主理论学者强调的是个体民主价值的至上性。20 世纪的大部分时间实践的却是政府民主，政府权威起着主要的秩序维持的作用，权威主义大行其道。20 世纪末尤其是全球化以来，协商民主、网络民主大行其道，形成民主理论研究的新高峰。网络民主在我国甚至成为"第四院"④。萨托利说"错误的民主观导致民主的错误"⑤，当代民主含义的研究仍然需要我们谨慎与细心的研究，任重而道远。

① [美]查尔斯·蒂利：《民主》，魏洪钟译，上海人民出版社，2009，第78—103页。
② [美]马克·E·沃伦编，《民主与信任》，吴辉译，华夏出版社，2004，第4页。
③ [美]马克·E·沃伦编，《民主与信任》，吴辉译，华夏出版社，2004，第3页。
④ 毛寿龙：《中国还有"第四院"》，华东交大日新网，2010.3.26。
⑤ [美]J·萨托利：《民主新论》，冯克利、阎克文译，东方出版社，2009新版，第3页。

第八章　西式选举民主的内在 困境及其反思

在西方的"宪政"架构内,差额与竞争性的选举是国家政治发展的重要表现,有利于增进民主与有效的公共政策,促进该体系的法治化和专业化。参与式政治选举不仅是现代政治文明的重要表现,也是聚合民意、体现民众价值观与利益的重要组成部分,更是提升党的执政权威的有效手段。好的政府善于折中直接选举与间接选举的各自优势,为国家选拔优秀的积极分子,提高政府的公信力。在知识经济全球化和民主化浪潮的时代主题下,大约有三分之二的国家和地区的领导人是采用差额与竞争性的选举性办法产生的。比如,东欧剧变后的国家领导人多是由选举产生的。参与式选举难于回避。

第一节　西式选举过程与公共政策的趋同性

从选举方式来看,有直接选举制和间接选举制两类。虽然直接选举制和间接选举属于同一范畴,但这两者有着本质的区别。直接选举有两个好处。首先直接选举,面对选民,对选民负责,一旦领导人政绩不佳很容易导致他的下台;其次直接选举制有利于减少腐败,有利于提高政治的透明度和公民直接参与政治。严重的腐败跟间接选举有很大关系。J. S. 密尔指出间接选举不利于增进议员对选民的责任,反而为他们的舞弊大开方便之门。[①] 由于缺少自下而上的直接监督,容易造

---

① 〔英〕J. S. 密尔:《代议制政府》,汪暄译,商务印书馆,2008。

成议员与选民的脱离,造成民众监管真空,官员责任感丧失,为腐败行为提供可能。直接选举虽弥补了间接选举的回应性不足,有利于政府的长治久安,但选举过程运作成本较高。间接选举存在着操作方便、耗资少的特点。[①]

定期、自由与公正的竞争性选举是民主的重要方面。选举必须是竞争的。因为没有竞争也就没有自由,也就没有领导层更换。[②] 但光有选举还不够。前苏联的每届领导层最终垮台了,原因就在于没有互不相同的公共政策,而只是在保持政府稳定上的缓慢的调试性改革。因为没有不同的政治派别的出现,没有互相矛盾的政策的出台,容易造成了一党的垄断,从而在一个党派下,只存在着权力的竞争而不是权力的更替。当遇到失业、通货膨胀和其他经济问题时,因为没有其他政党在野的假设基础,容易导致其他党派利用示威、暴乱、暗杀或群体性事件动员下层民众来推翻政府而不是来参与和帮助政府解决困难,政变就这样产生了。[③] 因此,为了实现高度的民主政权,实现经济发展,选举应该是竞争的、多党派的。每个党派都应具备同等的机会、资源和公开的媒体渠道。多党竞争虽可以广泛包容各个党派的价值观和利益倾向,但易造成政局的不稳定,如印度英迪拉·甘地遭暗杀即为证。

选举是民主的本质,选举的最终目的也是为了体现民主。在一些国家,很多总统用全民公决的办法。选举是政治体制民主性质的根本标志之一。哪里没有充满自由和竞争的选举,哪里就没有自由。如果选举制度能够使统治者成为被统治者忠实代表的话,那么这些政治体制便具有更深刻的民主特征。苏联、东欧社会主义国家模式失败表明,选举并没有起多大作用。因为他们的选举制度造成了一党垄断,党政联系在一起,从而整个宪法体系被扔到一边,当选代表无法监督统治

---

① 目前,印度实行的直接选举制,运作成本相当昂贵,曾给国家和社会带来不少的动荡、种族冲突,影响经济发展和国家安全。在多元文化不发达、市场经济尚不健全与政党制度不完备的约束条件之下,实行直接选举存在着客观与主观的多维困境与两难抉择。

② [法]让-马里·科特雷等:《论选举制度》,商务印书馆,1996。

③ [美]亨廷顿:《第三波:二十世纪后期民主化浪潮》,上海三联书店,1998。

者。[①] 结果是,腐败的政权、衰老的领导层得不到及时更换,家长制、裙带风,遇到经济的衰退,政权必然垮台。在选举程度越高的国家,民主程度也就越高。选举毕竟不等同于民主。特别是有些实行选举的国家却不一定是民主的国家,它们打着选举的旗号却实行着非民主的实质,如印尼、伊朗、沙特阿拉伯。民主国家可以分两类:自由民主国家与选举民主国家。自由民主国家主要是老牌的西方资本主义国家;而选举民主国家则是大多数的发展中国家。发展中国家政体虽然形式上是选举的,但与自由民主相差甚远,需要不断渐进改革,符合民主发展的要求。

第二节　西式选举过程与政治互动特点

从本质而言,西式选举民主是市场领域内委托—代理机制在政治领域的延伸,是一种程序民主、过程民主、间接民主,并不一定导致成果民主、实质民主与直接民主。而且,选举过程耗时间,耗财力、人力物力,最后选择出来的领导人往往为了连任或获得较好的口碑,在政治领域内"作秀"或"折腾",在其任期内缺少监管,事实上导致西式选举民主存在"金钱游戏"与"美元政治"的内在困局。但,从现象而言,对于普通民众而言,更换领导人,有时也会带来一些政治领域内的新鲜之气,具有一定的合理价值。

首先,选举是一项权利而不一项义务。公民的政治权力表现为选民对于公职人员的投票参与。如果选民对投票不感兴趣,或认为投票本身不能改变整个选举结果,那么他可以不投票。因为这是他拥有的权利,他可以对这一行为进行取舍。但义务就不一样,选民必须投票,不是选民自己可以决定的。这一观点的根本目的就是让选票真正代表选民的意愿,提高选票的真实性。在法国大约有 20% 的选民不投票,而在美国则更低。美国总统的民意测验中,支持率为 50% 左右,这跟选民参与冷漠有很大关系,毕竟美国选举投票有 200 多年的历史。要

---

① 刘军宁编译:《民主与民主化》,商务印书馆,1999。

充分考虑到选举权不是一项义务而是一项权利。当然，不能以强制的方式去执行。也要注意到采用多元的选举制度安排，如地区代表制、比例代表制、混合制代表制等的区别使用。

第二，选举是选民与候选人进行委托代理交流的利益转换过程，特别是对直选制来说。在选举活动中，候选人和选民会发生各种各样的关系。选民可以对他们的政策表示同意或不同意。通过反馈，候选人能够改变自己的策略，促进候选人点检自己的行为，改变政策，更好地代表与体现选民的意志与政策，在这个活动中，候选人制的政策必须是选民具体关注的问题。候选人并不是向别人施加自己的观点，而是去迎合公民关注的问题，或者找出回答这些问题必须的方法。公民根据他所希望的用途"购买"一名候选人，就像在菜市场上一样，一个消费者只要买西红柿，则就不会买别的蔬菜。在宪政制度的责任规则下，候选人一旦干出坏事或政绩不佳，要是再当选几乎是不可能的。这种选举方法将会使诸如贪官、庸官和跑官这些人难于混迹于政治体系内，使政治文明得以生成。

第三，选举并不能使领导层彻底民主一些，而是使内部成员更换更快一些，更合法化一些，从而提高政府运转的效率，这也是选举的最终目标之一。选举为政府输入新鲜血液，使其各方面运转更有生机和活力，从而实现有机的协调。心理学研究表明，每个人最佳年龄的工作时间是 30—45 岁，在这段时间内人的精力最充沛，工作效率最高。如果不在这段时间内，工作效率会变低。选举就能使领导层队伍年轻化，避免"老人政治"运转缓慢毛病，提高政治体系的透明性。

第四，高级的政治游戏。选举过程涉及广播、电视媒介、材料费、民意测验等一系列费用的问题，这是学者普遍感到头痛的问题。1992 年11 月的美国国会选举中，差不多每人花费一千万美元才能争是一个参议员席位。"只有在组织上、财政上、传媒上武装最充分的候选人才有几分机会跑到马拉松的终点。"[1]选举费用这么高，一个替代的办法是

---

[1] 彭宗超：《直接选举制的历史发展模式比较》，《经济社会体制比较》，1998 年第 6 期，第35—42 页。

民意测验，形成西方所谓"民意测验癖"。民意测验可以选择统治者，同时可以了解选民的意愿。但民意测验只是一种"气压表"形式，不能代替选举，因为民意测验的范围太小了，无法动员全民发表意见。

第三节　选举方式与渐进民主

1688 年，英国"光荣革命"后颁布了《权利法案》，规定了"直接选举制"原则，美国 1789 年《宪法》规定联邦参议员由选民直接选出。1953年 2 月，我国公布第一部《选举法》规定乡基层及市辖区人大代表由选民直接选出。1979 年 7 月，新修改的选举法是把人大代表范围扩大到县的人大代表由选民直接选出。虽然说经过半世纪的努力，直选取得了比较大的进步，但比之西方国家差距还是很大。直选是"由选民通过直接选举"的投票方式选举产生国家机关的代表。间接选举则是"由下一级代表机关代表选民的意志，选举上一级国家机关的代表"候选人不与选民见面。直接选举是直接代表选民意志，间接选举间接代表民意，前一种民主程度更高。当前我国有些方面腐败比较严重，跟间选有很大的关系。刘少奇指出，"劳动人民不识字，政治参与热情不高，历史专权传统太深等原因"，"我们不适合直接选举"。目前我国仍是以间接选举为主、直接选举为辅的选举制度安排。据资料介绍，1988 年，印度人均只有 340 美元；1981 年，25 岁以上文盲占 72.5％，直选半个世纪，原因有二：一是英国殖民选举传统的影响，在英殖民选举传统的影响，在英殖民统治后期很多印度官员由直选产生，有一定基础；二是政党组织发育，精英组织有序。正是这两个主要条件使现在印度直选能够顺利推行。从这里我们可以得出两个启示：即使直选地区经济条件很低，只要精英组织有序，直选亦能推行；但建立在不成熟经济条件上的直选对经济发展作用是有限的，印度经济平均发展水平只有 4％。

中国推行直选需在发展经济的过程中，渐进推行，不是一两代人所能完成的一项伟大工程与长城事业，要三思而后行。学者王玉明 1993年提出"地级市及以上人大代表应由城市选出，可考虑由城市选民直接选出"。学者彭宗超主张"地级市以上人大代表在城市和农村均可由选民选出",还指出"县长行政首脑亦可由选民直接选出"。他的主要论据是：乡级直选制运行了 44 年,县级亦运行了 16 年,而且各省直辖市,自治区平均人口,面积相当英国等中等国家条件。直选需要制定一个长远规划,在保证社会稳定的大局下,有步骤、有秩序地进行,不能仓促运行,搞形式主义。比如在 100 年内逐步实现省、市、自治区人大代表由选民选出,可以先搞几个试点,在上海、广州、深圳等大都市运转几十年,这些大城市运转基本成熟了,积累了经验,再推广到其他城市,最后扩大到全国。在这段时间过程中,哪些地方条件成熟,哪些地方就可以申请向全国人大审批。这就有点像经济改革开放一样。当然这需要法律程序的健全,真正做到依法治国,确保这项有利于人民的事业顺利进行。这是一项审慎的浩大工程。随着九年义务制教育的实行,经济发展水平的提高,直选人大代表并不是幻想。

除国家权力机构的直选,行政基层机关,如县乡行政首脑,在条件允许的地方可以直选。县乡基层行政关系到千家万户的最基层人民的事,农民、市民对基层执行人员比较熟悉,联系比较方便。邓小平同志早就讲过"干部对上负责,副作用极大",只有使干部既对上又对下负责,才能确保人民的利益,使干部接受人民的监督。农民不怕贫困,怕庸官。孟子说"不患贪而患不均"。如果乡长由农民直接选出的话,一旦政绩不佳,下次就没有人选他了,这势必使候选人对选民负责,政府的可信度就提高了,真正实现人民作主,真正确保人民的利益不受损失,实现人民代表人民选、人民代表为人民,建立一个民治、民享、民有的现代政府。

第四节　选举实践与政治精英培育

政治精英是政治文明推进的决定性动力。候选人是直接选举制中的操作者和主体。候选人的执政素养与政治智慧高低直接决定政府行为是否高效。我国缺乏具有现代国际视野的公共管理领导人才,制约政治发展的速度与空间。经济学家 M. P. 托达罗指出，有效的行政管理是发展中国家最为"稀缺"的资源。[①] 政府行为的低效、执政权威的削弱尤其是地方治安的失范与无序等诸多政治欠发达症状多来自于公共管理人才的缺乏和执政能力低下。高素质人才主要是指拥有高能力、高学历、高品德、身体健康、心理良好的人才。它可以包括三个方面：政治层面，经济层面，文化层面。政治层面指政治理想、信念、态度、专业、作用、方向等范畴，侧重个人政治抱负水准；经济层面指办事有效率，取得实际效果，办了哪些实事，侧重个体带来的经济发展；而文化层面指是否具有正直、诚实、勤奋、自学、积极、健康等方面，侧重个人态度。高素质是一个动态发展的概念。高素质人才在工作中能形成高效、廉洁的作风。

构建高素质人才队伍，需要做到：

1. 专业化原则。领导干部需要增加系统的、专业高等教育。从某种程度上来讲，科学家担任行政领导，不仅造成了专家能力的浪费，也导致治理公共事务的低效。

2. 制度化、法治化和现代化。制度化指建立国家公务员等一系列激励制度，从制度上保证人才的待遇和地位。法治化指建立一系列法律如《国家公务员》《行政诉讼法》《功绩制度保护法》，以法治国，以法治规范人才的"进""管""出"，做到公正合理使用人才。现代化是人才观念和办公机构的现代化，形成较高的办事速度，节奏较快的办事途径。

3. 培训和竞争相结合原则。培训是目前较流行的做法。有一部分人才缺乏这样或那样的技能、知识。这种方式能较短时间内，较多培训人才。而竞争制度选择那些高素质人才，让少数精英脱颖而出，优胜劣汰。国家行政学院借鉴法国国立行政学院经验，主要培训部级以上干部；各省、市、直辖市也都设立了各类行政管理干部培训学校。公务员统一考试则主要贯彻竞争原则，选择优秀人才为业务类公务员。

---

① 胡伟、唐贤兴：《论政治：中国发展政治学的思考》，江西人民出版社，1998，第234—240页。可参罗伯特·达尔：《论民主》，商务印书馆，1999；科恩：《论民主》，商务印书馆，1988；《行政学》，"我知道什么？"丛书，商务印书馆，1996。

　　4. 促进人才流动和提高待遇。人才如鱼，水好比待遇。水是鱼生存最基本的条件。水之不存，鱼将焉附。水越深，鱼儿游得越快活。人才合理流动防止人才的浪费和被压抑。人有一个最佳工作时间，错过了这个时间，人才就难于得到利用，造成人才老化。现实生活中人才的近亲繁殖现象突出，造成真才实学的人才浪费。通过人才的合理流动，形成资源互补势头，发挥"杂交优势"。江泽民同志早在纪念中国共产党成立 75 周年座谈会上指出："七十五年，我们有一条基本经验，这就是，党领导事业要取得胜利，不但必须有正确的理论和路线，还必须要有一支坚决贯彻执行党的理论和路线高素质干部队伍。"目前我国干部队伍存在着既缺乏大量高素质管理的人才，另一方面优秀人才不断流失。

　　竞争的选举政治成为现代政治生活和政治文明建设的主流。政治精英的素质是反映政治文明程度的重要指标之一，因而，政治精英内部平等的态度、同情的了解、渐进政治的原则与和平地处理政治冲突则是民主化的基本精神，也是 21 世纪和谐社会的必然要求，将推进绝大多数百姓的福利和公共价值。

第五节　效仿西式选举民主不可取

　　累积性不平等与弥散性不平等的双重叠构是早期现代化国家发展过程中的一个重要现象。其中因为累积性不平等在分配财富和资源过程中多次重复受益，事实上造成更大差距的不平等。累积性不平等的制度安排是发展主义与技术主义在分配体系上的表现。民主对于后发国家的政治发展形成一种较大的压力。变压力为动力，促进政治权力在社会中的制度性分配，实现政治体制的创新，需要观念上的变革。而基于一般民众的公民意识和权利意识的觉醒是政治民主的先期条件。在人均收入达到 3000 美元这个经济水平来临前，需要政治精英前瞻性地考量制度创新。在发展主义的意识形态下，当务之急，尤其需要实现权力的有效平衡与互动。行政体系内的适度分权（大部制改革）可以成为一种好的开始，而慢慢扩展到这种体系内的权力平衡，真正使权力为民所用，遏制权力的腐败，促进经济的发展。这尤其需要政治精英以一种和谐与人文的政治精神，敢于担当，自觉地行使公共权力，提高公信力，减少社会不公平，实现和谐社会与社会正义。

西方民主本身经历了一千多年的缓慢发展，这一点我们必须有清醒的认识。雅典民主是最早期而又最知名的民主制度，是一种直接民主制。代议制的民主可以说是从罗马共和国时期的元老院展开的。美国可以被视为是第一个自由民主制的国家。20世纪的民主化浪潮也是渐进成长的。第一次世界大战以及奥斯曼帝国和奥匈帝国的瓦解使欧洲产生了许多新的民族国家，其中大多数都采用了名义上的民主制度。第二次世界大战的结果则扭转了西欧的这种趋势。在同盟国占领下的德国和日本成功地进行民主化，成为后来政权改革的理论模型。不过，大多数东欧国家则被迫成为非民主的苏联卫星国。在苏联和其他东欧共产主义国家，20世纪80年代的经济停滞和对于共产党统治压迫的愤怒导致了苏联的彻底瓦解，也促成冷战的结束，这些国家也都展开民主化和自由化的进程。而这种预言成为法兰西斯·福山的"历史终点"的理论核心。

西方民主的概念也是渐进进化的，经过一千多年的酝酿，直接民主和实质民主相差甚远。即便是现代，如约瑟夫·熊彼特在《资本主义、社会主义与民主》书中所提出的，他认为民主制度只不过是一种由人们定期选出政治领导进行统治的制度。而民主的集合，宣称政府所颁布的法案和政策应该接近于中间派选民的观点使其左派和右派都能得到一半的权力。安东尼·唐斯(1957)。认为西方民主概念存在内在冲突。无论是代议政制，还是审议民主的制度，都主张公民应该直接地参与立法和决策过程，或者另一种说法都强调所有公民之间的政治平等。而公共选择理论的阿罗不可能定理便指出由于排序制投票制度的先天缺陷，透过民主制度产生的集体决策不可能反映出完整的"集体偏好"。事实上，多数决最能符合功利的目的，容易形成对少数人的"暴政"。

西方选举民主具有内在缺陷，并不一定适合我国。因此，保持渐进开放，加快中国政治转型。结构的开放性提供了执政党巨大的动力来调整其管治方式,保持其和各个社会阶层和团体之间的联系。这也是中国政治变迁的动力。实实在在,脚踏实地,温和地推进政治发展。比如,可以考虑建立一个民主的公共财政制度作为中国政治发展推进的优先目标。有学者指出,我国社会目前所面临的主要问题是收入分配不公平、党政官员的腐败、政府权威减弱等。而这些都与中国公共财政制度的不完善有很大的关联。可以说,公共财政制度是解决这些问题的"纲"。在现代社会,尤其是公共部门,财政是公共体系运作的血液。要对整个公共体系进行改革,从血液入手最为有效。其次,公共财政制度介于经济和政治之间,较之其他一些政治改革的入口较不敏感,也容易操作。一提到政治改革,很多人都会想到诸如政党体制的改革、人大制度的改革、选举制度的确立、自由媒体的发展等等。尽管这些都是民主化所需要的,但问题是实际上很难从这些议题入手。

可见,科学与合理的公共财政制度便是民主政治建设重要根源。预算是政府运作的血液,控制预算就是制约政府的最有效手段。党和国家领导下的适当公共参与是中国政治发展前进的一项重要问题,有利于激活政治发展,也是程序民主与成果民主的建设着力点。

第九章　台湾地区政治发展的历史考察及其反思

　　一般而言,松散性的个体组成一定的团体,而高度纪律性的个体组成政党。团体与政党普遍存在于现代国家中,成为世界各国政治运作中最重要的机制之一。在政党尚未成为政治舞台主要角色的时候,民众自发性团体往往开展的松散性活动。有时,自发性运动也能引导政治发展的主要潮流。但是,自现代民主社会以来,政党逐渐取代社团的政治角色。政党起源于欧洲,开始以敌意与不信任的角色出现,而且被冠之以"派系"的称呼,含有从事破坏行为的意思。那时,政党仅仅是阶级性和区域性的代理人的角色,然后才变为全国性的政党,成为国家政权的标志,逐渐获得民众认同和支持。正如学者德理培尔(H. Triepel)认为政党政治经历过以下几个阶段:国家敌视、国家放任、政治体系承认、法制化和纳入宪法。[①] 学者博凌布洛克(V. Bolingbroke)认为,政党与派系的差别只是程度上的差异而已,反对国王侵害人民的"在野党"才有存在的合理性,而执政党没有必要存在。[②] 休谟(D. Hume)则认为,凭理念、原则结合而不是利益结合的现代政党是自由民主政府中重要的运作机制。这种认为政党是代表公共利益组织的观点比博凌布洛克有更大的进步性。[③] 柏克(E. Burke)把政党视为一个承担公共职能具体机构。柏克的理论使政党纳入政府体系内而不是政府体系之外,政党不再是解决君主与民众分歧的运作机制,而是提高民

---

① 涂志坚,《由政党性质检讨"我国"政党法制》,《国家政策论坛》,2002,第 2 卷第 4 期。
② 涂志坚,《由政党性质检讨"我国"政党法制》,《国家政策论坛》,2002,第 2 卷第 4 期。
③ 涂志坚,《由政党性质检讨"我国"政党法制》,《国家政策论坛》,2002,第 2 卷第 4 期。

众在政府中的代表性问题,反映大众的意愿和要求。要做到这一点,他认为,一个长久与合理反映公意的政治理念对于政治来说是必需的。正如有学者指出,这标志着政党政治理论的重大突破,政党不再是领导阶层分享权力的机制,而是民众分享权力和参与、表达政治意识的重要的组织机构。随着欧洲民主政治的建立和发展,政党政治逐渐成熟与发展。① 现在的政党实际上起着"准政府机构"的作用,可以称之为微型政府,在结构与功能上与政府部门有着很大的共同性,结构上的差别只是规模上的不同而已。如同政府一样,二者的根本目的是公共福利和大众的利益,除此之外,政党要为政府选拔、推荐、训练和培养将来社会的政治精英人才,要维持社会的政治稳定,通过意识形态的宣传与教育使民众养成认同政府的政治文化,还要表达、聚合和整合民众的政治利益、要求和愿望,更要协商、讨论和制定有效的公共政策并在实际政府行为中真正贯彻下去,最终实现大众的福利。政党与一般社会团体也有一定的不同,表现在:政党的最终目标是争夺最高政治权力,而团体仅仅是希望当局反映、实现自己的利益要求;政党涉及的政治领域相当的广泛,包容性强,聚合性高,而团体仅局限于有限的目标和领域;政党要履行和实现自己的政治主张并承担一定的政治责任,而团体并不需要承担政治风险。政党作为一种特殊的政治组织,既不同于政府机构,也不同于社会团体。它是介于政府组织和一般民间团体之间的中介性的高度严密的政治组织,一方面政党操作、形成和运作政府,使政党的成员成为政府体系的一员;另一方面,团体容易演变扩展和升级为政党,进而参与政治的运作。

　　结构—功能分析方法是当代政治学研究中最为常用的一种分析方法。以阿尔蒙德为代表的学者认为,政治体系内一定的结构支持一定的功能,有什么样的机构就有什么样的功能。政党作为政治体系的子系统,自然也不例外。政党的结构一般包括机构要素、制度要素和角色要素三大部分。② 政党机构指的是维持政党日常运作的主体性组织,

① 涂志坚,《由政党性质检讨"我国"政党法制》,《国家政策论坛》,2002,第 2 卷第 4 期。
② 王邦左编,《中国政党制度的社会生态分析》,上海人民出版社,2000,第 118—127 页。

包括党员代表会议，党的高层和基层领导机构（比如党主席和委员会），党的财政、宣传、联络和人事管理组织等等。政党制度要素可以细分为根本制度层次、具体工作层次和具体制度层次三个方面。① 政党根本制度要素是指决定政党产生、形成和运行的核心价值、原则和理念，比如等级制、民主制等，它决定着政党组织横向与纵向关系如何、最高领导机关如何产生以及政府与政党的关系怎样等等。政党基本制度要素主要是指党员代表大会制度、干部制度、党内选举制度和党内生活制度。政党具体制度要素则是指党的高层机关会议的议事规则、程序和具体机制。而政党角色要素指的是党员的条件、党员有何权利何义务及其怎样发展党员等。政党功能是指在实际的运行过程中政府应该发挥的作用、影响、职能和机能。伊斯顿认为，政党应该起着表达、压缩和凝聚政治需求的功能。李普塞特认为政党有工具、表达、整合和代表四大功能。② 日本政治学者冈泽宪芙则认为政党需要展现如下功能：利益的聚合、补充和选举政治领导人、决策机构的组织化及其政治的社会化。③《布莱克维尔政治学百科全书》的作者认为政党主要有领导政府和民众、监督政府和公众利益整合三大功能。④ 可见，在政党功能的界定方面各个国家的学者各有不同，主要基于自己国家所处的国情。

　　一般来讲，从民众角度来讲，政党的功能主要有利益的表达、利益的凝聚与整合、利益的输入和利益的实现四个层面；从政府角度来讲，主要有维持社会稳定、促进政治社会化、孕育政府精英、组建政府、监督政府（主要是指在野党而言）、保障政府的有效运转等。现代政治学研究表明，政党政治推动政治发展，政治发展的核心动力仍在于各个政策和价值取向互不相同的政党的互动过程，通过一系列的团体政治互动完成利益的聚合与体现，实现公益。理论上说，团体性运动相对于政党政治而言，在推动政治发展体制化的转型方面，表现得更为快速和明

① 王邦左编，《中国政党制度的社会生态分析》，上海人民出版社，2000，第118—127页。
② ［美］李普塞特，《一致与冲突》，张华青等译，上海人民出版社，1997，第133—197页。
③ ［日］冈泽宪芙，《政党》，耿小曼译，经济日报出版社，1989，第4—7页。
④ ［英］戴维·米勒、韦农·波格丹诺，邓正来编译，《布莱克维尔政治学百科全书》，中国政法大学出版社，1992，第146—148页。

显,但副作用和政治参与成本更大。自发性的救济运动(即团体性运动)是在当局没有开放的多党政治的前提下,有无序民众自行进入当局体系,直接进入政策和谈判场所,要求政治产品的一种面对面的活动;而政党政治则是通过代表民众的政治精英们的自我协商、谈判和沟通,秩序化的政治活动,以提供公共产品为目的,服务大众的福利。政党政治的存在表明政治发展过程确定性的增强,它代替那种团体性的自发的救济运动所承担的功能。政党政治的形成,大大减少团体运动活动的强度和激烈程度,有效地加强政府的合法性权威,改善政治输出,促进政治民主化和法治化。团体性运动则很难系统性地对政治体系内部各部门做出这么大的改变,事实上团体的有限的结构和功能决定其自身没有能力为政治体系提供这么多优秀的政治精英,因为它没有像政党体系那样强的纪律和规则。

第一节　"自力救济"时期台湾的政治发展

在 80 年代中后期(主要是 1984—1990 年这段时间)的台湾,社会动荡与发展并存,一方面经济贫富差距较大,部分民众对他们的生活状况很不满意;另一方面,国民党当局并没有做任何改革的意向和行动,社会僵化、停滞。[①] 这样的环境下,台湾民众自发地组织、行动起来参与到政治生活中去,解决自身面临的、有关切身利益的问题,无论是在环境领域,还是农业领域、工业领域,无论是消费者、教师、学生,还是果农、老兵、妇女、残疾人,都加入了这场轰轰烈烈的民众"自力救济"运动,而且基本上都实现了原来提出的政治目标,保障自己的权益,推动

---

① 本篇的很多基本事实如未作特殊说明,除下述的两本书(《现代化的困境与调适:中华民国转型期的经验》,台北:幼狮,1989;萧新煌:《社会力:台湾向前看》,台北:自立晚报文化出版部,1989).深入分析还可参考游盈隆:《民主的巩固或崩溃》[M].台北:月旦,1997;葛永光:《政治变迁与发展——台湾经验的探索》,台北:幼狮,1989;萧新煌等编:《自力救济》,台北:敦理,1987;马起华:《当前一般政治问题研究》,台北:黎明文化,1990;孙代尧:《威权体制下台湾的地方选举与政治变迁》,《台湾研究》,2002.1.35—43;陈文俊编:《台湾的民主化:回顾、检讨及展望》,台湾中山大学政治学研究所,1996。

台湾政治的发展，尤其是以后的宪政改革，使台湾政治体制实现了民主化。社会运动在台湾一直都存在，不过，无论是参与的人数还是涉及的地域，抑或是陈情、请愿的目标，都没有 80 年代中后期的"自力救济"运动来得大、影响深。"自力救济"运动一般是指 80 年代中后期在台湾社会的爆发、以民众自身的力量参与的、自发性的民众政治运动，其诉求目标为当局。故而学者们把这种社会运动的影响力称之为"社会力"，以区别于当局的"政治力"和商业社会经济组织的"经济力"。据统计，"自力救济"主要有消费者运动、环境运动、劳工运动、妇女运动、校园民主运动、原住民人权运动、老兵运动、反核运动、教师人权运动、果农抗议、政治受刑人人权运动、残障弱势团体的请愿运动、新约教会的抗议运动、农民权益运动和党外人士民主运动共 15 大类，几乎除军工人员之外都卷入了这场涉及广泛领域的民权运动。这些运动的另外一个特点是其数量以不成比例的倍数增长，其激烈程度更是难以想象，据 1986 和 1987 年台湾当局数据统计，在 1986 年仅街头聚众活动达 1210 次，出动警力 96305 人次，到了 1987 年，街头聚众活动升至 1835 次，出动警力却猛增至 273025 人次。① 可以发现，虽然街头聚众活动增加了 50％，但出动的警力却增加了近 2 倍，这表明街头聚众活动的参与人数和激烈程度明显地增加了，对当局的调控能力也不成比例地增加了，社会风险的危险和不稳定秩序随时都会出现。这场深刻运动的出现也不是偶然的，有着深刻的政治、经济和社会原因，并不是一个单一的因素能够解释的。政治方面来讲，转型时期当局立法与行政管理机构的低效率、当局领域的腐败、国民党长达 40 年高度专权带来的政治僵化和对民情的漠视，更为重要的是政治领域没有合法的政治沟通、政治参与的渠道，民情难以申诉。经济方面来讲，转型国家过分强调宏观经济的增长，过分突出资本和社会财富的原始积累，以至于在微观领域对受到不公正待遇的大多数贫困群体、弱势团体关注不够、关心不足，尤其是劳工和农民生活极其贫困，宏观领域与微观领域发展的不平衡使社会

① 葛永光等著：《现代化的困境与调适：中华民国转型期的经验》，台北：幼狮，1989，第207—231 页。

民众的不满情绪与日俱增。社会方面来讲,经过长期的现代化建设,由于社会结构的变迁中产阶级已经形成,公民民主、人权意识提高,自主参政意识提升,教育发达,知识分子的话语权有极大的号召力、影响力,交通网络发达,新闻传播遍及各地,开放、独立人格的形成和政治理性人的成熟,可以说一个成熟、以中产阶级为主体的市民社会的雏形已经形成,而这为社会运动提供一个基本的平台。因而,当国民党当局在1986年3月的十二届三中全会上决定作出"解除戒严""开放党禁"的政治改革后,蕴藏在台湾社会中被积压了几十年的"社会力"像火山般得一下子爆发出来,冲垮了整个政治体系的结构基础和政治力量对比。这场运动虽然没有像以后的政党政治的运作那样制度化、程序化和理性化,其效果也没有政党政治那样对政治体制改革和政治发展影响深,但是,作为"准政党政治"和较低层次的非组织化、理性化的民众街头性运动,毕竟是政党政治的替代,是一种较低层次的政治参与过程,"自力救济"运动表达并实现了民众的政治和经济等利益要求,学习和实践较低层次的政治民主,获得政治参与的经验,并使台湾最终走向宪政民主化改革之路,其效果、意义不可忽视。

在1984年以前,消费者基金会就与当局发生过4次低度冲突。从1984年到1986年9月,典型的政治冲突有省议员抗议省政府的不合法、集体辞职案、司法大厦被骚扰等,虽然引发社会关注,但最激烈的是1988年的"5·20"流血事件。[①] 其原因主要是农业发展长期的困境,农民生活相对其他阶层极其贫困,当局长期不予重视,在"政府决定向美国进口水果、火鸡肉"导火索的引爆下,农民走上街头抗议,希望当局考虑农民困苦,撤销此决定。由于此中复杂性,最终引发警民暴力冲突,酿成悲剧。此事标志着大规模的社会运动达到高潮。"5·20"事件成为以后政治发展的重要里程碑,开启了政治体制改革的重要一环。自此以后,当局围绕政治稳定作出系列的政策调整和法令更改,扩展政治利益表达的渠道,提高民意的代表性。事实证明,真正的稳定是建立在

---

① 葛永光等著:《现代化的困境与调适:中华民国转型期的经验》,台北:幼狮,1989,第207—231页。

政治价值和程序获得制度化的基础之上的。

"自力救济"运动对于法治化建设的影响表现在两个方面。一方面是对"自力救济"运动的主体来讲，当局不得不制定了各种各样的专门性的法律、规定、条例等等，有权益性保护法、规范民主运动的法案、环境保护法、组织团体法等。如经过长期劳工运动的推动，1984 年保护劳工权益的第一部专业性法律《劳基法》获得通过，并在随后的 1988 年的台湾当局的十三次大会获得修改、扩充并继续生效，有效地缓解了台达化工公司和新客运公司与工人们的劳资纠纷，使劳工的权益获得法律的保障。另一方面就是，从宏观的层面来讲，推动台湾政治体系本身的法治化建设甚至是以后李登辉执政时期的"宪政改革"。以 1988 年的"5·20"事后影响为例，它推动当局和民众重新检讨司法制度问题，引发台湾的法制化改革。首先是 300 余位专家、学者联名发表《我们对 5·20 的呼吁》，强调立法、行政、司法的正义责任和司法独立、公平的原则，在社会中获得重大影响，引起领导高层的重视；其次是几位独立学者自发形成的调查报告中关于"是否预谋暴力"一节与台北地方法院得出的结论截然相反，而且地方法院认为学者干预司法体制，从而使民众对司法制度进行反思，进而为推动以后的宪政体系的改革作了前提准备；①最后，农权总会发起制定"农民权利法案"，切实保护农民利益。在没有政党政治运作的条件下，社会运动要想达到政治目的是非要付出一番努力不可，从街头活动演变为组织性、团体性的带有法治规范性政党政治，确实是一项长期的改革工程，它是伴随着整个台湾政治法治化改革和互动前进的。虽然，社会运动在法治化建设方面并没有政党政治这样功效来得大，但是在那个时代和那种条件下，社会运动是一种比较切实而有效的政治参与方式。它以政治冲突、政治暴力的方式唤起当局对法治化建设的重视，唤起民众对法治化的热切期望和信心，为法治化改革扫除了最基本的障碍。至于在社会中最终确立法治，还得靠政党政治的巨大推动作用，毕竟社会运动不可能直接引发政治体系本身作出有损于自身利益的重大举措。

---

① 萧新煌：《社会力：台湾向前看》，台北：自立晚报文化出版部，1989，第 225—233 页。

　　"自力救济"运动对政治发展的最主要贡献之一就在于各行各业的专业性组织、团体、党外联合性办公机构的成立。这些组织基本上都有自己的合法的政治地位、宣传队伍、独立的办公机构、期刊和财源。具体而言,经过长期的劳工运动,支持性组织"劳工法律支援会成立"在1984年成立,《劳动者》月刊获得出版,"农民权益促进会"设立,最后工党在1987年成立,使劳工运动更加制度化、程序化;原住民运动的结果则是1984年底"原住民权力促进会"的建立和《山外山》杂志的诞生;妇女运动的结果就是专门研究机构"妇女研究室"在1985年成立,《妇女新知》杂志也获得扩大出版,随后领导性组织"进步妇女联盟"成立;环保运动也取得不错的佳绩,"公害防治协会""自救会""台湾环保联盟""绿色和平工作室"纷纷成立,而且各地都成立了区域性的环保组织,成为社会运动中最引人注目的一项自救运动。在这样的过程中,不同的组织分分合合,既斗争又联合,既聚合又分裂,有的部门甚至聚合为"全国性"管理机构,而有的组织最后被纳入政党体系而消失。即便是原先属于同一个协会的群体,最后有可能演变为两大互相对立的组织。此中情形非常复杂,政治发展呈现复杂性。在长期的妇女运动过程中,吕秀莲发现了与党外运动联合造势的优势,试图扩大其成员和组织的社会影响力,增强其对当局的影响;政治运动与环保运动1984年在"反核四"风波中形成跨党派的联合;随着环境问题日益引起市民关注,消费者基金会在其内部设立环境委员会,介入环保运动,与环保组织联合扩大影响,在1986年"环保局"提升为"环保署"草拟公害纠纷处理法,最后"行政院"设立由院长亲自领导的"环境小组",解决环保问题。由于农民运动对当局的暴力冲击最为深刻,故在结构分化方面也最为显著。"5.20"血案的后果之一就是1988年农民权益促进会分裂为两个运动策略和方式不同的农民联盟和台湾农权总会,虽然一分为二了,但是代表性增强,民权运动的力量非但没有减弱反而增强了。而当局也设立专门的"农业部"管理农业事宜。

　　社会运动使得无组织、无纪律、无纲领、无核心领导的自发性街头抗议演变为联合性、跨区域、跨行业的团体性活动,最后变为组织性强、有纪律、有规律的政党政治。这些组织在活动中不仅能够起着利益表达、利益聚合、利益输入的功能，还起到力量整合的作用，为社会运动提供物资、通讯、器材，提高"自力救济"运动的声望和影响力，打破地域等自然因素的限制。正因如此，很多学者（以胡佛、马起华、彭怀恩、游盈隆等为代表）称这些团体为"准政党"，而"自力救济"运动也就被称为"准政党政治"运动。社会运动中的组织由于"开放党禁"的缘故，最后演变为各种各样的政党，为以后政党政治时代奠定坚实的组织基础，可见社会运动是合适的、合理的过渡性政治运动。

在"自力救济"运动的过程中，民主化也成为一个重要内容。在1986、1987年间，各类带有民主精神启蒙性质杂志、期刊如雨后春笋般地出现了，《人间》《当代》《台湾文化》和《文星》为代表的一批读物，以反文化垄断、反压迫为主题，使民主精神得到复兴和扩展，有助于传播民主知识、树立民主信念，在社会上形成民主文化，使民主成为自我执行、自行贯彻的运行机制，"自力救济"运动在社会民众中承担了民主启蒙的辅助功能。民主精神固然重要，民主运作也不可或缺。"自力救济"运动首先促进运动组织本身的民主化，因为没有透明、公开、平等参与机制的社会组织，一般民众是不会参与进来，即便是加入了也不会长久坚持下去的。从广义来讲，"自力救济"运动促进当局政治决策民主化，提高政策制定的透明度，切实制定符合民众要求的公共政策，扩大公民政治参与，改进当局的代表性机制，提高政府的代表性水平，给大众传播民主知识。自上所述，以农民运动、环保运动、劳工运动、果农抗议等为代表的、以经济性政策为诉求目标的社会运动均实现原有的目标。但是，以校园民主运动、政治受刑人人权运动为代表的运动，其目标不仅仅限于此，尤其是党外民主运动，它的目标仍是直接朝向获取政治权力、政治价值和政治发言权，实现政府的民主化，改变国民党长期执政的局面。在所有的社会运动中，党外民主运动对宏观层面的政治民主化的推动作用最为关键，实际上这与它的历史、奋斗理念有密切关系。许信良"机场事件"冲垮了国民党新闻体制的垄断地位，使得当局放松对电台、报纸等传媒的控制，最后促成1986年2月份当局作出"开放报禁"的决定，而同年9月28日民进党成立，从而反对党派能够获得汲取政治资源的能力，其后一年当局又作出"开放党禁"的举措，民进党最终取得与国民党政治竞争的资格,推动和加快了台湾的政治民主化进程。

"自力救济"运动是以当局权威为抗议、陈情和诉求的对象,以外在的强迫性压力逼着台湾当局的"行政院""立法院"和司法机构不得不介入政策议程进而改变公共政策以达到实现广大台湾民众的政治、经济利益的愿望。在这样的过程中,合理、科学与长远的政策的产生是非要民主的机制不可的。民主化的机制能保证政策的公平性、透明性。虽然这是一个外力推动的结果,但是的的确确改进了原有政治机构的过分集权的特征,政治资源也因为民主化改革逐渐扩散到台湾全省人、逐渐扩散到社会的各个角落而变得更为分散化了。其后的宪政改革才真正体现了台湾"全面民主"新时代的来临。政治衰败表现为五大危机:对市场经济体制的不信任的认同危机;对政治体系认同低所带来的合法性危机;公共政策不能得到有效执行所产生的贯彻危机;民众参政爆炸带来的参与危机;社会分配不公所带来的正义危机。政治欠发展的现象是台湾转型时期经济欠发达的必然产物,它们在社会上大量涌现,越演越烈,势必危害整个社会的健康与和谐发展,降低当局在民众中的威信。"自力救济"运动是在特定的时间出现的特定事件,正好充当了政党的部分功能,引导当局解决上述危机,使得台湾当局获得巨大的合法性资源,有效地解决发展中地区碰到的政治参与经济发展的难题。这样看来,"自力救济"运动有效地缓解了政治衰败和政治欠发展所带来的由于当局公信力的耗损而导致的公共政策的低效、无能甚至缺乏,它是社会与政府的直接对垒和互动,反映了发展中地区因政府结构性和功能性的严重缺乏,以至于权威当局不能有效地满足公共政策的输出。"自力救济"运动是社会力量而不是当局本身有效缓解政治衰败和欠发展的行为,反映了社会力结构和功能的形成,说明市民社会在台湾基本成形。这场运动中产生的推动力对政治发展的影响主要的结果就是一种制度化和法治化组织的出现,政党政治作为一种更好的替代成为政治运转的主要推动者。政党政治改变台湾政治生态,改善了台湾的权力斗争格局和体系的透明性。需要补充的是,政党政治的崛起是"自力救济"运动的客观结果,但是,政治发展的推动力并不是运动本身,而是运动的主体即愿望强烈的广大民众和团体发动这场运动,推动

当局采纳运动的政策目标,改善施政方针和工作方法,促进政治信息的
顺畅和自由的进入政治体系内部,推动台湾政治发展。可见,"自力救
济"运动在台湾政治发展中起着至关重要的、不可替代的角色,探讨"自
力救济"运动的运作机制对了解台湾政治发展有一定的意义。

第二节 "解严"后政党政治时期台湾的政治发展

　　台湾政党政治是多方面原因共同作用的结果,既有国际性因素,也
有岛内因素;既有政治因素,也有经济和社会的因素;既有民众的因素,
也有当局开明改革的因素,可以说是多种因素互动的结果。现代资本
主义工商业社会的形成,农业人口急剧减少,工业人口激增,中产阶级
的崛起并主导公共领域的结构转型,知识分子数量扩大,大部分台湾民
众生活水平和教育程度的提高,台湾人民主与参政意识的增强并对国
民党独裁统治的不满,民众自发政治运动形成一种不成文的惯例,尤其
是"自力救济"运动对当局产生了巨大的影响力。① 一是"和平统一"政
策、两岸局势缓和、美国政府的压力和国际政治气候变化等周边环境的
综合影响。大陆以"一国两制,和平统一"成功地解决了港澳回归所形
成的"示范效应",尤其是大陆对台湾的开放政策逐渐获得台湾民众的
好感,使得国民党继续使用"反共式"的权威治理模式缺乏理论上的合
理性。美国利用台湾来促进大陆的"民主",实现对中国的"和平演变",
以推进全球资本主义化,尤其是 1986 年,美众议院通过有关台湾人权

---

① 台湾学者在政党政治与政治发展方面的研究可以说比较系统,而且积累了大量的学术资
源。其主要原因在于台湾政党制度已经趋于成熟,具体的表现为执政党的更替、多党竞争
的形成、政局的稳定、公民投票的理性化等等。彭怀恩先生的《中华民国政治体系的分
析》、陈文俊先生的《台湾的民主化:回顾、检讨及展望》和马起华先生的《当前一般政治问
题研究》等著作对这方面进行过深入的研究,对近几十年来大量的投票数据进行经验的统
计与分析,详细论述了台湾政党、政治派系的运作历史和走向,探索民主巩固过程中政党
的结构与功能的定位,对美国、英国、德国、墨西哥、韩国、日本、法国等国的政党制度和选
举制度进行了系统的比较和学理上的论证。中国大陆政治学界姚礼明先生的《在东西方
的结合点上:台湾政治体制变迁研究》、孙淑先生的《台湾政治制度》和姜南杨先生的《台
湾政治转型之谜》对此进行过宏观的、概述性分析。

与民主政治发展的 233 号决议案，要求台湾加速政治民主化进程。一些自由派议员还建立"台湾民主促进委员会"，公开干涉台湾政治。另外，受 80 年代"民主"潮流的影响，以菲律宾马科斯独裁政权的垮台和南韩专制集权体制的推翻为代表，逼使台湾当局引以为戒，不得不实行开明政治。二是反对派争取政治权力的推动。以《自由中国》为代表的杂志对政治民主思想的启蒙和传播。1960 年，雷震等成立"中国民主党"，被当局宣布为非法，《自由中国》惨遭查封。70 年代中后期，以中产阶级利益、知识分子和中小企业家为主体的新兴党外势力崛起，参与地方选举，动员群众，累积政治资源。1977 年的"中坜事件"，迫使国民党当局实行公正选举，党外获得 4 个县市长和 21 个省议员席位的初步胜利。1979 年，黄信介等人创办《美丽岛》杂志，充当反对党的角色，并与 12 月 10 日引发"高雄事件"，有效地冲击国民党当局的威信和权威。1982 年，党外人士提出"组党构想"，向当局施压；1983 年"选举后援会""党外编辑作家联谊会"和"党外公共政策研究会"等专业性机构和团体成立。党外组织化程度越来越高，已具有准政党的结构和功能，具有了雄厚的组织政党基础和条件。1986 年 9 月 28 日，党外人士组建民主进步党，诱发工党、民众党等其他政党的产生。而国民党当局也不得不其后宣布"解除戒严"、颁布"人团法"、"开放党禁"，政党政治初步形成。[①] 地方基层民主建设的长期训练和实践使得老牌台湾地方政治精英并不满足于派系性的政治活动，他们寄希望于全岛性政治资源的占有；而开明的地方人才也寄望于进入省级性政治体系来展现自己的政治才华。三是国民党自上而下主动改革的结果。在巨大的压力下，开明的蒋经国在 1986 年 3 月主持召开国民党十二届三中全会，标志着《政治革新》的开始。1987 年 7 月 15 日，台湾当局宣布以《国家安全法》取代台湾、澎湖地区的"戒严令"，正式"解除戒严"，民主政治开始运转。1989 年 1 月，国民党当局公布实施《人民团体组织法》，推行"一党

---

① 对台湾政党政治形成原因较为详细的分析可以参阅李猛、黎莉，《试析台湾政党政治的形成》，载自《中央社会主义学院学报》，1997 年第 3 期。

主导，多党竞争"的新政策，正式解除"党禁"，使在台湾结社组党合法化。① 总而言之，台湾政党政治的形成不是某一个因素单方面作用的结果，也没有一个因素能够独自解决这个问题。可以说，台湾政党政治的形成是时代的产物。

自政党政治运作以来，台湾政治发展由于政党互动的作用使得当局体系人员和政治机构发生明显的变换，立法机构的成员大换血，同时新的符合现代民主社会的统治思维和价值观念在新的政府当局中得到体现，建立在民意基础上的民主政府越来越关心民众的福利，政策的有效性而不是官员自身利益的考虑成为衡量新当局的主要评判标准。新的面孔尤其是年轻的、专业的、富有活力的新生代成为推动台湾政治发展的主要力量，政策的折衷和社会力量的互动越来越激烈。以政党轮换执政为表现方式的政党推动成为解释台湾政治转型和政治民主化的主要原因之一。政党政治使得整个政治体系完全发生变化，从政治角色的重新定位到政治机构的创设与撤销，从政府机构的整合到宪政改革的产生和运作，都与政党政治有关。正是从这个意义上来讲，政党政治是民主政治的发动机。下表为几十年来政党政治对政治体系的变换。

1996、2000 台湾行政最高首长选举

政党选举	国民党得票率	民进党得票率	新党得票率	亲民党得票率
2000 年"总统"选举	23.31%	39.3%	0.13%	37.46%
1996 年"总统"选举	54%	21.13%	14.9%	—

资料来源：根据台湾政治大学选举研究中心资料整理而得，见 www. esc. nccu. edu. tw。

1994、1998、2002 台湾台北、高雄两大城市最高行政首长选举

政党选举	国民党得票率	民进党得票率
2002 台北、高雄市长	台北	高雄
1998 台北、高雄市长	台北	高雄
1994 台北、高雄市长	高雄	台北

资料来源：根据台湾政治大学选举研究中心和"中选会"资料整理而得，见 www. esc. nccu. edu. tw。

---

① 李猛、黎莉，《试析台湾政党政治的形成》，《中央社会主义学院学报》，1997 年第 3 期。

　　从上述两表关于台湾行政权力竞争的统计数据特别是"总统"选举数据可以看出,国民党一党专政的时代已经终结,国民党在台湾的行政权力急速下降,民进党、新党和亲民党在台湾的行政权力急速上升。在台湾最重要的两个城市的市长选举中出现国民党和民进党两党互相竞争的激烈场面,结果表明至少在市级最高首长的竞选中两者平分秋色,各有输赢;尤其是新党的快速衰落和亲民党的突然出现更是使竞选结果呈现不确定性特征,至少在将来随着三党鼎立局面的出现,上述两个城市的行政首脑的争夺不仅仅是国、亲两党的游戏。行政首脑选举结果的变化和不确定性不仅反映出长期以来民众对国民党所制订的公共政策和一潭死水式威权统治的不满意,反映岛内民众渴望政治舞台新面孔的出现,也反映了台湾政治体制现代民主性特征的初步体现。2000年,亲民党成立,逐渐吸收部分国民党和新党的票源,其候选人宋楚瑜与民进党候选人陈水扁的民众得票率仅差约2%,可见台湾的行政权力争夺初步出现三党争雄局面。在三党民众政党认同均居高不下的情况下,台湾政治发展将呈现复杂而又生动的权力竞争态势,谁胜谁输都是由当时具体的情境决定。

1995、1998、2001 台湾最高立法机关选举

政党选举	国民党	民进党	新党	亲民党	其他
2001 立法委员	30.2%	38.7%	0.004%	20.4%	10.66%
1998 立法委员	54.7%	31.1%	4.9%	—	9.3%
1995 立法委员	51.83%	32.93%	12.8%	—	2.44%

资料来源:根据台湾政治大学选举研究中心和"中选会"资料修改,见 www.esc.nccu.edu.tw.

　　关于台湾立法权力竞争的统计数据可以看出,民进党利用"总统"执政优势,在"立法院"获得的席位稳中有升,基本上确立了第一大党的优势;在2000年的"总统"大选失败之后,国民党由于亲民党和李登辉派系的分裂实力大大减弱,以至于失去其原来"立法院"半数席位的绝对优势,也说明台湾立法系统政治生态多元化态势基本呈现。由于没有一个大党在立法部门占绝对优势,协和式民主可能在台湾出现。

第三节　政党推动与台湾政治发展的逻辑进路

一、政治稳定性建设

在经过系列的"总统"选举、议员选举，尤其是世界性金融危机的冲击，台湾有效地证明了其政治体制高度的稳定性和台湾政权抗打击能力。台湾政权之所以能够保持这样一种稳定的政治秩序，不仅来源于其长期的政治体系制度化和政党体系制度化建设，还来源于其对社会稳定性的关心与对社会民众利益的爱护。首先，扫黑肃贪改善治安确保社会秩序稳定。台湾当局从 1996 开始加强扫黑肃贪力度，特别是以"总统"为首的最高首长针对重大治安事件数度召集高层治安会议研究探讨具体措施落实做法改善社会治安。帮派分子多数被捕，许多黑帮被迫解散，一些涉及舞弊案的官员、县市议会议长、议员、乡镇长等地方政治人物在扫黑肃贪的行动下被捕，一定程度和一定范围上打击非法的政权组织，提升省级当局的权威和合法性，保证经济和社会秩序。其次，为改善日趋败坏的社会风气，当局与社会共同倡导心灵改革，推动教育革新，促进社会稳定。针对社会民众尤其是青少年日益不良的生活作风，体现社会正义，重建社会伦理，培养公民法治精神，改善学习环境、培养学生正确的价值观念与现代公民的基本素养达到净化社会的目标，台湾当局大力推动心理改革和教育革新工作。经过系列的运动，从教育改革、文化扎根、端正礼俗各层面提升了民众的精神生活层次，营造了精神文化、政治文化与物质文化均衡发展的社会氛围，台湾公民的基本素养得到明显的提高和改善。再次，加强政治体系的制度化建设。[①] 经过经半个世纪的法制化、专业化和民主化改革，基本形成完整的立法、行政和司法体系，政党政治运作起来并逐渐改变台湾政治生

---

① 陈文俊编，《台湾的民主化：回顾、检讨及展望》，台湾中山大学政治学研究所，1996；游盈隆，《民主巩固或崩溃台湾二十一世纪的挑战》，台北月旦，1997，见该书吴泉源、游盈隆、特别是徐火炎的分析论文。请详细参阅陈文俊：《台湾的故事·政治篇》，gb. chinese. yahoo. com。

态,台湾已被西方民主国家公认为以自由民主有高度关联的新兴发达地区之一。建立在复杂和完备的政治结构上的民主是被认为具有很强的稳定性的。

二、政治专业化建设

经过近十年的组织化建设,台湾不仅形成立法、行政与司法三权分立的基本的政治结构的雏形,特别是近几年的宪政民主化改革和台湾公务员体系的调整,在宏观政治层面上也形成了一套专业性的治理机构,专家治"国"的制度化运作和运行理念在政治体系中得到体现。经过多次的政党重组、政党解组和政党再次的分裂与再造,政党在基本理念、运作原则、组合形式与体制认同等方面更趋于高效和专业。特别是各式各样的团体的形成,比如有以社会正义为奋斗目标的台湾慈济基金会,也有以振兴学术发展为己任的 21 世纪财团基金会,使得社会发展呈现出一种高度自我运行的自我发展性特征。

三、政治法治化建设

民主的基础在于法治。法治是政府和人民之间以及人民彼此之间的一种互信基础。健全的法制,尤其是公正与合理的司法制度,更是民主的保护神。宪法是国家长治久安的根本大法。90 年代起积极进行宪政民主建设。[①] 第一阶段修宪(1991—1992)规定:"国会"全面改选有法源依据;设立"国家安全会议""国家安全局"及"人事行政局";"总统"可以制订"国家安全会议""国家安全局"及"人事行政局"等组织法。第二阶段修宪规定(1992—1994):"监察院"为准司法机关,监委产生方式由"总统"提名以避免金权政治污染;"立法院"制订地方自治法及地方自治组织法以加速地方自治的推行;明订宪法应照顾妇女、残障人士、原住民及金马地区人民等弱势族群;人民行使选举权的对象由"国会"扩大到"总统";台湾当局内部政府体系的调整提升到五院的层次。第三阶段修宪规定(1994—1997):"国民大会"常态化;确定了"总统"

---

① 陈文俊:《台湾的故事·政治篇》,gb. chinese. yahoo. com。

"副总统"直接民选的方式；"阁揆"副署权行使范围合理化；保障侨民选举"总统"的权利。第四次修宪(1997—1999)取消了"立法院"对"行政院"院长的任命同意权，增加"总统"对"立法院"的解散权与"立法院"对"行政院长"的"不信任"倒阁权，停止台湾省"省长""省议会"选举精简行政层级。由于第五次修宪(1999—2000)违反民主的程序和精神，遂有国民党、民进党与新党三党"国代"联手快速进行第六次修宪(2000—2003)，"国民大会"的功能逐渐弱化，台湾的五权宪法运作体制向权力分立的合理化目标迈进。总之，经过上述几个阶段的修宪有助于当局体制逐步迈向制度化，并确保民主政治的稳定和发展，有力地促进台湾政治稳定，促进台湾政治和社会组织专业化。以法治化来带动政治民主化是台湾政治发展的一大特色。

四、政治民主化建设

微观层面的公民个人的人权是民主政治的重要内涵。政府的功能不仅在于保障人权，同时更要增进人权。台湾的人权发展，正是从消极保障个人在政治上的自由与权利，迈向积极促进个人在经济、社会及教育等方面的福祉。政治上人民参政权获得大幅提升，选任辩护人和狱政的革新，言论、出版及集会结社自由权利受到宪法保障；公务员贯彻经考试任用的原则，请愿、诉愿及诉讼权受到更多的重视。经济上"公平交易委员会"及"消费者保护委员会"保障消费者权益，台湾在世界上仍是低失业率(约 2.1%)的地区；财产权所得分配一直十分平均，1986年最高 20%所得阶层与最低 20%所得阶层比较，所得分配差距为5.38 倍。当局成立专职机构"环境保护署"来推动环保工作。社会人权上居住迁徙自由、秘密通讯自由、宗教信仰自由，妇女、儿童、老人及残障者的权利受到照顾与保障，全民健保于 1994 年实施，逐年递增的巨额投入预算使得社会福利工作的推动有较充足的经费。文教人权上教育机会均等，除讲学著作自由权充分受到保障外，校园民主化、教授治校已在校园中落实，学校决策、学校管理趋向人性化和民主化。宏观层面的选举是民主的基石。政府权力的更替由选票来决定，通过选举，人民可决定政府的人事和政策。台湾人民可直接对民意代表如立委、

"国大"代表等行使罢免权,民选的"国大"代表可以对"总统""副总统"进行罢免。[①] 台湾地区于 1996 年 3 月举行第一次的"总统"直接民选使民主发展进入民主巩固的新阶段。2000 年民进党候选人的当选更是改变了台湾政治力量的格局。各级政府公职人员,从"总统"到里长均须由人民投票产生。特别是随着地方基层民主政治的深化发展,各项选举的竞争越来越激烈。

第四节 民粹主义背景台湾政治发展的不足

不可否认,台湾政党政治对其政治发展起到极为巨大的推动作用,实现了宏观层面上的政治稳定,在法治政治与民主政治的宪法框架下,政治运作有了良好制度基本和人才保证,实现了社会体制、政治体制从威权模式转为民主模式,实现了台湾民主的党政转型,也是亚洲"四小龙"中甚至世界民主体系中民主指标较高的一个地区。[②] 但是,由于台湾政党政治运行不过 20 年,台湾"总统"直选也不超过 10 年,这样一种脆弱的民主体制存在着巨大的不足,表现为:

一、政治与政府腐败

黑金政治是指有组织的犯罪和犯罪行为渗透到政治和选举过程中去,地方性的国民党派系成员与领导人,三大政党一般都涉及以掮客为代表的黑金政治现象,尤其国民党最为严重。李登辉和陈水扁的当选与黑金政治有很大关系,政治中充满着暴力倾向和政治暴戾之气,家庭政治与黑金政治相勾结,地方存在有组织性的贿选、犯罪行为;"立法

---

① 陈文俊:《台湾的故事·政治篇》,gb. chinese. yahoo. com。

② 关于对台湾政治发展不足分析的详细研究见 Larry Diamond:How Democratic Is Taiwan? Five Key Challenges for Democratic Development and Consolidation (April 1, 2001),(Paper for the Symposium on *The Transition from One-Party Rule:Taiwan's New Government and Cross-Straits Relations*",Columbia University,April 6 - 7,2001)。本节的详细分析框架得益于他的分析思路和研究结果。

院"有数量不少的掮客、政客和黑金之人；习法低效，导致很多"行政院"的良好的议案、改革计划被政党中带有黑金色彩议员否决掉了。比如，渔夫与农业协会中存在着数额巨大的坏账，最后引发渔民、农民的游行示威、暴动等等，均反映这点。如果黑金介入政治及腐化政治的情形不能有效化解的话，终将使多数民众对民主失望，严重降低民主政权的合法性和权威说服力。

二、法治化的制度性不足

主要表现为台湾的律师和法律官员多通过考试产生，没有实际操作经验；大多追求名利，充满野心，缺乏社会正义感和责任心，因而往往易做出一些随意片面和腐败的决定。查举腐败和滥用权力的制度性权力机构仍然未能发挥强大效力。被赋予此权力的机构管理院仍然存在不足：缺乏足够的调查人员，特别是有专长的员工，人数仅 100 人左右；审查官员公开财产的能力和权力资源仍然不足，仅限于审计部分财产，还没有高级官员被检举和处罚；管理院仍没有能力调查和审查公务员；最重要的是，即使管理院能够审查一名公务人员，但是处罚却依靠由"司法院"训练的人员来决定；机构缺乏独立性，成员主要由"总统"任命。

三、宪法体制严重低效与不发达：即选举体系与行政机构的脱节

台湾政治的一个奇怪的现象终于在 2000 年陈水扁当选后暴露出来了——陈水扁以少数票数当选。尤以"反核四"事件为导火索，引发"总统"弹劾案等危及台湾稳定，即"行政院"所作重大决定并不能在立法案中通过，立法案要求罢免"总统"。这实际上反映台湾宪政体系的合法性结构缺失，表现为弱势统治。民进党控制行政部门，但国民党掌控"立法院"。在李登辉时代，这种不一致并未出现；而在陈水扁执政期，声称"拼经济"的策略并未实现，缘于台湾为维持稳定的"半总统制"式党政体制所带来的低效和权责不明。这种体系的致命缺陷就是任何一个政党并不能完全控制"总统"的"国会"。每个部门都认为自己是立法部门，是民意代表机构，都有自我的独立性，不可轻易撤销和增加。

由反对党控制的"立法院"可以轻易否决执政党控制"行政院"的法案，这实际上组建了一个只能生存的行政内阁，因为"立法院"无权要求内阁解散，这就是导致台湾政策不能够实现的重要原因，注定弱势"总统"不可能在其任期内有所作为，"行政院"和"立法院"一直处于相互冲突的对立模式中，除非议会多数派的"总统"候选人获胜。

四、民主政治和民主价值在大众层次仍未完全获得巩固

民主学者研究表明，在巩固型的民主政体、条件下，至少 70％的民众始终相信民主政体是最好的政府管理形式，最多不能超过 10％的民众为乐意接受威权政体形式。但是据 1998 年的调查数据表明，仅有 54％的民众同意民主政体为最好的，约有 12％的民众相信威权政体能表现得更好。17％的人认为政体形式无关紧要，另外 17％的人不能做出回答或不愿回答，而且仅仅 57％左右的人认为民主体制是适合于台湾社会的。① 这些数据充分表明作为民主体制的台湾仍然离自由民主模式有一定距离，仍需在大众层次上巩固，培养和学习民主的信念和价值，尤其试验民主。

第五节　台湾地区政治发展的内在困境及其反思

选举是民主政治的心脏，政党是权力的发动机。② 现代政党本身是一个有着高度纪律性和组织性的现代组织，遵循着民主运作秩序，法治精神贯穿其中；政党体系的分裂与聚合有利于政治人才的流动和成长，为政治体系培养一批有着丰富政治运作经验的精英；政党之间的合

---

① Yun-han Chu, Larry Diamond, and Doh Chull Shin, "How People View Democracy: Halting Progress in Korea and Taiwan", *Journal of Democracy* 12 (January 2001): 122 - 136; and Chu, Diamond, Shin, "Growth and Equivocation in Support for Democracy in Korea and Taiwan", *Studies in Public Policy* No. 345, Centre for the Study of Public Policy, University of Strathclyde, 2001.

② Hans Stockton: political parties, party system, and democracy in east Asia lessons from Latin America "*comparative political studies*", vol. 34 no. 1, February 2001, 94 - 119.

作与冲突则有利于公共政策的达成与研究，有利于政治输出的民主化、科学化与合理化；现代政治是充满着冲突与竞争的社会，没有冲突与竞争就没有现代民主政治。台湾政党基本遵循着上述四个层面而运作。从原本的国民党，变成国民党与民进党之争，演变为三党间的政权争夺，政党间运作的专业化加强；另一方面，每一个政党本身与其他政党有着迥然不同的目标和意识形态，族群构成互不相同，这些也符合专业政治的要求，这是台湾政党不同于西方政党的特色。而且每个政党内部派系众多，互不相同，一般来讲，台湾政党民主性制度以民进党最高，其次为亲民党，再次为国民党。早先国民党过于专断，缺少民主作风和民主精神，遂导致威权政治和民众运动，后亲民党的分裂直接引发连战的民主改革，使国民党日常运作按照民意进行，改组后国民党已不同于80年代的国民党。民进党一贯以民主精神为准绳，其运作则完全以现代民主秩序而行，内部不断政治折衷和互动，遂有2000年"总统"竞选的大胜之局。在经过亚洲系列经济危机的打击下，台湾政党体系与政党政治体系经受严峻的挑战。但是，台湾政治精英锐意改革，推动政治发展。一般认为，动态政治稳定体系为政党体系的制度化和政党政治制度化，以制度化建设促进民主政治的稳定性，体现选民利益，决定谁投票和胜出者的生产方式，通过政党间有规则的互动决定政党进入或退出政党竞争，使得党际间竞争规则化、制度化。政党政治体系的制度化由适应性、复杂性、自治度和一致性四个因素衡量(Dix，1992)。[①] MainWaring and Scully(1995)认为"那些发展了制度化政党体系的国家更有可能形成稳定民主，建立在政党基础上的民主政治能够很快生成"，也就是说，政党政治不仅能够生成民主政治，而且制度化的政党体系和政党政治能确保政治稳定。他们主要基于以下论点：精英和大众间的政治互动是建立在可预见的政党竞争的基础之上的；政治党派能够发展出一套稳固的社会根基；所有成员都认为政党基础上的选举是决定谁统治的关键性因素；政党组织是结合紧密的、高度

---

① Hans Stockton: political parties, party system, and democracy in east Asia lessons from Latin America *comparative political studies*, vol. 34 no. 1, February 2001 94 - 119.

包容与制度化的。政党体系的制度化表现为党派间竞争规则的稳定性,政党认同的提高和挑选领导人的选举规则的强调,而从上述行为表现在台湾的实际运作中可以发现,台湾民众不仅有着较高的政党认同,据统计,高达 99%,而且政党政治导致良好公共政策的出台,据统计,当被问知"很多政治党派导致坏的公共政策"问题时,在 1985 年,有66% 的选民表示同意,但在 1991 年就下降为 22%。①

从政府过程和政策形成输出的层面讲,由于台湾政治发展过程中政党政治起到对广大民众利益筛选与聚合的作用,政治发展遂呈现出飞跃的态势。

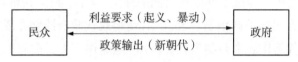

传统社会的政治:民众与社会二元等级关系

在中国传统社会的政治发展逻辑中,民众与政府的关系属于一种二元互动格局。② 在这种博弈格局下,由于不存在缓冲的代表性组织,民众的利益要求,愿望的实现要么通过一种自上而下的人治式的清官情结予以体现,寄望于一种泛道德化的理想主义人格;要么通过农民起义等暴力式夺取政权的方式建立一个新的朝代或政权机构的方式来体现,这是一种自下而上的自发式的带有巨大风险的政治发展尝试,新政权往往改正旧朝代的弊端,实行休养生息的公共政策。这两种途径都带有致命的人治式色彩,缺乏制度性、法制化的长久支持,最后都演变为短暂的昙花一现式政策的循环与更替。

---

① Hans Stockton: political parties, party system, and democracy in east Asia lessons from Latin America *comparative political studies*", vol. 34 no. 1, February 2001 94 - 119.

② 对社会与国家二元关系参阅[美]许倬云:《中国文化与世界文化》,贵州人民出版社,1991年 4 月第 1 版,第 40—47 页。许倬云认为传统社会的官僚体系具有自我维持的特性。虽然这样,一旦遇到民众大规模群体性武装事件的强力冲击,官僚制体系仍然不能确保旧朝代免于覆亡的命运。

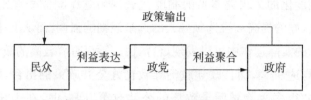

现代社会的政治：民众、政党与政府的三元互动关系

在现代政治发展的框架中，民众、政党与政府的关系属于一种"三元"互动格局。① 其中作为现代化适应物的政党充分反映民意，代表不同民众利益要求，而且其本身就是一种高度制度化的带有明显权威的"半政权"组织。通过不同政党之间的冲突、竞争、合作、讨价还价，通过政党与社会团体的政治折衷和互动，使得现代政府能够在现实的政治过程中有效运作起来并制度化、专业性地运作下去。政府的运作过程的主体即政治精英、政府实现的目标甚至政府目标的实现过程主要是通过现代政党间互动来完成的。政党成为沟通民众与政府的桥梁和中介物，而政府也不再是脆弱的、易受冲击的。政党成为保障巨型规模政府持续健康运作的保护屏，防止民众直接参政的可能性与对政府的直接冲击。没有政党政治有效运作的政府，一旦遇到巨大危机民众要求参政，政府很容易遭遇政府权威危机，要么立刻解体（印尼为例），要么合法性资源快速流失。正是从这样重大的操作层面上，亨廷顿才得出政府稳定取决于强有力的政党的结论。② 政党在现代社会中获得合法性，因而民主理论学者才指出，没有政党政治就没有现代民主。在台湾的政治运作过程中，"核四"议题是台湾政治舞台上国民党与民进竞争取选票、引发政治冲突和促进政治转型的重要议题。国民党素来以促进经济建设为由替"核四"辩护，而民进党素以"违反民主秩序"修建核电厂为难国民党，而且"核四"议题亦是民进党以"民主"取向进行争夺政治资源的主要来源，不会轻易避开这个话题。在政治冲突过程中，

① 对民众、政党与政府三元互动关系类似的分析思路可以参阅梁漱溟：《中国文化要义》，香港三联书店有限公司，1987年。梁漱溟先生用团体取代政党而已，其实两种分析思路具有内在的一致性。

② ［美］亨廷顿：《变化社会中的政治秩序》，王冠华等译，三联书店出版社，1996。

"核四"问题成为"发展"与"民主"的遥感器，也成了训练两党成员熟悉政治运作、提高参政能力和政治智能的主要课程，民众则成为诉求对象。核电厂建建停停的一系列反复过程充分反映两党在这场运动中政党力量变化和目标所向。政策议题成为政党政治获取选票提升政治资源总量的工具。伴随着台湾政治发展向纵深迈进，政党的联盟合作与冲突是台湾政党三角政治的重要表现，尤其表现在"总统"选举过程中，省、市(长)的竞选过程和重大议题的政策达成过程中。民主与台独是民进党的党纲诉求，统一和发展是国民党的一贯方针，新党则以其他议题为发挥对象。李登辉时代，政党聚合与分裂不甚明显，主要表现为社会力量的加入与退出。但在后李登辉时代，国民党内部分裂为国民党与亲民党，其新生力量进一步衰退，原国民党、民进党主导的政坛格局向国民党、民进党、亲民党"三党争雄时代"的转变，政党政治明显地表现出来，亲民党以"统一"和"发展"的主题逐渐取代原国民党的方针；而原国民党逐渐陷于僵化和腐败的体制性束缚。国民党虽在连战改革旗帜下始有所改观，然获得"总统"席位有一定难度。在新一轮新"总统"选举前夕，国、亲联合竞选可能性较大，获胜概率也较大，然竞选结果仍取决于当时的情境与状况。而台湾政治发展过程的趋势仍然是政党政治推动的结果，这已是不可置疑的事实。

　　台湾政治发展特征具有渐进性、稳健性与有序性。渐进性指的是在台湾政治运作过程中台湾政治发展的目标是有限连续的、分阶段分步骤的；各政党政治追逐政策目标亦是有限理性的；政党政治与政治发展的过程亦是渐进与缓慢演进的，主要表现为从开放"党禁"到多党政治，从间接选举省、市、议员和"总统"到直选市议员、省议员、市长、省长和"总统"，从开放基层政治到开放省级层次各级官员的公选；从五次宪政改革的逐阶段前进等等来看，这是一种缓慢和稳健的发展过程。[①] 台湾的政治精英们深知台湾政治发展的特殊性，他们并不是一

---

① 从渐进改革入手是分析台湾政治运作一条基本的分析思路。从宏观大历史来看，台湾政治发展经历半个多世纪慢慢的变革和发展才有政党政治的呈现。

开始就想实现直接民主,实现全面直选"总统"的参与式民主,而是谨慎地学习,不断练内功。正如,民主化的体制转型一样,遵循一种转型成本较低的模式,由政治精英自行宣布实现政治体制改革的承诺,并按时间顺序推行既定的有限合理的小范围政策。蒋经国渐进式的开明改革减少暴乱的发生。而精英们利用国民党当局的既有承诺逐步提高政治要求,从"解严"到言论自由,再由间接选举到"国会"全面改选,如在未形成有组织有纪律团体与国民党当局协谈到形成有组织有纪律团体后方与当局谈判等,政治精英们的能力不断得到学习和提高。在建立一个什么样的政党体系方面,台湾当局经历了一个长期的摸索过程。为了尽量地体现民意以扩大民主的代表性,他们不断引用某个国家的政党制度,从最开始借鉴日本一党独大体系,到参考德国的稳定体系,现在则尝试法国的协和式体系,不断地实验和纠错,改正其中不适合台湾政情的方面,直到有一套符合自己的政党政治体系。目前的台湾政党制度已经变成一碗"八宝饭",一方面改善原有政党体系的不足,另一方面改善由政治体系造成负面的影响。虽然很多优秀的台湾政治家多接受美国名牌大学的教育,且多获有博士学位,然而,他们对于自身儒家文化的重视从来没有松懈过。他们充分认识到,政治发展的推动离不开自身文化的不断发育、创造性转化和发展。台湾的中学规定学生必修一门专门性的中国文化课,以加深对中国文化的了解,大学也很重视对传统文化的学习和研究。由当局资助的《孔孟学报》《孔孟月刊》,民间性的《鹅湖月刊》《中国文化月刊》《哲学与文化》等期刊和协会尽力地办好文化出版事业、学术研究和普及工作;各种公益性的慈善组织也尽力弘扬爱、善、正义和美德,以图达到社会和谐。近几年当局和社会合力共同发起的声势浩大的"心灵改革"运动,就像春风一样,传播中国文化,培育文化精神,试图由文化带动民主价值和观念的传播。从最开始当局关注影响民众的环境污染的生态问题,到当局对民众的经济贫困化问题的关注,到最后当局不得不采取民主化改革以满足政治积极分子的政治参与问题,这样一种进程反映重大工程的逐步性。其实,这样的一种演进过程,一方面反映当局对越来越多问题的关注,表明当局执政能力在慢慢提升;另一方面,则提醒精英和大众不要对政治功能寄予过高的期望,任何时期政府的能力总是有限的,不可能快速解决一项复杂的历史问题。历史上从未出现过短时期内快速实现政治发展的跳跃式前进,问题的解决是从经济和生活领域到政治领域慢慢渗透的,政治体系总是存在着困难的问题等待着富有才能的优秀精英去尝试。可以看出,政治民主化和法治化转型过程不是激进式的,不是一年或几年的短暂急速性改变,这样一个漫长、艰苦和缓慢的过程需要不断的宪政调试和改革,需要几代政治精英不断努力和合作,需要立足在中国传统儒家文化的创造性转化基础之上实现民主性、开放性和动态性新型文化的不断重建,需要民众对当局改革的不断监督、参与和合作,需要我们做出艰苦、枯燥和烦琐的工作,这是一项富有挑战性的任务,它对政治精英和民众的能力提出极高的要求。渐进调试和政策不断折衷的过程将不断持续下去,直到民众和精英认为这样一种制度安排不再有存在的必要为止。简而言之,台湾政治精英决策能力的有限性、政治发展过程的不确定性和宪政纲领实现的阶段性三个层面可以看出渐进政治的必要性。

对于民众运动而言,它是很多发展中国家或地区在民主化转型过程中可能会遇到的一种社会性民众自发求救运动,反映了当局能力在复杂事务来临时的低效与有限性,反映了在民众与政府的二极博弈中民众的利益仍然是政府关心的主要因素,更反映了随着时代主题的不断向前推进,一种更趋向民主、科学与合理的政府治理形态将会出现。但是这种运动的代价过高,因而一种社会总体交易成本较低的政治推动形态将会出现,这就是政党政治。政党政治虽然从制度层面推动了台湾政治发展,而且还展现了一种程序化的政策形成过程,有力地开发已有的政治资源,极大地活跃了僵化的台湾威权体制,使得台湾社会体制的开放性性格形成,但是台湾政治中的暴戾之气一时难以消除,政党的组合与分裂仍然要进行,因此台湾政党政治的不确定性特征仍然存在。从分析其间运作的理论基础中,我们至少可以得出:(1)任何一个地区的政治发展都离不开政党体系和政党政治的制度化建设;(2)现代民主社会的政策过程愈来愈多极化和复杂化,而民主制度的稳定性特征将增强;(3)渐进主义仍然是转型社会首要的操作原则之一。不仅改革精英所设计的政治纲领的目标是有限的，而且政治精英本身所获取的信息和自身的决策能力亦是有限的，因此改革过程不可避免地充满着渐进调试的特征，这是政治体制演化的一般规律。

台湾地区的政治发展虽呈现出一种不确定性倾向，但其后面有宪政的稳定性制度支持。由于不确定性仍然是现代政治的根本性特征，正如达尔所指出，现代政治特征的唯一的确定性就在于它的不确定性。虽然近10年来在台湾类似"自力救济"运动的社会性运动远没有政党政治那么大的影响力，但是，各种示威游行和静坐等不时出现在媒体和电视上，造成交通等公共设施的中断，给社会秩序和政治权威造成一定的影响，也反映即便是民主体制也存在着公共产品供给的不足，存在着资源的浪费、腐败以及行政管理的低效。社会性运动反映当局能力的缺乏，而当局能力的缺乏又是发展中国家不可避免的现象。这就说明，政府的能力要跟上市场经济时代发展的速度和要求的强度。所以，政府的效率化、民主化和法治化的改革要不断地进行下去，要不断改进结构的合理化配置，增加或减少结构的工作人员，经常更换新鲜血液，补充年轻而又专业化的政治精英，给民众以满意和服务，减少民众不平衡的心理预期。社会性运动的过分渲染和政客们的过分煽动很容易激发极端的民粹主义，很容易引发流血冲突，台湾政党政治一方面有力地改变台湾的立法、行政和司法结构，使台湾当局开放社会的特质初步形成；另一方面，它夹杂黑金政治和工具主义色彩。公职人员在竞选过程中沾有不正当的关系和暴戾之气，政治精英为了选票丧失基本的政治诚信和理想，部分精英不为民众的政策着想反而以之为手段欺骗大众，这样使得台湾的政治发展显得缺乏强劲的后续动力和精神资源，给民众的公共利益带来一定的负面影响。台湾的政党政治仍然处于一种过渡和调试的演进过程中，有很多不成熟的方面。国际著名文化学者林毓生先生悲痛地指出，"两年来给人最奇特的印象是：他（陈水扁）领导的新政府竟然毫无新气象。他就职时所说的全民政府、清流共治，以及他将退出民进党的政治运作等等，不但无一兑现，而且其行事作风与他宣称所要为之的，竟然完全相反。两年来几乎丧失了一切言行的可信度。连李登辉都不曾干涉的'国营'事业的人事，他都无顾专业的考量，直截了当地做政治性的任命,插入选举所需要的桩脚……陈水扁的作风使人感到,蒋氏政权遗留下来的'私性政治',在只会炒作民粹主义以赢得选举的陈水扁身上更无遮拦……现在则是'国家'领导人赤裸裸地以毫无诚信的方式炒作政治。这样的作风对社会素质的破坏是难以估计的。解严以后,台湾式民主堕落到了这步田地,是许多人始料未及的。然而,从理智的观点来看,一个从来未曾有过民主基础建设的台湾之所以落到这步田地,则是可以理解的"①。林先生强调的实质民主的三大层面即宪政结构的改革、公民文化与公民德性的培育、公民社会的养成在当前当局的程序主义民主框架下还没有得到有效的展现,而没有政治原则的政客们却在不断地玩弄政治,愚弄大众,以形式主义浪费政治资源,他感到非常的痛心。透过政党政治推动台湾政治发展的分析,可以看到政党体系和政党政治体系的制度化建设是增强党的生机和活力的根本方法,它们能够保证政党的高度稳定、高度适应性、复杂性和科层性,可以在危机爆发和巨大事件冲击下顽强地生存。为了提高中央政府的公信力,我们除了私营企业主入党以扩大党的群众基础和凝聚力的改革外,还可以进一步扩大和提高党内民主化的范围和程度,充分引入有效的竞争机制,形成现代政党的基本结构和功能。由于民众的要求多、广、杂,社会问题复杂而多变,从民众、政党和政府的三元互动关系也可以看出政党的缓冲功能,起着对民众利益的表达、凝聚、整合和输入的重要作用,经过政党的筛选之后,各种各样的要求变成可以实现的政策和规则,这样,稳定、民主和强有力的政府变得可能。

---

① 林毓生:《论台湾民主发展的形式、实质、与前景——为纪念殷海光先生逝世三十三周年而作》,《二十一世纪》网络版,2003 年第 1 期总第 10 期。

第十章　长治久安：夯实富裕与安全的繁盛国家

在经济发展的过程中，后发弱势、超大规模的现代国家的成长不可避免地伴随着贫富分化、社会冲突和社会价值观的缺失。通往富裕国家的路途中，社会安全网的软件建设难免滞后于公共设施的硬件设施。党在带领国家通往和谐社会的现代化过程中，要全面推进科学发展观的协调建设，让老百姓在安全的社会秩序下享受富裕的文明生活，安居乐业。

2010 年 4 月份我国发生数起无良分子冲进中小幼儿园，大肆砍杀手无寸铁的学生，砍伤人数之多，罪孽之深，罄竹难书。反思之余，令人震惊，也令人惋惜。通过深刻分析事件发生的原因，检讨各级地方政府工作的失职，全面深化公共安全网络建设，创新党的执政理念，无疑是迫切的。问题已经发生，再去追究事故背后的责任者已无重要意义。老子说"蔽而新成"，因此重新改变我们以往工作的思维方式，查漏补缺，创新地方政府的全面服务理念，具有时代感和紧迫性。

第一节　制度创新与现代国家的长治久安

作为 19 世纪伟大的思想家，托克维尔（1805—1859）凭借他的良心和直觉为现代政府管理提供了良好的智力支持和思想武器。在如何管理庞大的现代国家的过程中，优秀的管理者在国家治理的价值和技巧上是绕不开托克维尔的。在《论美国的民主》一书中，他通过 9 个月在美国社会的考察，发现美国民主社会建立和巩固的制度性元素，提出强大的社会是美国社会民主有效运转的原因。后来多元主义民主政治理论大师达尔在托克维尔社会民主理论的基础上提出"多重少数人"的"多中心"民主观,完善现代宪政理论的解释框架。在实际的公共事务参与中,由于法国第三帝国管治模式所带有的对社会秩序的颠覆,加之自己的政治抱负难以实现,又促使托克维尔反思现代国家为何难以在法国生根发芽这样一个迫切的议题。退隐乡村的岁月里(1851—1856),托克维尔带着对现代政府的憧憬对法国帝国(1804—1814)的政府行为模式进行独立的学术反思,提出现代政府成长过程一系列的重要议题,包括革命与改革、传统与现代、激进与渐进、宪政与稳定、法治与制度、浪漫与秩序、自由与民主等。

在尚未完成的《旧制度与大革命》下卷里,我们深深感觉到伟大思想家为自己良心、为社会和为正义说话的使命感。在通往现代化的过程中,有效的政府应该有序地主导政府改革的过程,避免暴力革命的发生。浪漫的理想价值固然值得尊敬,但整个社会秩序的和谐与稳定应该是首要的。现代性和宪政政府的成长不可能也不应该是一蹴而就的。诚如美国政治学家卡尔·弗里德里希所说的,革命不可能带来经济的增长,相反,它只是带来一些象征符号和身份的改变,不可能带来整个社会的福利的增加。全社会生活水平的增加只能通过缓慢与渐进的制度创新而不是旧制度的完全摧毁来改变。革命带来的必定是法治精神的缺失,必定带来整个社会的仇恨、对立和分裂,使得整个国家和民族带来不可逆的灾难。托克维尔继承其前辈贡斯当(1767—1830)对法国大革命的现代反思,提出稳健有序推进现代化改革而不是革命的方法来实现社会建设与发展。作为保守的自由主义的思想家,托克维尔对现代民主国家的理论创新不仅体现在他对法治的捍卫,更体现在他对现代精神如何接洽、消化传统文化的深思上。

由于不愿意和拿破仑侄子的威权主义政府合作,托克维尔晚年的政治命运坎坷。但是,他在自己的学术生命里所揭示的人的思想与公共政策的互动性有助于现代国家的成长。近代以来现代国家的成长需要制度创新来不断吸纳整个社会合理的利益诉求并有效供给科学与民主的公共政策。当权威当局不能在一定的时期内通过制度创新的方式来合理吸纳现代化过程中的利益表达和民众不满，随着时间的推移和公共利益表达渠道的拥挤、阻塞或缺失，加之突如其来的外力作用，大革命的爆发难以避免。正是凸显政府主动进行体制内变革对社会秩序和谐的重要性，《旧制度与大革命》方才具有现代意义。

第二节　累积性不平等减少与相对获得感的增强

实现和谐社会，防止贫富差距的拉大，真正实现结果民主、成果民主、直接民主与人民民主，要充分认清累积性不平等分配制度的危害，在生活中消除累积性不平等的制度安排。由于社会分工、先天差异、人的动机和目标不同，政治资源的不均匀控制在农业国家和工业国家普遍地存在着，表现为累积性不平等与弥散性不平等的双重叠构。累积性不平等的制度安排主要表现在权力、财富、知识、声誉等政治价值的不平等分配，即 a 多 b 也多，a 少 b 也少，成为早期工业国家的共性。进入后大众消费阶段，弥散性不平等的制度安排居于主要的政治现象，即 a 多 b 可能少，a 少 b 可能多。其中，后者比前者的不平等程度要低。正是由于政治资源与技能的不均匀分配（包括知识、财富、声誉、对传播的控制、对军权与警察的分配），导致政治与社会体系的累积性不平等、弥散性不平等，造成政治体系内部的封闭性。

为什么农业社会最容易形成累积性不平等？因为一个人拥有了土地就决定了其社会、行政、经济的技能，如果土地分配不平等，那么社会、经济等分配也会不平等，一切政治资源的分配就倾向于不平等，所以除非土地财产分配平等，那么农业社会的民主才有可能。美国农业民主的重要原因：广阔的边界使几乎每个想得到土地的人都得到土地了。工业化虽然导致政治参与冲突的爆炸，却促进竞争和民主政治的推进，这也解释了现代化为什么产生不稳定，而现代性产生稳定。可以发现，国家政治资源分配不平等的程度（由高到低）呈现为农业社会、工业社会、大众消费阶段。

浙江某学院年终在系里面进行学科经费的分配。扣除邀请著名学者讲学费用支出外，还剩下 7700 元的余额。由于主管事务繁忙，委托三个年轻老师（分别是法学、政治学与行政学的）决定此余额的分配。三个人研究决定，按照科研分来进行分配，按系里所有人的科研总分为基础，再乘以系数。结果是有的人 2000 元，多数人拿的是 150 元左右。系里总共 10 个人。在发钱的时候，有一个年轻人就说，往年都是按人均发的，今年为什么按科研分数发。这不公平。因为这个人只拿到了 150 元。他说，拿 2000 元的老师，他承担省社会科学基金，省里面已拨给他 15000 元，学校里配套 15000 元，市里面还有资助，年终二级学院至少给了 5000 元，而且他还是省中青年学科带头人，省里面也拨给他 20000 元。难道，他还有必要在这个里面再拿 2000 元吗？一时间，讨论升级，不欢而散。法学老师从技术主义考虑，认为，谁的科研多，谁应该拿更多的钱。哲学老师保持沉默，这些现象太多了。其中还有一个问题是，在 10 个人里面，只有 1 个人表达自己的不满，认为这不公平。问题出在哪里？三个老师在设计分配规则的时候，什么因素让他们决定了这样的分配的规则？这个案例呈现出福利分配的典型的累积性不平等。所谓典型的累积性不平等是指一旦某个人在某个方面（教学、科研或行政）获得卓越成就，他会在其他很多层面获得不断的奖励，并持续很长的时间。在实际福利分配中，表现为强者恒强、弱者恒弱的分配差距，导致弱者的挫折感。其实，这一点我们可以很能理解，比如一个学生在大学里面一直拿一等奖学金，那么他必定是省三好学生、优秀学生；如果他还担任班干部的话，他还可以获得省优秀学生干部，最后他可以留校任教或担任辅导员。我亲眼目睹过这样的案例，我为这样的学生前途而担忧。

累积性不平等不易被我们所察觉，而且不少同志觉得很自然。其实，在现代化早期，这样的制度安排，即强调技术和个人的改革有利于社会局面的打开，刺激个体的积极性，那么，在现代化深入到一定程度，让人坚持这样的制度安排，可能会挫伤其他人的积极性。比如，在高等教育大众化下，这种制度安排已经不再适合。事实上，某些高校有意地回避此类制度安排。此种重视技术与特长的单一的分配制度，是与目前不少中等发展城市采取的发展主义与技术主义相匹配的。如，江苏宿迁和云南昆明的经济发展战略就带有发展主义的制度安排。在此种制度安排下，个人获得主要在于其对经济增长的贡献。这种安排可能有利于经济的发展，但是也可能造成其他方面的不足。累积性不平等的制度安排一定程度上有助于程序正义，但实际上消解实质正义。实现和谐社会这样的实质正义，就需要我们去除累积性不平等的制度安排。如果不平等确实存在，我们宁愿选择弥散性不平等的制度安排，从而保证社会的稳定与和谐。因为在弥散性不平等的制度安排下的社会剩余重量比累积性不平等的制度安排的社会剩余重量多，而社会剩余重量的提高有利于和谐与民主。

随着国家工业化的发展，这个社会具备了远远超过需要的经济"剩余"，可以促进冲突的和平解决。冲突的数量虽然很高，但其剧烈程度却降低了。因为许多过去的不平已经满足了，最丢人和最恼人的各种不平已经满足了，人们开始期望新的冲突可以通过相当满足的妥协机制、制度安排得到解决。而经济剩余使这种妥协制度安排成为可能。政治资源已经扩散得那般广泛（虽然分布不平等），以致完全无力自卫的集团已经不存在了。经济剩余调节政治冲突的内在逻辑在于有利于冲突双方增进彼此有力（"双赢"）的解决局面。经济剩余使冲突双方都容易被"收买"。如当人们感到比较容易给工人增加工资或其他福利时，劳工争执冲突的剧烈程度就减轻了。经济的发展使大家都分享了一份利益来解决冲突（类似做大"蛋糕"的方法）。每当经济剩余减少或消失时，暴力和内乱就有可能增加，如果可以获得的货物和服务的数量同时减少了，剩余就减少了，对生存的要求就增加了。因为社会生活的态度和观念就改变了。相对剥夺降低了经济剩余的可能性。罗伯斯·内格尔认为相对剥夺有三种模式：缩减式，一个集团的价值期望相对不变，但价值能力却大大减少；期望式，价值能力相对静止，但价值期望增加或更强烈了；渐进式，同时存在实质上期望增加和能力的缩减（参阅其著作《人为何会反抗》）。这有助于解释为什么革命和内乱发生在日益繁荣的时代之后，这是因为经济的衰弱与人们的心理期望产生冲突。即亨廷顿所讲的现代化产生不稳定，而现代性产生稳定。

政治冲突的产生有多种原因，比如阶级的、财产的。只有社会存在着大量的剩余，才有可能实行民主，缓解政治冲突，社会剩余本身体现为参与者的闲暇、中产阶级生活和大量存在的第三部门。在政治平等作为民主的实质内涵的时代主题下，政治民主要求公民尊重自己，把别人当人看，人际关系上容忍、妥协和退让，终于价值（值得追求的美好的事物）追求，人格上的开放、多元。

第三节 风险社会与公共安全政策构建

法国著名政治学家托克维尔特别关注社会安定的民主制度维度，由此提出著名的社会民主理论。而美国著名政治学家达尔发现累积性不平等，进而导致现代化边缘民众相对剥夺感增强，而建设富裕社会，实现经济剩余的溢出效应，再造一个美丽的共同富裕国家，必然要对风险社会的运行机制作出深刻的研究，制定公共安全管理的相关政策，实现社会的温度与可持续性发展。

（一）富裕社会下的安全风险

在邓小平同志"发展是硬道理"发展观的带领下，通过改革开放和对外交流，社会各项资源得到很好的配置，经济快速发展，企业迅速成长，市场日渐扩大，自发与开发的市场经济体系逐渐形成，与各个国家的文化交流自由而又深入，国民收入和老百姓的生活水平逐渐提高，经济层面的富裕社会已经实现。人们的物质生活急速提高，有的地方民众人均收入甚至达到并超过世界部分先进国家的生活水平。但是部分人的富裕并不等于全体民众的富裕，还是有少数人因为资质和特性等各种原因没有跟上社会发展的步伐。另有少数投机分子敢于冒法律的空子或法律难以执行，通过各种不正当途径非法致富，而公共舆论机构对负面信息的公开，一定程度上刺激弱势群体的不满情绪。由于政府公共政策的利益分配的调节机制难免会出现盲点，尤其是少数地区奉行片面"发展型政府"执政理念，此部分弱势群体不仅没有得到充分的"关怀"，日积月累，其中极少数极端分子可能产生"反社会"情绪和行为，最终导致悲剧的产生。

富裕社会下安全风险的产生毋宁说是公共政策服务于经济发展的单一指标而忽视社会发展和政治发展的配套供给造成的。安全风险(Risk Society)的极端表现就是美国的 9·11 事件。它反映出基督教文明与伊斯兰教文明的冲突，而美国的公共安全检查的疏漏、公共预算财政投入的缺乏难逃其咎。因此，通往富裕社会的道路上，应该把经济发展的剩余，特别是其"溢出"反哺社会发展和政治发展，促进社会价值观的重建，促进利益表达机制的合法化，从而为富裕社会的良性运转提供智力支持和安全秩序。在依靠资源性开发的中西部地区，少数投资者勾结地方官员，非法使用童工、黑工，刻意减少安全投入，给职工的工作安全带来巨大的灾难，一定程度上背离科学发展观的国家方针，损害地方政府的权威和中央的公信力。从有毒奶粉到有毒蔬菜，从有毒饮料到有毒馒头，科学执法观在少数地方政府的部门利益面前败下阵来。正是由于对经济发展观的原教旨主义冲突，部分投资商丧失职业伦理，与少数官员"合谋"，将自我的利益渗透到老百姓生活安全、交通安全、食品安全等领域，严重干扰、损害广大人民群众的根本利益，引起社会风气变坏，给社会民众的生活带来意想不到的后果。

（二）追求全面发展：党执政理念的创新

作为公共权力的化身和实际的执行者，党带领国家已经取得非凡的成就，在极短的时间内改变长期以来积弱积贫的困局。在处于高速经济发展与社会风险加剧的双重主题下，党迫切需要集思广益，敢于直面事实和巨大的挑战，跨越现代化的高风险和困难，实现繁荣与和谐并举、富裕与安全双全的文明社会。社会生活安全秩序的失序说明地方政府公共政策的"缺位""错位""越位"和"失范"。重新挑战公共政策的公益性、公共性、服务性和政治性是党的执政理念的创新的必然要求。

首先，党需要转换执政理念，逐步降低以 GDP 发展速度作为衡量地方政府绩效的评价标准，比如可以将经济上 8％的发展速度下降到4％左右，稍事休息，将政府执政的注意力转到改善老百姓安居乐业的"民生"问题上来。也就是说，逐步降低现代化的经济发展速度，同时提升社会事业发展和公共服务供给的发展速度，促进社会发展和政治发展,实现社会秩序和生活秩序的可持续与全面发展。通过经济的剩余效应,通过提高社会和政治发展基本事业建设的投入,以社会财富重新分配的方式吸纳社会不满和多元偏好,重建利益表达通道,"收买"弱势群体,安抚人心,凝聚向心力,有效减少社会群体性事件,再造和谐社会。地方政府间的竞争,不再是硬邦邦的纯经济指标,而是三位一体和多元发展、起飞并进的多种指标。地方政府不再是经济发展型政府,而是更注意政治和社会发展的现代政府,是体现人性、彰显进步的理性、科学和文明政府。在新的执政理念下,招商引资不再是令地方官员头疼的问题。地方政府官员与市民应该享受现代化带来的富裕生活,沉思于文明的生活信念,共同学习成长,实现中国的腾飞。

其次,在考核地方官员过程中,加大群众和同行的民主评议的分数,看重那些为地方民众切实带来福利的官员,以居民幸福度作为官员考核升迁的主要评价标准,依靠官员对下级民众负责的制度安排,把地方秩序建构在对民众负责的官民关系中,从而实现政治秩序的稳定与长效。通过管理制度创新,减少"竞标赛"和"运动式治理",提升政府官员的执政能力和信心。通过党内民主的方式,发扬党内协商和作风民主建设,畅所欲言,实现和谐的团队文化,形成多元与有效的公共政策,尤其是稳固有领导力的班子。通过协商民主,理性与文明的交流、沟通和对话,建构官民利益表达和公共政策执行的有效路径,实现民治、民享的现代地方政府。通过基层选举竞争性民主,培养一批敢于创新、敢于负责的基层官员,确保村民利益,实现乡村田野秩序和谐。通过网络直接民主,利用博客、网络和论坛,快速地收集民意,快速获取民众对公共政策的意见,在虚拟的世界里形成真实的公共政策,传达中央精神,再造市民社会。在民主成长的道路上,通过宪政和法治的方式,巩固政治文明的建设成果,实现政治发展的专业化、制度化、法治化和民主化。

最后,以新农村运动为契机,加大"新文化运动",提高官员和市民的文化修养和政治素质,实现软件工程的飞跃。我们有宽敞的现代化高速公路、铁路,我们有现代化的网络高速公路,我们有华丽的高楼,但是那些看不见的行为、生活方式,乃至精神生活缺乏深层支持。虽然我们有富裕的经济生活,但我们缺少富裕的心灵,缺少继续生活下去的美好信念，缺乏对他人的足够关爱，缺乏对山水自然的亲近，我们太忙了，政府官员的考核指标太多了。和谐社会应该是精神生活富裕的社会，更应该是崇尚良心、关怀弱者的温情社会。于细微处见功夫。相比经济建设和政治建设而言，文化建设对秩序的维持、粘合更有作用。信心、智慧和勇气往往比千军万马力量更大。美好的道德主义和严格的纪律是我党战胜国民党的秘密法宝。

（三）以良心再造和谐社会

好的社会没有悲剧。如果有，那也是偶然性的。减少悲剧，需要我们深思，需要理性和科学的决策。和谐社会的再造指的是将社会发展的基础重构在人心上，通过重造政府官员的良心和老百姓的良心，互相关爱、支持，我为人人，人人为我，站在他人的角度重新估量我们目前的公共政策，"善则善之，不善者亦善之"，重建大爱社会。和谐社会不仅仅是政府行善，而是发动社会上所有善良的人共同行善，形成善文化普及。善，其实就是慈悲。而慈悲没有敌人，"仁者无敌"。党通过自我的心灵启迪与转换，带动全社会心灵修养的提升，从而为经济发展提供更为强大的智力支持，为富裕而又安全的和谐社会提供不尽的动力。

第十一章 公共政策分析中创新
思维的培养

引言：我国著名公共政策学科专家陈振明先生在其名著《公共政策分析》一书中，专设一章《公共政策分析中的创新思维》，主要围绕西蒙与林德布鲁姆的有限理性和渐进决策模式、直觉思维与顿悟思维、定量与定性分析，与我国任何一本相关列教材均不一样，令人眼界大开，确实有助于我国改革政策分析学科的发展与可持续建设。遵循陈先生的教诲，本书仿照陈先生的公共政策教学思想，亦专设一章，围绕直觉与顿悟的我国经典文本《道德经》《金刚经》，增加两种文本，并梳理佛教管理智慧，增加公共管理课创新教学，由此启发公共管理专硕与相关学科学生的创新性思维，以满足新时代抗疫与数字政府建设的多种新情况，夯实创新优化公共政策这一主题，继续深化陈先生对我国公共政策学科的重大推进。笔者元章斋 2022 年 1 月 23 日记于宁波大学 7 号楼 405 办公室。

编排版式

一、佛教文化的哲学与思想：改善思维、增进智慧、开阔胸怀的学问。（佛学）

二、佛学的来源：印度佛学简说，不说现实，说本生故事，叙说前进，造就因果报应。

（一）原始佛学时期：释学，反对印度教（婆罗门教，梵）。主要有缘起论、众生平等、无我论；三法印（三大命题）。

（二）部派佛学时期：BC4—BC1，分为罗汉与佛两派。

（三）大乘佛学时期：BC1—AD12，分为中观学派（初期，龙树、提婆,空宗,我法皆空,一切皆空。假有性空：万事万物只是虚假的现象的存在,没有本质,亦有亦无、非有非无。)与瑜珈行派(中期无著、世亲,有宗,万法唯识、识有境无,我空法有。万事万物是由意识变现产生的)。三果(罗汉、菩萨、佛)、三学六度。

(四) 密教时期：AD6—8,佛教与印度教的合流,手结契印,念真言咒语,心作观想,静观默照的神秘直觉,部分导致纵欲主义邪教。后来,10S急剧衰落,13S阿拉伯人入侵印度,烧毁超行寺,导致绝迹,只剩下婆罗门教,600年后,19S,斯里兰卡重新传入印度。中国特别发达。

三、中国佛学。

(一) 汉代佛学。AD148,东汉桓帝。译经人：安世高(小乘禅法,翻译《阴持入经》《安般守意经》,气功,放松意念,做到放松。)、支娄加谶(大乘般若学,翻译《道行般若经品》《般舟三味经》,般若学关于空的学问,假有性空)。

(二) 魏晋佛学。(道家化、老庄哲学、玄学化刺激般若六家七宗的兴起。解释空,本无宗、即色宗、识含宗、幻化宗、心无宗、缘慧宗、本无异宗)。

支道林创立即色宗,用道说佛,提出逍遥论,"随顺万物","不即不离",引发轰动。

(三) 南北朝佛学的林立。(杜牧)。

(四) 隋唐佛学的鼎盛。(天台宗、华严宗、法相唯识宗、禅宗、净土宗、密宗、三论宗、律宗、三阶教)

(五) 宋后佛学衰落,宋明理学兴起,融合儒学、道家、佛学。居士佛教为代表。

(六) 近现代。

1. 人间佛教。

2. 藏传佛教。西藏、青海、内蒙古。5S开始,本土教与佛教冲突,7S,松赞干布改革。后政局混乱。11S,有灵魂转世主流做法。15S,宗呵巴改革,主要戒律有不娶。1542,明嘉靖年间,有活佛转世做法。清朝,两套。

3. 云南上座部佛教。有山林派(苦行,不杀生、不食荤、不娶妻、不太与人间交往)、田园派(住在村子里,比较富裕,超度亡灵、驱魔治病、泼水节)。

四、佛教哲学与思维方法。主要有八大部分。

(一)缘起论。佛教哲学的基石。有如来藏缘起、真如缘起、法界缘起;十二因缘。

(二)无我说。世界的本性。有不我执(小乘)、不法执(大乘)。

(三)四谛。(苦、集、灭、道。)苦有八苦。灭:解脱痴、爱妄念引发的苦难的方法。

(四)八正道。(思想、语言和行为,达到超越与解脱)的八种方法和途径。1.正见。正确的见解,亦即坚持佛教四谛的真理。2.正思维。又称正志,即根据四谛的真理进行思维、分别。3.正语。即说话要符合佛陀的教导,不说妄语、绮语、恶口、两舌等违背佛陀教导的话。4.正业。正确的行为。一切行为都要符合佛陀的教导,不作杀生、偷盗、邪淫等恶行。5.正命。过符合佛陀教导的正当生活。6.正方便。又称正精进,即毫不懈怠地修行佛法,以达到涅盘的理想境地。7.正念。念念不忘四谛真理。8.正定。专心致志地修习佛教禅定,于内心静观四谛真理,以进入清净无漏的境界。

(五)五蕴。(色、受、想、行、识五元素组成万事万物。)

(六)十二因缘。(无明,行,识,名色,六入,触,受,爱,取,有,生,老死。)

(七)三法印。(小乘的教义,是以四阿含经为依据,说的是三法印:诸行无常、诸法无我、涅盘寂静。而无常无我的道理,是世界一切诸法的总则。)

(八)三学六度。(大乘佛学)。

1.三学:戒、定、慧。(小乘有五戒、八戒、二百五十戒等;大乘有三聚净戒、十重四十八轻戒等。小乘五戒为:杀生、偷盗、邪淫、妄语、饮酒。十重禁戒为:杀生、偷盗、邪淫、妄语、饮酒、说过罪、自赞毁他、悭瞋、谤三宝。)(定亦称增上心学,指禅定。即摈除杂念,专心致志,观悟四谛。)慧又称增上慧学,亦即智慧。慧就是有厌、无欲、见真。摈除一切欲望和烦恼,专思四谛、十二因缘,以窥见法,获得智慧解脱。

2. 六度：戒、定、慧、布施、忍辱、精进。（止见双修，定慧并重）①

附录一：老子《道德经》讲义文本②

1. 道，可道，非常道。名，可名，非常名。无名，天地之始；有名，万物之母；故常无欲以观其眇；常有欲以观其所徼。此两者，同出而异名，同谓之玄。玄之又玄，众眇之门。（眇，细小；徼，jiào，边界；玄，深奥不容易理解的）

2. 天下皆知美之为美，斯恶已。皆知善之为善，斯不善已。故，有无相生，难易相成，长短相形，高下相盈，音声相和，前后相随。常也。是以圣人处无为之事，行不言之教；万物作而不始，生而不有，为而不志，成功而不居。夫唯不居，是以不去。（恶，不好；不善，不高明的；恃，shì，依赖，仗着）

3. 不上贤，使民不争；不贵难得之货，使民不盗；不见可欲，使民不乱。是以圣人之治也，虚其心，实其腹，弱其志，强其骨。常使民无知无欲。使夫知不敢为也，则无不治也。

4. 道冲而用之或不盈。渊兮，始万物之宗。湛兮，始域存。吾不知其谁之子，象帝之先。（盅，冲的假借字，容器，空虚；帝，最高的天神，宇宙的主宰者、创造者）

5. 天地不仁，以万物为刍狗；圣人不仁，以百姓为刍狗。天地之间，其犹橐籥与？虚而不屈，动而愈出。多闻数穷，不如守冲。（刍，

---

① 深入的研究，请参阅参考文献：东方桥：《金刚经现代读》，上海书店出版社，2002；东方桥：《读金刚经的方法学》，上海书店出版社，2007；洪修平：《国学举要：佛学卷》，湖北教育出版社，2002；徐梵澄：《陆王学述：一系精神哲学》，上海远东出版社，1994；吕澂：《印度佛学源流略讲》，上海人民出版社，2005；吕澂：《中国佛学源流略讲》，北京：中华书局，2006；梁漱溟：《究元决疑论》，《东方杂志》，1916；梁漱溟：《印度哲学概论》，上海人民出版社，2005；潘桂明先生苏州大学本部校区东教一楼佛学讲义（2006—2007）；束景南先生浙江大学西溪校区图书馆2楼会议室讲义（2012.9—2014）。

② 本章节原文为笔者在湖州师范学院、浙江省社会科学院与宁波大学等各高校和科研机构多年授课讲义资料，综合帛书本、通行本等文本多有不同，仅为方便教学为用，请读者和研究人员使用时注意。

chú,草把,送葬用的茅草扎；橐,tuó,口袋；籥,yuè,同"龠",古代通风鼓火器上的管子；涸,gǔ,枯竭）

6. 谷神不死,是谓玄牝。玄牝之门,是谓天地根。绵绵兮,其若存,用之不堇。

7. 天长地久。天地所以能长且久者,以其不自生也,故能长生。是以圣人退其身而身先,外其身而身存。非以其无私邪? 故能成其私。

8. 上善若水。水善,利万物而不争,处众人之所恶,故几于道。居善地,心善渊,予善仁,言善信,政善治,事善能,动善时。夫唯不争,故无尤。

9. 持而盈之,不如其已；揣而锐之,不可长保。金玉满堂,莫之能守；富贵而骄,自遗其咎。功遂身退,天之道也。

10. （载）魂魄抱一,能无离乎? 专气致柔,能如婴儿乎? 修除玄鉴,能无疵乎? 爱民活国,能无以知乎? 天门启阖,能为雌乎? 明白四达,能无以知乎? 生之畜之,生而不有,为而不恃,长而不宰,是谓玄德。（魂,阳气；魄,阴气；鉴,jiàn,镜；阖,合）

11. 三十辐共一毂,当其无,有车之用也。埏埴以为器,当其无,有器之用也。凿户牖以为室,当其无,有室之用也。故有之以为利,无之以为用。（毂,gǔ,车轮中心圆孔,可插轴；埏埴,shān zhí,柔和泥土；牖,yǒu,窗）

12. 五色令人目盲；五音令人耳聋；五味令人口爽,驰骋畋猎,令人心发狂；难得之货,令人行妨。是以圣人之治也,为腹不为目,故去彼取此。（骋,chěng；畋,tián,打猎。）

13. 宠辱若惊,贵大患若身。何谓宠辱若惊? 宠为上,辱为下。得之若惊,失之若惊,是谓宠辱若惊。何谓贵大患若身? 吾所以有大患者,为吾有身,及吾无身,吾有何患? 故贵以身为天下,若可寄天下；爱以身为天下,女可托天下。

14. 视之不见名曰夷；听之不闻名曰希；（）之不得名曰微。此三者,不可致诘,故捆而为一。一者,其上不悠,其下不忽。寻寻兮不可名,复归于无物。是谓无状之状,无物之象,是谓忽恍。随之不见其后,迎之不见其首。执古之道,以御今之有。能知古始,是谓道纪。（诘,

jié，询问，追问；皦，jiǎo；纪，表示与线丝有关，开端、头绪，法度）

15. 古之善为道者，微眇玄通，深不可志。夫唯不可志，故强为之容：豫兮，其若冬涉川；犹兮，其若畏四邻；俨兮，其若客；涣兮，其若凌释；敦兮，其若朴；旷兮，其若谷；混兮，其若浊。浊而静之，徐清。安以动之，徐生。保此道者不欲盈。夫唯不盈，是以能蔽而新成。（豫，象之大者，事先准备；犹，猿类动物，事后而疑；俨，庄重；涣，水大）

16. 致虚极，守静笃。万物旁作，吾以观其复。夫物芸芸，各复归其根。归根曰静，静曰复命。复命曰常，知常曰明。不知常，妄。妄，作凶。知常，容。容乃公。公乃全，全乃天，天乃道，道乃久，没身不殆。（殆，危险）

17. 太上，下知有之；其次，亲之；其次，誉之；其次，畏之；其次，侮之。故信不足，焉有不信。犹兮，其贵言也。成功遂事，百姓谓我自然。

18. 大道废，安有仁义；智慧出，安有大伪；六亲不和，安有孝慈；邦家昏乱，安有贞臣。

19. 绝圣弃智，民利百倍；绝仁弃义，民复孝慈；绝巧弃利，盗贼无有。此三言也，以为文未足，故令有所属：见素抱朴，少私寡欲，绝学无忧。（素，没有染色的丝绸；朴，未加工的木材，"朴散则为器"）

20. 唯之与阿，相去几何？美之与恶，相去若何？人之所畏，不可不畏。荒兮，其未央哉！众人熙熙，如享太牢，如春登台。我泊兮未兆，若婴儿未咳；儽兮若无所归。众人皆有余，我独若遗。我愚人之心也，淳淳！俗人昭昭，我独若昏。众人察察，我独闷闷。忽呵，其若海。望呵，若无止。众人皆有以，而我独顽鄙。我欲独异于人，而贵食母。（荒，远；央，尽；央央；牢，祭品，物）

21. 孔德之容，惟道是从。道之为物，惟恍惟惚。惚兮恍兮，其中有象；恍兮惚兮，其中有物。窈兮冥兮，其中有精；其精甚真，其中有信。自今及古，其名不去，以顺众父。吾何以知众甫之状哉？以此。（孔，大；从宀，谷（gǔ）大徐本看作会意。"宀"是房屋，"谷"是空虚的山洼，都有盛受的意思。恍，模糊；窈，深远、幽静；冥，幽暗；甫，象田中有菜苗之形，开始；精，物质中最纯粹的部分）

22. 曲则全，枉则直，洼则盈，敝则新，少则得，多则惑。是以圣人抱一,以为天下牧。不自见,故明;不自是,故<u>彰</u>;不自<u>伐</u>,故有功;不自矜,故长。夫唯不争,故天下莫能与之争。古之所谓曲全者,几语哉?诚全而归之。(彰,明晰;式,标准;伐,砍杀,自夸)

23. 稀言自然。<u>飘风</u>不终朝,<u>暴雨</u>不终日。孰为此者?天地。天地尚不能久,而况于人乎?故从事于道者,同于道;得者,同于得;失者,同于失。同于道者,道亦乐得之;同于得者,得亦乐得之;同于失者,失亦乐得之。

24. 吹者不立。自见者不明,自是者不彰,自伐者无功,自矜者不长。其在道也,曰:余食赘形。物或恶之,故有道者不处。(企,踮起脚跟)

25. 有物<u>混</u>成,先天地生。<u>萧兮寥兮</u>,独立而不<u>垓</u>,可以为天地母。吾不知其名,故字之曰道,强为之名曰<u>大</u>。大曰<u>逝</u>,逝曰远,远曰反。故道大,天大,地大,王亦大。域中有四大,而王居其一焉。人法地,地法天,天法道,道法自然。(寥,空虚,寂静;曰,叫作;逝,去、往;殆,困乏)

26. <u>重为轻根,静为躁君</u>。是以君子终日行,不离其<u>辎重</u>。虽有环馆,燕处昭若。奈何万乘之王,而以身轻天下?轻则失根,躁则失君。(辎,古代一种有帷盖的大车;辎重,行军时携带的器械、粮草、营帐、服装、材料等;观,古代宫门前的双阙、楼台;乘,四匹马、三甲士、72 个步兵)

27. 善行,无辙迹;善言,无瑕谪;善数,不用筹策;善闭,无关楗而不可开;善结,无绳约而不可解。是以圣人常善救人,故无弃人;物无弃财,是谓<u>曳明</u>。故善人者,善人之师;不善人者,善人之资。不贵其师,不爱其资,虽智大迷,是谓要妙。(筹:计数用的竹签和筹码。策:竹简、书册;书写、纪录。关楗:关门的木条,横的叫关,竖的叫楗。约:套、捆缚。袭:看不见的)

28. 知其雄,守其雌,为天下<u>溪</u>。为天下溪,常德不离,复归于婴儿。知其白,守其黑,为天下式。为天下式,常德不忒,复归于无极。知其荣,守其辱,为天下谷。为天下谷,常德乃足,复归于朴。朴散。则为器;圣人用之,则为官长,故大<u>制</u>无<u>割</u>。(忒:太、过甚;差错。官,生物的一部分)

29. 将欲取天下而为之，吾见其不得已。夫天下神器也，非可为者也。为者败之，执者失之。凡物，或行或随；或嘘或吹；或强或羸；或载或隳。是以圣人去甚、去奢、去泰。（羸：弱。甚：过分、严重；非常。奢：过分；大、多。泰：过分、放纵。隳，huī）

30. 以道佐人主，不以兵强于天下。其事好还；师之所处，荆棘生焉。大军之后，必有凶年。故善战者果而已矣，勿以取强焉。果而勿骄，果而勿矜，果而勿伐，果而勿得已居，是谓果而不强。物壮则老，是谓不道，不道早已。（骄，自满，自高自大；矜，jīn，自大；伐，自夸）

31. 夫兵者，不祥之器也。物或恶之，故有道者不处。君子居则贵左，用兵则贵右。故兵者非君子之器也，不祥之器也。铦袭为上，勿美也。若美之，是乐杀人。夫乐杀人，不可以得志于天下矣。是以吉事上左，丧事上右。是以偏将军居左，上将军居右，言以丧礼居之也。杀人众，以悲哀泣之，战胜，以丧礼处之。

32. 道常无名、朴，虽小，天下不能臣。侯王若能守之，万物将自宾。天地相合，以降甘露；民莫之令而自均。始制有名，名亦既有，夫亦将知止。知止所以不殆。譬道之在天下，犹川谷之于江海也。（宾，服从、归顺；制，用文字规定，泽上有水，节，君子以制数度，议德行。《易·节》）

33. 知人者智，自知者明；胜人者有力，自胜者强；知足者富，强行者有志；不失其所者久。死而不忘者寿。

34. 大道氾兮，其可左右。万物恃之以生而不辞；成功遂事而不名有。衣被万物，而不为主；则常无欲也，可名于小。万物归焉，而不知主；则常无名也，可名为大。是以圣人之能成大也，以其不为大也，故能成其大。（氾，sì，由干流分出又汇合到干流的水、水决后又流入；恃，依赖；辞，说讲）

35. 执大象，天下往。往而不害，安平大。乐与饵，过客止。道之出言，淡兮其无味。视之不可见，听之不可闻，用之不可既。（既，既者，尽也。有继之辞也。《谷梁传》；薮泽肆既。《国语·周语》）

36. 将欲歙之，必姑张之；将欲弱之，必姑强之；将欲去之，必姑与之；将欲夺之，必姑予之。是谓微明。柔之胜刚，弱之胜强。鱼不可脱

于渊,邦之利器,不可以示人。（歙,xī,收敛,吸进）

37. 道常无名。侯王若能守之,万物将自化。化而欲作,吾将镇之以无名之朴。镇之以无名之朴,夫亦将不辱。不辱以静,天下将自正。

38. 上德不德,是以有德;下德不失德,是以无德。上德无为而无以为;下德无为而有以为。上仁为之而无以为;上义为之而有以为。上礼为之而莫之应,则攘臂而扔之。故失道而后德,失德而后仁,失仁而后义,失义而后礼。夫礼者,忠信之薄,而乱之首也。前识者,道之华,而愚之始也。是以,大丈夫处其厚不居其薄;处其实不居其华。故去彼取此。（攘,捋、攘袂,推让;扔,强牵引）

39. 昔之得一者:天得一以清;地得一以宁;神得一以灵;谷得一以盈;侯得一以为天下正。其致之也,天无以清将恐裂;地无以宁将恐废;神无以灵将恐歇;谷无以盈将恐竭;万物无以生将恐灭;侯王无以正将恐蹶。故贵以贱为本,高以下为基。是以侯王自谓孤、寡、不穀。是其以贱为本也? 非欤? 故致数舆无舆。不欲,琭琭若玉,珞珞若石。（蹶,枯竭;琭琭,玉有光泽的样子;珞珞,坚硬,山上的大石）

40. 反者,道之动;弱者,道之用。天下万物生于有,有生于无。

41. 上士闻道,勤而行之;中士闻道,若存若亡;下士闻道,大笑之。不笑,不足以为道。故建言有之曰:明道若昧,进道若退,夷道若类,上德若谷。广德若不足,健德若偷,质真若渝,大白若辱,大方无隅,大器慢成,大音希声,大象无形,道隐无名。夫唯道,善始且善成。（类:类推。渝:改变、违背。偷:苟且）

42. 道生一,一生二,二生三,三生万物。万物负阴而抱阳,中气以为和。人之所恶,唯孤、寡、不谷,而王公以自称也。故物,或损之而益,或益之而损。人之所教,我亦教人。"强良者不得其死!"吾将以为学父。

43. 天下之至柔,驰骋天下之至坚。无有入于无间;吾是以知无为之有益也。不言之教,无为之益,天下希能及之矣。

44. 名与身孰亲? 身与货孰多? 得与亡孰病? 甚爱必大费,多藏必厚亡。知足不辱,知止不殆,可以长久。（多:胜过、超出）

45. 大成若缺,其用不敝。大盈若盅,其用不穷。大直若屈,大巧

若拙,大辩若讷,大赢若拙。躁胜寒,静胜热,清静可以为天下正。(敝:破旧、坏;冲,空虚)

46. 天下有道,却走马以粪。天下无道,戎马生于郊。罪莫大于可欲,祸莫大于不知足;咎莫憯于欲得。故知足之足,恒足矣。

47. 不出户,知天下;不窥牖,知天道。其出弥远,其知弥少。是以圣人不行而知,不见而明,不为而成。

48. 学者日益,为道者日损;损之又损之,以至于无为;无为则无不为。将欲取天下者,恒无事。及其有事,又不足以取天下矣。

49. 圣人常无心,以百姓之心为心。善者善之,不善者亦善之,得善矣。信者信之,不信者亦信之,得信矣。圣人之在天下,歙歙焉;为天下,浑心焉。百姓皆属耳目,圣人皆孩之。

50. 出生,入死。生之徒十有三;死之徒十有三;而民之生,生而动。动皆之死地,亦十有三。夫何故也?以其生生之厚也。盖闻善摄生者,陆行不遇兕虎,入军不被甲兵;兕无所投其角,虎无所惜其爪,兵无所容其刃。夫何故也?以其无死地焉。(兕 sì,雌性犀牛,如野牛而青,象形)

51. 道生之,德畜之,物形之,器成之。是以万物,尊道而贵德。道之尊也,德之贵也,夫莫之爵,而常自然也。故道生之,畜之,长之,遂之,亭之,毒之,养之,覆之。生而不有,为而不恃,长而不宰,是谓玄德。

52. 天下有始,可以为天下母,既得其母,以知其子;复守其母:没身不殆。塞其兑,闭其门,终身不尽。启其兑,济其事,终身不救。见小曰明,守柔曰强。用其光,复归其明,毋遗身殃,是为袭常。(没:终;殆,危险;尽,完;救,止)

53. 使我介然有知,行于大道,唯迤是畏。大道甚夷,而民好解。朝甚除,田甚芜,仓甚虚;服文采,带利剑,厌食而财货有余:是谓盗魁。非道也!(介然,专一、耿介;迤,弯曲;朝甚除,官员多或朝廷台阶高;文采,错杂艳丽的色彩)

54. 善建者不拔,善抱者不脱,子孙以祭祀,世世不辍。修之身,其德乃真;修之家,其德乃余;修之乡,其德乃长;修之邦,其德乃丰;修之天下,其德乃博。故以身观身,以家观家,以乡观乡,以邦观邦,以天下观天下。吾何以知天下之然哉？以此。

55. 含德之厚者，比于赤子。蜂虿虺蛇不蜇，攫鸟猛兽不搏。骨弱筋柔而握固。未知牝牡之合而朘怒，精之至也。终日号而不嗄，和之至也。精和曰常，知常曰明，益生曰祥，心使气曰强。（蜇，zhē；朘，zuī，小弟弟；嗄，shà，嗓音嘶哑）

56. 知者不言，言者不知。塞其兑，闭其门；挫其锐，解其纷；和其光，同其尘；是谓玄同。故不可得而亲，不可得而疏；不可得而利，不可得而害；不可得而贵，不可得而贱：故为天下贵。

57. 以正治国，以奇用兵，以无事取天下。吾何以知其然哉？以此：夫天下多忌讳，而民弥畔；民多利器，邦家滋昏；民多智慧，邪事滋起；法物滋彰，盗贼多有。是以圣人之言曰："我无为，民自化；我好静，民自正；我无事，民自富；我无欲，民自朴。"

58. 其正闷闷，其民屯屯，其正察察，其民夬夬。祸兮，福之所倚；福兮，祸之所伏。孰知其极？其无正邪？正复为奇，善复为祅。人之迷也，其日固已久矣。是以圣人方而不割，廉而不刺，直而不肆，光而不耀。

59. 给人事天莫若穑。夫唯穑，是以早备。早备，是谓重积德。重积德，则无不克。无不克，则莫知其极；莫知其极，可以有国。有国之母，可以长久。是谓深根固柢、长生久视之道也。（穑：收割谷物）

60. 治大国若烹小鲜。以道莅天下，其鬼不神。非其鬼不神，其神不伤人。非其神不伤人，圣人亦不伤人。夫两不相伤，故德交归焉。

61. 大邦者下流也。天下之牝，天下之交也。牝常以静胜牡，以静为下。大邦以下小邦，则取小邦；小邦以下大邦，则取于大邦。故或下以取，或下而取。故大邦者，不过欲兼畜人；小邦者，不过欲入事人。夫皆得其欲，则大者宜为下。

62. 道者，万物之注，善人之宝，不善人之所宝。美言可以市，尊行可以贺人。人之不善，何弃之有？故立天子，置三公，虽有拱璧以先驷马，不如坐而进此。古之所以贵此者，何也？不谓求以得，有罪以免与？故为天下贵。

63. 为无为，事无事，味无味。大小多少，抱怨以德。图难于其易，为大于其细。天下之难作于易，天下之大作于细。是以圣人终不为大，故能成其大。夫轻诺必寡信；多易必多难。是以圣人犹难之，故终无难矣。

64. 其安易持，其未兆易谋。其脆易判，其微易散。为之于其未有，治之于其未乱。合抱之木，生于毫末；九成之台，起于累土；千里之行，始于足下。为之者败之，执之者失之。是以圣人无为也，故无败，无执也，故无失。民之从事，常于其成而败之。故慎终如始，则无败事。是以圣人欲不欲，不贵难得之货；学不学，复众人之所过。以辅万物之自然而不敢为也。

65. 古之善为道者，非以明民，将以愚之也。民之难治，以其智也。故以智知国，国之贼；不以智知国，国之德。常知此两者，亦稽式。常知稽式，是谓玄德。玄德深矣、远矣，与物反矣，乃至大顺。

66. 江海之所以能为百谷王者，以其善下之也，故能为百谷王。是以圣人之欲上民也，必以其言下之；欲先民也，必以其身后之。故居上而民不重也，居前而民不害也。天下乐推而不厌也。非以其无争与？故天下莫能与争。（谷：水道、两山之间的大河、涧）

67. 天下皆谓我大，大而不肖。夫唯不肖，故能大，若肖，久矣，其细也夫！我恒有三宝，持而保之。一曰慈，二曰俭，三曰不敢为天下先。夫慈，故能勇；俭，故能广；不敢为天下先，故能为成器长。今舍慈且勇，舍俭且广，舍后且先，死矣！夫慈，以战则胜，以守则固。天将建之，如以慈恒之。（肖：一般）

68. 善为士者不武，善战者不怒，善胜敌者不与，善用人者为之下。是谓不争之德，是谓用人，是谓（配）天，古之极也。

69.《用兵》有言曰："吾不敢为主，而为客；不敢进寸，而退尺。"是谓：行无行，攘无臂，执无兵，乃无敌。祸莫大于轻敌，轻敌几丧吾宝。故抗兵相若，哀者胜矣。

70. 吾言甚易知也，甚易行也。而天下莫之能知也，莫之能行也。言有宗，事有君。夫唯无知也，是以不我知。知我者希，则我者贵。是以，圣人被褐而怀玉。（褐：麻布衣服）

71. 知不知，尚矣。不知知，病矣。是以圣人不病，以其病病，是以不病。

72. 民不畏威,则大威至。无狭其所居,无压其所生。夫唯不压,是以不厌。是以,圣人自知不自见,自爱不自贵。故去彼而取此。

73. 勇于敢则杀,勇于不敢则活。此两者,或利或害。天之所恶,孰知其故? 天之道,不争而善胜,不言而善应,不召而自来,坦然而善谋。天网恢恢,疏而不失。

74. 若民恒不畏死,奈何以死惧之? 使民恒且畏死,而为奇者,吾将得而杀之,孰敢? 若使民恒且必畏死,恒有司杀者。夫代司杀者杀,是代大匠斫。夫代大匠斫者,稀有不伤其手矣。(斫:砍、削;斧刃)

75. 民之饥者,以其上食税之多也,是以饥。民之难治者,以其上之有为也,是以难治。民之轻死者,以其上求生之厚也,是以轻死。夫唯无以生为者,是贤于贵生也。(贤:胜)

76. 人之生也柔弱,其死也坚强。草木之生也柔脆,其死也枯槁。故曰:坚强者死之徒也,柔弱者生之徒也。是以兵强则不胜,木强则折。故坚强处下,柔弱处上。

77. 天之道,其犹张弓者欤? 高者抑之,下者举之。有余者损之,不足者补之。天之道,损有余而补不足;人之道则不然,损不足以奉有余。孰能有损余以奉天下? 唯有道者乎! 是以圣人为而不有,成功而不居也。若此,其不欲见贤也!

78. 天下莫柔弱于水,而攻坚强者莫之能先,以其无以易之也。柔之胜刚也,弱之胜强也,天下莫不知也。而莫之能行也。故圣人之言云:"受国之垢,是谓社稷之主;受国之不祥,是为天下之王。"正言若反。

79. 和大怨,必有余怨,焉可以为善? 是以圣人执左契而不以责于人。故有德司契,无德司税。天道无亲,常与善人。(契:互相约束的证据。税:本义为田赋,征收的农产品、租、赋税、利息)

80. 小邦寡民。使有十百人之器而勿用。使民重死而不远徙。有舟车无所乘之,有甲兵无所陈之。使民复结绳而用之。甘其食,美其服,安其俗,乐其业。邻邦相望,鸡犬之声相闻,民至老死不相往来。

81. 信言不美,美言不信。善者不辩,辩者不善。知者不博,博者不知。圣人无积；既以为人，已愈有；既以予人，已愈多。故天之道，利而不害；人之道，为而不争。

附录二：《金刚经》讲义文本①

第一品 法会因由分。如是我闻，一时，佛在舍卫国祇树给孤独园，与大比丘众千二百五十人俱。尔时，世尊食时，着衣持钵，入舍卫大城乞食。于其城中，次第乞已，还至本处。饭食讫，收衣钵，洗足已，敷座而坐。

第二品 善现（须菩提）启请分。时，长老须菩提在大众中即从座起，偏袒右肩，右膝着地，合掌恭敬而白佛言："希有！世尊！如来善护念诸菩萨，善付嘱诸菩萨。世尊！善男子、善女人，发阿耨多罗三藐三菩提心（无上正等正觉的心：大智慧），应云何住，云何降伏其心？"佛言："善哉，善哉。须菩提！如汝所说，如来善护念诸菩萨，善付嘱诸菩萨。汝今谛听！当为汝说：善男子、善女人，发阿耨多罗三藐三菩提心，应如是住，如是降伏其心。""唯然，世尊！愿乐欲闻。"

第三品 大乘正宗分。佛告须菩提："诸菩萨、摩诃萨（大菩萨）应如是降伏其心！所有一切众生（有生命的人和物）之类：若卵生、若胎生、若湿生、若化生；若有色、若无色；若有想、若无想、若非有想非无想，我皆令入无余涅盘（彻底的圆寂）而灭度之。如是灭度无量无数无边众生，实无众生得灭度者。何以故？须菩提！若菩萨有我相（现象、观念）、人相、众生相、寿者相，即非菩萨。"

第四品 妙行（佛法）无住分。"复次，须菩提！菩萨于法，应无所住，行于布施，所谓不住色布施，不住声香味触法布施。须菩提！菩萨应如是布施，不住于相。何以故？若菩萨不住相布施（清静心），其福德不可思量。须菩提！于意云何？东方虚空可思量不？""不也，世尊！"

---

① 本章节原文为笔者在湖州师范学院、浙江省社会科学院与宁波大学等各高校和科研机构多年授课讲义资料，综合多种文本，仅为方便教学为用，请读者和研究人员使用时注意。

"须菩提！南西北方四维上下虚空可思不？""不也，世尊！""须菩提！菩萨无住相布施，福德亦复如是不可思量。须菩提！菩萨但应如所教住。"

第五品　如理实见分。"须菩提！于意云何？可以身相见如来不？""不也，世尊！不可以身相得见如来。何以故？如来所说身相，即非身相。"佛告须菩提："凡所有相，皆是虚妄。若见诸相非相，则见如来。"

第六品　正信希有分。须菩提白佛言："世尊！颇有众生，得闻如是言说章句，生实信不？"佛告须菩提："莫作是说。如来灭后，后五百岁，有持戒修福者，于此章句能生信心，以此为实，当知是人不于一佛二佛三四五佛而种善根，已于无量千万佛所种诸善根，闻是章句，乃至一念生净信者，须菩提！如来悉知悉见，是诸众生得如是无量福德。何以故？是诸众生无复我相、人相、众生相、寿者相；无法相，亦无非法相。何以故？是诸众生若心取相，则为着我人众生寿者。若取法相，即着我人众生寿者。何以故？若取非法相，即着我人众生寿者，是故不应取法，不应取非法。以是义故，如来常说：'汝等比丘，知我说法，如筏喻者；法尚应舍，何况非法。'"

第七品　无得无说分。"须菩提！于意云何？如来得阿耨多罗三藐三菩提耶？如来有所说法耶？"须菩提言："如我解佛所说义，无有定法，名阿耨多罗三藐三菩提，亦无有定法如来可说。何以故？如来所说法，皆不可取、不可说；非法（没有固定的说法），非非法（也不是没有固定的说法）。所以者何？一切圣贤，皆以无为法而有差别。"

第八品　依法出生（依佛法而悟道）分。"须菩提！于意云何？若人满三千大千世界七宝以用布施，是人所得福德，宁为多不？"须菩提言："甚多，世尊！何以故？是福德即非福德性，是故如来说福德多。""若复有人，于此经中受持，乃至四句偈等，为他人说，其福胜彼。何以故？须菩提！一切诸佛，及诸佛阿耨多罗三藐三菩提法，皆从此经出。须菩提！所谓佛法者，即非佛法。"

第九品　一相无相（所有相都是虚妄）分。"须菩提！于意云何？须陀洹（这里讲小乘[声闻]能作是念：'我得须陀洹果'不？"须菩提言：

"不也，世尊！何以故？须陀洹名为入流，而无所入，不入色声香味触法，是名须陀洹。""须菩提！于意云何？斯陀含能作是念：'我得斯陀含果'不？"须菩提言："不也，世尊！何以故？斯陀含名一往来，而实无往来，是名斯陀含。""须菩提！于意云何？阿那含能作是念：'我得阿那含果'不？"须菩提言："不也，世尊！何以故？阿那含名为不来，而实无来，是名阿那含。""须菩提！于意云何？阿罗汉能作是念，'我得阿罗汉道'不？"须菩提言："不也，世尊！何以故？实无有法名阿罗汉。世尊！若阿罗汉作是念：'我得阿罗汉道'，即着我人众生寿者。世尊！佛说我得无诤三昧人中最为第一，是第一离欲阿罗汉。我不作是念：'我是离欲阿罗汉'。世尊！我若作是念：'我得阿罗汉道（六欲皆空）'"，世尊则不说须菩提是乐阿兰那行者（好寂静）！以须菩提实无所行，而名须菩提是乐阿兰那行。

第十品　庄严净土分。佛告须菩提："于意云何？如来昔在然灯佛所，于法有所得不？""不也，世尊！如来在然灯佛所，于法实无所得。""须菩提！于意云何？菩萨庄严佛土不？""不也，世尊！何以故？庄严佛土者，则非庄严，是名庄严。""是故须菩提！诸菩萨、摩诃萨应如是生清净心，不应住色生心，不应住声香味触法生心，应无所住而生其心。须菩提！譬如有人，身如须弥山王，于意云何？是身为大不？"须菩提言："甚大，世尊！何以故？佛说非身，是名大身。"

第十一品　无为福胜分。"须菩提！如恒河中所有沙数，如是沙等恒河，于意云何？是诸恒河沙宁为多不？"须菩提言："甚多，世尊！但诸恒河尚多无数，何况其沙。""须菩提！我今实言告汝：若有善男子、善女人，以七宝满尔所恒河沙数三千大千世界，以用布施，得福多不？"须菩提言："甚多，世尊！"佛告须菩提："若善男子、善女人，于此经中，乃至受持四句偈等，为他人说，而此福德胜前福德。"

第十二品　尊重正教分。"复次，须菩提！随说是经，乃至四句偈等，当知此处，一切世间、天、人、阿修罗，皆应供养，如佛塔庙，何况有人尽能受持读诵。须菩提！当知是人成就最上第一希有之法，若是经典所在之处，则为有佛，若尊重弟子。"

第十三品　如法受持分。尔时，须菩提白佛言："世尊！当何名此经,我等云何奉持?"佛告须菩提:"是经名为《金刚般若波罗蜜》,以是名字,汝当奉持。所以者何? 须菩提! 佛说般若(智慧)波罗蜜('到彼岸'),则非般若波罗蜜。须菩提! 于意云何? 如来有所说法不?"须菩提白佛言:"世尊! 如来无所说。""须菩提! 于意云何? 三千大千世界所有微尘是为多不?"须菩提言:"甚多,世尊!""须菩提! 诸微尘,如来说非微尘,是名微尘。如来说:世界,非世界,是名世界。须菩提! 于意云何? 可以三十二相见如来不?""不也,世尊! 何以故? 如来说:三十二相,即是非相,是名三十二相。""须菩提! 若有善男子、善女人,以恒河沙等身命布施;若复有人,于此经中,乃至受持四句偈等,为他人说,其福甚多。"

第十四品　离相寂灭分。尔时,须菩提闻说是经,深解义趣,涕泪悲泣,而白佛言:"希有,世尊! 佛说如是甚深经典,我从昔来所得慧眼,未曾得闻如是之经。世尊! 若复有人得闻是经,信心清净,则生实相,当知是人,成就第一希有功德。世尊! 是实相者,即是非相,是故如来说名实相。世尊! 我今得闻如是经典,信解受持不足为难,若当来世,后五百岁,其有众生,得闻是经,信解受持,是人则为第一希有。何以故? 此人无我相、人相、众生相、寿者相。所以者何? 我相即是非相,人相、众生、相寿者相即是非相。何以故? 离一切诸相,则名诸佛。"佛告须菩提:"如是! 如是! 若复有人得闻是经,不惊、不怖、不畏,当知是人甚为希有。何以故? 须菩提! 如来说第一波罗蜜,非第一波罗蜜,是名第一波罗蜜。须菩提! 忍辱波罗蜜,如来说非忍辱波罗蜜。何以故? 须菩提! 如我昔为歌利王割截身体,我于尔时,无我相、无人相、无众生相、无寿者相。何以故? 我于往昔节节支解时,若有我相、人相、众生相、寿者相,应生嗔恨。须菩提! 又念过去于五百世作忍辱仙人,于尔所世,无我相、无人相、无众生相、无寿者相。是故须菩提! 菩萨应离一切相,发阿耨多罗三藐三菩提心,不应住色生心,不应住声香味触法生心,应生无所住心。若心有住,则为非住。是故佛说:'菩萨心不应住色布施。'须菩提! 菩萨为利益一切众生,应如是布施。如来说:一切诸相,即是非相。又说:一切众生,即非众生。须菩提! 如来是真语者、实语者、如语者、不诳语者、不异语者。须菩提! 如来所得法,此法无实无虚。须菩萨，若菩萨心住于法而行布施，如人入暗，则无所见。若菩萨心不住法而行布施，如人有目，日光明照，见种种色。须菩提！当来之世，若有善男子、善女人，能于此经受持读诵，则为如来以佛智慧，悉知是人，悉见是人，皆得成就无量无边功德。"

第十五品　持经功德分。"须菩提！若有善男子、善女人，初日分以恒河沙等身布施，中日分复以恒河沙等身布施，后日分亦以恒河沙等身布施，如是无量百千万亿劫以身布施；若复有人，闻此经典，信心不逆，其福胜彼，何况书写、受持、读诵、为人解说。须菩提！以要言之，是经有不可思议、不可称量、无边功德。如来为发大乘者说，为发最上乘者说。若有人能受持读诵，广为人说，如来悉知是人，悉见是人，皆得成就不可量、不可称、无有边、不可思议功德。如是人等，则为荷担如来<u>阿耨多罗三藐三菩提</u>。何以故？须菩提！若乐小法者，着我见、人见、众生见、寿者见，则于此经，不能听受读诵、为人解说。须菩提！在在处处，若有此经，一切世间、天、人、阿修罗，所应供养；当知此处则为是塔，皆应恭敬，作礼围绕，以诸华香而散其处。"

第十六品　能净业障分。"复次，须菩提！若善男子、善女人，受持读诵此经，若为人轻贱，是人先世罪业，应堕恶道，以今世人轻贱故，先世罪业则为消灭，当得阿耨多罗三藐三菩提。""须菩提！我念过去无<u>量</u>、<u>阿僧祇劫</u>（数量），于然灯佛前，得值<u>八百四千万亿那由他诸佛</u>，悉皆供养承事，无空过者，若复有人，于后末世，能受持读诵此经，所得功德，于我所供养诸佛功德，百分不及一，千万亿分，乃至算数、譬喻，所不能及。须菩提！若善男子、善女人，于后末世，有受持读诵此经，所得功德，我若具说者，或有人闻，心则狂乱，狐疑不信。须菩提！当知是经义不可思议，果报亦不可思议。"

第十七品　究竟无我分。尔时，须菩提白佛言："世尊！善男子、善女人，发阿耨多罗三藐三菩提心，云何应住？云何降伏其心？"佛告须菩提："善男子、善女人，发阿耨多罗三藐三菩提者，当生如是心，我应灭度一切众生。灭度一切众生已，而无有一众生实灭度者。何以故？须菩提！若菩萨有我相、人相、众生相、寿者相，则非菩萨。所以者何？须菩提！实无有法发<u>阿耨多罗三藐三菩提</u>者。""须菩提！于意云何？如来于然灯佛所,有法得阿耨多罗三藐三菩提不?""不也,世尊! 如我解佛所说义,佛于然灯佛所,无有法得阿耨多罗三藐三菩提。"佛言:"如是!如是! 须菩提! 实无有法如来得阿耨多罗三藐三菩提。须菩提! 若有法得阿耨多罗三藐三菩提,然灯佛则不与我授记:汝于来世,当得作佛,号释迦牟尼。以实无有法得阿耨多罗三藐三菩提,是故然灯佛与我授记,作是言:'汝于来世,当得作佛,号释迦牟尼。'何以故? 如来者,即诸法如义。若有人言:'如来得阿耨多罗三藐三菩提'。须菩提! 实无有法,佛得阿耨多罗三藐三菩提。须菩提! 如来所得阿耨多罗三藐三菩提,于是中无实无虚。是故如来说:一切法皆是佛法。须菩提! 所言一切法者,即非一切法,是故名一切法。须菩提! 譬如人身长大。"须菩提言:"世尊! 如来说:人身长大,则为非大身,是名大身。""须菩提! 菩萨亦如是。若作是言:'我当灭度无量众生',则不名菩萨。何以故? 须菩提! 无有法名为菩萨。是故佛说:一切法无我、无人、无众生、无寿者。须菩提! 若菩萨作是言,'我当庄严佛土',是不名菩萨。何以故? 如来说:庄严佛土者,即非庄严,是名庄严。须菩提! 若菩萨通达无我法者,如来说名真是菩萨。"

第十八品 一体同观分。"须菩提! 于意云何? 如来有肉眼不?""如是,世尊! 如来有肉眼。""须菩提! 于意云何? 如来有天眼不?""如是,世尊! 如来有天眼。""须菩提! 于意云何? 如来有慧眼不?""如是,世尊! 如来有慧眼。""须菩提! 于意云何? 如来有法眼不?""如是,世尊! 如来有法眼。""须菩提! 于意云何? 如来有佛眼不?""如是,世尊! 如来有佛眼。""须菩提! 于意云何? 恒河中所有沙,佛说是沙不?""如是,世尊! 如来说是沙。""须菩提! 于意云何? 如一恒河中所有沙,有如是等恒河,是诸恒河所有沙数,佛世界如是,宁为多不?""甚多,世尊!"佛告须菩提:"尔所国土中,所有众生,若干种心,如来悉知。何以故? 如来说:诸心皆为非心,是名为心。所以者何? 须菩提! 过去心不可得,现在心不可得,未来心不可得。"

第十九品 法界通化分。"须菩提! 于意云何? 若有人满三千大千世界七宝以用布施,是人以是因缘,得福多不?""如是,世尊! 此人以是因缘,得福甚多。""须菩提! 若福德有实,如来不说得福德多;以福德无故,如来说得福德多。"

第二十品　离色离相分。"须菩提！于意云何？佛可以具足色身见不？""不也,世尊！如来不应以**具足色身**(圆满的物质之身)见。何以故？如来说：具足色身,即非具足色身,是名具足色身。""须菩提！于意云何？如来可以具足诸相见不？""不也,世尊！如来不应以**具足诸相**(圆满的法身)见。何以故？如来说：诸相具足,即非具足,是名诸相具足。"

第二十一品　非说所说分。"须菩提！汝勿谓如来作是念：'我当有所说法。'莫作是念,何以故？若人言：如来有所说法,即为谤佛,不能解我所说故。须菩提！说法者,无法可说,是名说法。"尔时,慧命须菩提白佛言："世尊！颇有众生,于未来世,闻说是法,生信心不？"佛言："须菩提！彼非众生,非不众生。何以故？须菩提！众生众生者,如来说非众生,是名众生。"

第二十二品　无法可得分。须菩提白佛言："世尊！佛得阿耨多罗三藐三菩提,为无所得耶？"佛言："如是,如是。须菩提！我于阿耨多罗三藐三菩提乃至无有少法可得,是名阿耨多罗三藐三菩提。"

第二十三品　净心行善分。复次,须菩提！是法平等,无有高下,是名阿耨多罗三藐三菩提；以无我、无人、无众生、无寿者,修一切善法,即得阿耨多罗三藐三菩提。须菩提！所言善法者,如来说即非善法,是名善法。

第二十四品　福智无比分。"须菩提！若三千大千世界中所有诸须弥山王,如是等七宝聚,有人持用布施；若人以此《般若波罗蜜经》,乃至四句偈等,受、持、诵、读,为他人说,于前福德百分不及一,百千万亿分,乃至算数、譬喻,所不能及。"

第二十五品　化无所化分(度化)。"须菩提！于意云何？汝等勿谓如来作是念：'我当度众生。'须菩提！莫作是念。何以故？实无有众生如来度者。若有众生如来度者,如来则有我、人、众生、寿者。须菩提！如来说：'有我者,则非有我,而凡夫之人以为有我。'须菩提！凡夫者,如来说则非凡夫。"

第二十六品　法身非相分。"须菩提！于意云何？可以三十二相观如来不?"须菩提言:"如是! 如是! 以三十二相观如来。"佛言:"须菩提! 若以三十二相观如来者,转轮圣王则是如来。"须菩提白佛言:"世尊! 如我解佛所说义,不应以三十二相观如来。"尔时,世尊而说偈言:"若以色见我,以音声求我,是人行邪道,不能见如来。"

　　第二十七品　无断无灭分。"须菩提! 汝若作是念:'如来不以具足相故,得阿耨多罗三藐三菩提。'须菩提! 莫作是念,'如来不以具足相故,得阿耨多罗三藐三菩提。'须菩提! 汝若作是念,发阿耨多罗三藐三菩提心者,说诸法断灭(佛法的空间是空的)。莫作是念! 何以故? 发阿耨多罗三藐三菩提心者,于法不说断灭相。"

　　第二十八品　不受不贪分。"须菩提! 若菩萨以满恒河沙等世界七宝布施;若复有人知一切法无我,得成于忍,此菩萨胜前菩萨所得功德。须菩提! 以诸菩萨不受福德故。"须菩提白佛言:"世尊! 云何菩萨不受福德?""须菩提! 菩萨所作福德,不应贪着,是故说不受福德。"

　　第二十九品　威仪寂净分。"须菩提! 若有人言:如来若来若去、若坐若卧,是人不解我所说义。何以故? 如来者,无所从来,亦无所去,故名如来。"

　　第三十品　一合理相分。"须菩提! 若善男子、善女人,以三千大千世界碎为微尘,于意云何? 是微尘众宁为多不?""甚多,世尊! 何以故? 若是微尘众实有者,佛则不说是微尘众,所以者何? 佛说:微尘众,即非微尘众,是名微尘众。世尊! 如来所说三千大千世界,则非世界,是名世界。何以故? 若世界实有,则是一合相。如来说:'一合相,则非一合相,是名一合相。'须菩提! 一合相者,则是不可说,但凡夫之人贪着其事。"

　　第三十一品　知见(见解)不生分。"须菩提! 若人言:佛说我见、人见、众生见、寿者见。须菩提! 于意云何? 是人解我说义不?""不也,世尊! 是人不解如来所说义。何以故? 世尊说:我见、人见、众生见、寿者见,即非我见、人见、众生见、寿者见,是名我见、人见、众生见、寿者见。""须菩提! 发阿耨多罗三藐三菩提心者,于一切法,应如是知,如是见,如是信解,不生法相。须菩提! 所言法相者,如来说即非法相,是名法相。"

第三十二品　应化非真分。"须菩提！若有人以满无量阿僧祇世界七宝持用布施，若有善男子、善女人发菩提心者，持于此经，乃至四句偈等，受持读诵，为人演说，其福胜彼。云何为人演说，不取于相，如如不动。何以故？""一切有为法，如梦幻泡影，如露亦如电，应作如是观。"佛说是经已，长老须菩提及诸比丘、比丘尼、优婆塞、优婆夷，一切世间、天、人、阿修罗，闻佛所说，皆大欢喜，信受奉行。①

附录三：教学创新思维暨把课上到学生心里去

公共行政理论教学有效性可以通过老师本人理论的无所不讲、专业论文（理论与案例）的师生共同阅读与讨论、学生经典理论的深度阅读等多种方式实现，真正实现公共行政理论教学寓教于乐、教学相长的目的，从而扩大公共行政管理专业的社会影响力，造福于民。对于一些勤奋、敢于钻研的学生，通过定期举办考研读书会的形式，引导他们报考合适的学校与专业，争取使他们考上研究生，为社会贡献人才。

公共行政理论教学既是一门科学，也是一门艺术。在地方性本科院校的行政管理学专业教学中，公共行政理论教学遭遇巨大的挑战，既有基于就业等功利主义的因素，也有理论教学与实践脱节（即公共行政理论中国化与本土化问题）的因素。

不少学生选择公共管理专业多基于功利主义因素，因此他们更多的关心老师讲课的内容是否有利于他们的就业，因此当老师讲解案例的时候，他们变顿时感兴趣；但一旦讲到理论的时候，他们就不感兴趣了，对于地方性本科院校的学生尤其如此。另外一个制约教学乏力的因素在于西方公共行政理论源生于西方的基督教、风俗、制度安排、地理等环境，要适用于我国的政治生态还需要配套的制度安排与制度的创造性转化，这就需要教师和科研人员的配合和努力，消化和吸收西方公共行政理论。这个时候，合适的教学方法对提升学生的学习兴趣就

---

① 参阅 www.jingangjing.com 相关资料改编而成。

很重要。

（一）因课施教

针对不同的课程，采取不同的教学方法。不少地方性本科院校公共管理专业老师不像名牌大学或重点大学专业教师那样有固定的授课课程，多呈现"无所不讲"的现象。因为不少专业点上就三四个专业教师，其他多是上法律、社会学、经济学等课程的老师。尤其是地方性本科院校在教学安排上呈现人治化的制度安排，每个学期、每个学年的排课都可能是不确定的与不一致的。这样就使得地方性本科院校的老师需要学会适应不同的课程安排，从而采取不同的教学方法。笔者有幸在地方性本科院校授课五年半，曾授过"行政管理学""当代中国政治制度""地方政府学""政治学说史""政治学与行政学名著选读"等专业课程。

在这些课程中，"地方政府学"是最实践化的，因此可以以案例为中心组织教学；"政治学说史""政治学与行政学名著选读"是偏于理论的，要以文本为中心组织教学；而"行政管理学"则是兼有理论与实践的；最难上的课是"当代中国政治制度"，因为不少学生会坚信教材上、舆论上和媒体上展现的制度描述语句是符合真实世界的，因此要是他们转变过来回归真实的理论世界需要时间和功夫。事实上，"当代中国政治制度"不少学校还是考试课程，这也加大教师的授课难度。

一般来说，比较自主的老师倾向于要么采用市场上可以买到方便自己使用的教材，这类教材使用方便、信息量大、难易适中，如"行政管理学"课程有的老师采用曾峻博士的"公共管理新论"（人民出版社，2006）；要么自己编一本教材，这需要花费半个月左右的时间，耗时耗力，但是教学效果比较好，尤其是市场上缺乏较为合适的教材，如"地方政府学"等。

比如"地方政府学"这门课，一般在大二下学期或大三上学期开课，采用老方法很难提升他们的学习兴趣，因此我们可以编一本以案例为中心的教材，可以围绕稳定政府、发展政府、民主政府、法治政府、治理政府、责任政府六大主题，每个主题选取该年度5—7个新闻材料，材料来源则为新浪网或其他官方网站。笔者曾在2008年春上这门课，我选取 2007 年秋冬的案例。比如责任政府这个主题，可以选取当年山西黑窑、山西洪洞矿难、七台河矿难、见义勇为奖励案例等。学生对于近期发生的重大事件有贴近感，容易形成讨论的兴趣，从而积极参与教学，形成活泼的教学课堂。在真实的案例中，西方公共行政理论与中国实践相碰撞，容易激起火花，实现理论与实践的一致性与解释性，提升学生的理论兴趣。

（二）因班授课

开学第一课很重要。因为，好的开始是成功的一半。一般老师都会讲讲考试或考核的规则，让学生比较清晰地了解课程的性质。所以，第一节课要培养学生的听课兴趣，要循循善诱、幽默与开朗。当然每个人的教学风格不一样。一般来讲，一个学期大概可分为三段，即前中后，每段分 6 周，共 18 周。而每一门课也可以分为三个阶段来上，具体根据每个老师的授课内容来划分。或许，分两个阶段也比较轻松。

第一个阶段一般是介绍课程所涉及的理论，然后讲完自己的教材或自编的讲义。这一阶段可以是照着讲，学生接受理论。如果发现学生觉得疲劳，可以自由讨论，然后随机按座位顺序发言。点名是一件麻烦的事情，使用不好的话容易引起学生的反感。因为某个学生被点或许是因为他不认真听课，或太凸显，或漂亮、不雅观诸如此类，容易引起学生紧张感和压力，也可能形成虚伪的发言。比如"地方政府学"，第一节课就需要把有关地方政府的主要理论和国内的研究学者和情况讲清楚，并把第三阶段考查书目告诉学生，我采用的教材是（英）贝利《地方政府经济学：理论与实践》（北京大学出版社，2006）、（美）奥克森《治理地方公共经济》（北京大学出版社，2005），每个学生选取讲解其中的一章，不能重复。

第二阶段可以采用论文师生共同阅读与讨论。论文的打印最好老师自费。最好是天气好的时候，师生围成一圈，坐在草地上或石头上。师生共同分享天人合一的真实性，也容易使学生放下繁重的学习压力，积极地参与讨论。美国不少大学的专业教学多是圆桌会议形式，效果比较好，我们可以采用。但是我国多是束缚在教室里，因此每学期采取两三次在野外授课，对野讲授，未尝不可以调剂课堂教学固定化的不足。老师在组织专业论文的阅读中,需要引导学生积极发言,切勿批评学生的不足,包容和诱导是最需要遵循的法则。青青草地上的讨论与教学效果往往比较好,但天气因素也是需要考虑的,否则淋个落鸡汤。

第三个阶段则是训练学生专业理论的学习效果,让学生自己准备案例和理论的解释或自己阅读理论并分析,以此作为评分的一个主要标准。所选取的材料要有特点,难度要比较高,如《地方政府经济学:理论与实践》(北京大学出版社,2006)、《治理地方公共经济》(北京大学出版社,2005)。通过给予每个学生 10 分钟左右的讲课时间,让学生自己发言,锻炼演讲、表达和思考能力,有利于学生综合素质的提升。在学生讲课后,可以提问;这种提问不是老师感情的宣泄,应该是平等的商讨与教学相长,此段时间应该控制在 3 分钟内。时间上的严格把握,是课堂教学成功的重要考量。在总评中,可以选择不评论,也可以全面的(优势与劣势)的评价,多采用积极评价,目的是提高学生批评性(critical)思维能力。

(三) 因人施教

诚如王沪宁教授以"教几个好学生"为其教育目标一样,很多同仁也以教育研究性学生为业,而以读书会为课后辅助教学形式。政治与行政学的读书会(或考研读书会)在中国政法大学公共管理学院、中国人民大学等很多高校都有举办。目前不少地方性院校也有,此种会讲主要围绕学术经典为对象,师生一起细致讨论为过程,说它是第二阶段、第三阶段的延续,毋宁说是古希腊柏拉图学院、王阳明书院会讲精神的继承。读书会表面上以考研为目的,实际关注学生综合素养(听说读写)的培养,反映教师闲暇时与学生共同学习成长。但目前此种会讲多存在着人治色彩,游击主义,尚未形成欧美的制度化,此是可惜的。

读书会既不能单以考研功利倾向为目的,也不能单以学术研究为目的。因为本科生对象的特殊性,我们需要丰富读书会的目的,既可以是喝茶似的,也可以是正规的讨论;既可以是中国哲学的研讨,也可以西方政治思想史的学习为目的。主要是每年考研学生的专业倾向不一样,有政治学、行政管理学、中外政治制度、中国哲学、西方哲学等等。老师的学术自觉与平等对待每一个学生是规矩之源,也是成功的关键。

所谓有教无类，但"没有规矩，不成方圆"。通过制度化的讨论和面对面的对话，学生和老师真正实现教学相长，这是一条开放与快乐的旅途。某也不才，愿与诸位前辈、老师和同仁分享拙见。古人所谓"丽泽"，该如此。

参考文献

习近平：《习近平谈治国理政》，第一卷，北京：外文出版社，2014。

习近平：《习近平谈治国理政》，第二卷，北京：外文出版社，2017。

习近平：《习近平谈治国理政》，第三卷，北京：外文出版社，2020。

［德］路德维希·艾哈德：《大众的福利》，丁安新译，武汉：武汉大学出版社，1995年。

［德］路德维希·艾哈德：《大众福利》，祝世康、穆家骥等译，北京：商务印书馆，2017年。

［古希腊］亚里士多德：《政治学》，吴寿彭译，北京：商务印书馆，1965年。

［美］普特南：《让民主运转起来》，王列、赖海榕译，南昌：江西人民出版社，2001。

［美］罗尔斯：《正义论》，何怀宏等译，北京：中国社会科学出版社，1988。

［美］阿尔蒙德、鲍威尔：《比较政治学：体系、过程和政策》，曹沛霖等译，上海：上海译文出版社，1987。

［美］伊斯顿：《政治生活的系统分析》，王浦劬等译，北京：华夏出版社，1999。

［美］伊斯顿：《政治体系：政治学状况研究》，马清槐译，北京：商务印书馆，1993。

［美］达尔：《现代政治分析》，王沪宁、陈峰译，上海：上海译文出版社，1987。

［美］达尔：《论民主》，北京：商务印书馆，1999。

［美］林布隆：《政策制订过程》，朱国斌译，王谨校，北京：华夏出版社，1988。

［美］林德布洛姆：《决策过程》，竺乾威、胡君芳译，上海：上海译文出版社，1988。

［美］林德布洛姆：《政治与市场：世界的政治与经济制度》，上海：上海三联书店、上海人民出版社，1994。

［美］诺斯、托马斯：《西方世界的兴起》，北京：华夏出版社，1999。

［美］诺思：《经济史中的结构与变迁》，上海：上海人民出版社，1994。

［美］诺斯：《制度、制度变迁与经济绩效》，上海：上海三联书店，1994。

［美］萨拜因：《政治学说史》，上海：上海人民出版社，2010、2011。

［德］哈贝马斯：《公共领域的结构转型》，学林出版社，1999。

［美］罗斯金等：《政治科学》，北京：华夏出版社，2001。

杜婉言、方志远：《中国政治制度史第九卷明代（修订版）》，北京：社科文献出版社，2011。

［美］牟复礼、［英］崔瑞德：《剑桥中国明代史》（上下卷），北京：中国社会科学出版

社，2007。

[美]黄仁宇：《十六世纪明代中国之财政与税收》，阿风、许文继、倪玉平、徐卫东等译，北京：三联书店，2001。

[美]黄仁宇：《万历十五年》，北京：三联书店，2007。

[美]黄仁宇：《中国大历史》，北京：三联书店，2007。

[美]黄仁宇：《黄河青山：黄仁宇回忆录》，北京：三联书店，2007。

[美]黄仁宇：《赫逊河畔谈中国历史》，北京：三联书店，1997。

[美]黄仁宇：《地北天南叙古今》，北京：三联书店，2001。

[美]黄仁宇：《资本主义与二十一世纪》，北京：三联书店，2006。

[美]黄仁宇：《放宽历史的视界》，北京：三联书店，2007。

[美]黄仁宇：《关系千万重》，北京：三联书店，2007。

唐兴霖：《公共行政学：历史与思想》，广州：中山大学出版社，2000。

周妤：《中国近代行政领导思想研究》，上海：复旦大学出版社，2011。

田广清：《中国领导思想史》，上海：上海交通大学出版社，2007。

周晓佑：《先秦行政管理思想探微》，北京：文化艺术出版社，1994。

方贻岩：《西方行政思想史》，厦门：厦门大学出版社，1993。

丁煌：《西方行政学说史》，武汉：武汉大学出版社，1999。

[印度]普拉萨德等：《行政思想家评传》，朱国斌等译，广州：广东高等教育出版社，1988。

张铭、陆道平：《西方行政管理思想史》，天津：南开大学出版社，2011。

彭和平、竹立家等编译，《国外公共行政理论精选》，北京：中共中央党校出版社，1997。

[美]斯塔夫里阿若斯：《全球通史》，吴象婴等译，北京：北京大学出版社，2006。

[美]丹尼尔·雷恩：《管理思想史》（第五版），孙建敏、黄小勇、李原译，北京：中国人民大学出版社，2010。

萧公权：《中国政治思想史》，北京：新星出版社，2010。

[美]库珀：《行政伦理学：实现行政责任的途径》，北京：中国人民大学出版社，2001。

[美]周天玮：《法治理想国：孟子与苏格拉底的虚拟对话》，北京：商务印书馆，2004。

[美]奥克森：《治理地方公共经济》，万鹏飞译，北京：北京大学出版社，2005。

[英]贝利：《地方政府经济学：理论与实践》，左昌盛等译，北京：北京大学出版社，2005。

曾峻：《公共管理新论》，北京：人民出版社，2009。

钱穆：《中国历代政治得失》，北京：三联出版社，2001。

胡伟：《政府过程》，杭州：浙江人民出版社，1999。

费孝通：《江村经济》，北京：商务印书馆，2001。

费孝通：《乡土中国》，北京：三联书店，1985。

毛寿龙：《中国政府功能的经济分析》，北京：中国广播电视出版社，1996。

毛寿龙：《政治社会学》，北京：中国社会科学出版社，2001。

于建嵘：《岳村政治》，北京：商务印书馆，2001。

谢庆奎等：《中国地方政府体制概论》，中国广播电视出版社，1998。

俞可平：《治理与善治》，北京：社会科学文献出版社，2000。

吴量福：《白话美国地方政府》，天津：天津人民出版社，2009。

李永刚：《我们的防火墙：网络时代的表达与监管》，桂林：广西师范大学出版社，2009。

马骏：《公共预算的理性化与民主化》，北京：中央编译出版社，2005。

秦德君：《政治设计研究》，上海：上海社会科学院出版社，2000。

盛洪：《中国的过渡经济学》，上海：上海三联出版社，1996。

汪丁丁：《永远的徘徊》，成都：四川文艺出版社，1996。

浦兴祖等：《当代中国政治制度》，上海：复旦大学出版社，1998。

浦兴祖：《当代中国政治制度》，上海：上海人民出版社，2005。

浦兴祖、洪涛：《西方政治学说史》，上海：复旦大学出版社，2009。

王沪宁、竺乾威：《行政学导论》，上海：上海三联出版社，1988。

王沪宁：《比较政治分析》，上海：上海人民出版社，1987。

竺乾威：《公共行政理论》，上海：复旦大学出版社，2008。

竺乾威：《公共行政学》，上海：复旦大学出版社，2000。

唐亚林：《从边缘到中心：当代中国政治体系构建之路》，上海：华东理工大学出版社，2006。

胡适：《胡适文存二集》，上海：亚东图书馆，1928 年影印。

［加］谢善元：《李觏之生平与思想》，北京：中华书局，1986。

［美］余英时：《中国近世宗教伦理与商人精神》，合肥：安徽教育出版社，2001。

［美］余英时：《士与中国文化》，上海：上海人民出版社，1987。

［美］林毓生：《政治秩序与多元文化》，台北：联经公司出版，1989。

［美］林毓生：《中国传统的创造性转化》，北京：三联书店，1988。

［美］许倬云：《中国文化与世界文化》，贵阳：贵州人民出版社，1999。

姜国柱：《李觏思想研究》，北京：中国社会科学出版社，1984。

牟宗三：《治道与政道》，桂林：广西师范大学出版社，2006。

黄俊杰：《古代希腊城邦与民主政治》，台北：台湾学生书局，1978。

何平立、储考山编，《外国政治制度史》，西安：西北大学出版社，1994。

［美］费正清：《中国：传统与变革》，南京：江苏人民出版社，1992。

［美］亨廷顿：《变革社会中的政治秩序》，北京：三联书店，1989。

［美］亨廷顿：《第三波：20 世纪后期民主化浪潮》，上海：上海三联书店，1998。

［美］亨廷顿编，《现代化理论与历史经验的再探讨》，上海：上海译文出版社，1993。

［美］圣吉：《第五项修炼》，上海：上海三联出版社，2005。

［美］弗里德曼：《不幸的时代和两个幸运的人：弗里德曼回忆录》，北京：中信出版社，2005。

［古希腊］柏拉图：《理想国》，北京：商务印书馆，1986。

[古希腊]亚里士多德：《雅典政制》，北京：商务印书馆，1959。

[英]洛克：《政府论》（下册），北京：商务印书馆，1983。

[法]卢梭：《社会契约论》，北京：商务印书馆，1980。

[英]密尔：《代议制政府》，北京：商务印书馆，1982。

[英]哈耶克：《通往奴役之路》，王明毅等译，北京：中国社会科学出版社，1997。

[英]哈耶克：《自由宪章》，杨玉生等译，北京：中国社会科学出版社，1999。

[英]哈耶克：《致命的自负》，冯克利等译，北京：中国社会科学出版社，2000。

[英]波普尔：《开放社会及其敌人》，陆衡译，北京：中国社会科学出版社，1999。

[英]波普尔：《历史主义贫困论》，北京：华夏出版社，1987，第 10 页。

[英]马吉：《开放社会之父：波普尔》，南砚译，长沙：湖南人民出版社，1988。

[美]福山：《历史的终结及最后之人》，黄胜强、许铭原译，北京：中国社会科学出版社，2008。

[美]赫伯特·西蒙：《现代决策理论的基石：有限理性说》，北京：北京经济学院出版社，1989。

[美]西蒙：《管理行为》，北京：北京经济学院出版社，1994。

[美]古德诺：《政治与行政》，北京：华夏出版社，1987。

[美]奥斯特罗姆：《美国公共行政的思想危机》，上海：上海三联书店，1999。

[美]奥斯特罗姆：《复合共和制政治理论》，上海：上海三联书店，1999。

[美]奥斯特罗姆等：《美国地方政府》，北京：北京大学出版社，2004。

[美]罗森布鲁姆：《公共行政学：管理、政治和法律的途径》，北京：中国人民大学出版社，2002。

[美]帕特南：《使民主运转起来》，南昌：江西人民出版社，2002。

[美]奥斯本、盖布勒：《改革政府》，上海：上海人民出版社，1991。

[美]布莱克：《比较现代化》，上海：上海译文出版社，1996。

[美]弗雷德里克森：《公共行政的精神》，北京：中国人民大学出版社，2004。

[美]登哈特、登哈特：《新公共服务》，北京：中国人民大学出版社，2004。

[美]普拉诺：《政治学分析词典》，胡杰译，北京：中国社会科学出版社，1986。

[美]坦嫩鲍姆、舒尔茨：《观念的发明者：西方政治哲学导论》，叶颖译，北京：北京大学出版社，2008。

[美]德鲁克：《卓有成效的管理者》，北京：机械工业出版社，2009。

[美]德鲁克：《巨变时代的管理者》，北京：机械工业出版社，2009。

[美]德鲁克：《管理者的实践》，北京：机械工业出版社，2009。

[美]韦尔奇、拜恩：《韦尔奇自传》，北京：中信出版社，2010。

季琦：《一辈子的事业：我的创业非传奇》，广州：广东经济出版社，2011。

[美]林登：《无缝隙政府》，北京：中国人民大学出版社，2002。

[德]柯武刚、史漫飞：《制度经济学：社会秩序与公共政策》，北京：商务印书馆，2002。

[美]蓝志勇：《行政官僚与现代社会》，广州：中山大学出版社，2003。

[美]周雪光：《组织社会学十讲》，北京：社会科学文献出版社，2003。

余胜椿：《治国之道：中国历代治国思想精华》，北京：求实出版社，1988。

［美］Kelleher Theresa. Personal Reflections on the Pursuit of Sage hood：The Life and Journal（Jih-lu）of Wu Yu-pi（1392－1469）. New York：Columbia University Press，1982.

后 记

2022年2月5日,周六,晴,但天气依然有点冷,近11点的深夜,我坐在书桌前,窗外中兴大桥的灯光逐渐黯淡下来,各种机动车快速地跨过甬江上的大桥,车灯闪烁,在夜色中,犹如精灵一样,令人赞叹我国改革开放所取得的巨大成绩,而浙江荣幸被入选共同富裕示范区,宁波则为浙江共同富裕建设的窗口。两年前,也就是在中兴大桥如火如荼地修建时,我站在桥上,与友人程德忠畅谈梦想,远处灯光闪耀,新时代盛世让热血男儿充满奋斗的勇气决定完成《万家灯火:美好社会建设的行政管理之思》一书的写作,至今思来,恍如昨日。

2021年,在宁波大学马克思主义学院新任集体领导刘友女书记、李包庚院长、曲蓉副院长、刘举副院长与学校、法学院等领导的共同领导和努力下,MPA党务管理方向在我院首届招生,我也荣幸地承担全校公共管理、政治学与公共政策分析相关课程,这时我踏入行政管理专业系统学习满24年了。1997年起,我在同济大学行政管理学、上海大学社会科学学院政治学研究方向(挂靠马克思主义理论与思想政治教育专业)、复旦大学公共管理学系统学习,并有幸参加中国政法大学政治思想史、复旦大学社会科学高等研习班、中国人民大学公共管理等各类短期培训,并在2003—2010年期间于湖州师范学院法商学院从事公共管理教学和科研,2016年起则从事宁波大学思想政治教育专业相关公共管理课程,至2022年,浸润这个领域将近25年了,时光如梭,恍如一梦。我早已从年轻小生进入中年大叔的行列,而我的同辈多数一骑绝尘,其中的杰出者已成为党和国家公共管理领域的领军人才与著名学者,踏步不前的我,却转向中国古典文献学与阳明心学,少有公共管理作品问世,羞愧之心,总是相随。在此,对所有关心和帮助我的前辈、老师、领导和同事，表示衷心的感谢。

也正是在 2021 年秋冬，在与近两百位 MPA 在职研究生的多次教学中，我发现很多以前的论文和案例材料又派上用场，同学们对我的教学内容也给予不错的认同，继续写作的壮志豪情又突然得到增强。每次走进 2021 级 MPA 的课堂，望着百余位在职工作者辛苦赶快来上课，还要时刻面对疫情的冲击，他们渴望知识的眼神和热情着实鼓舞了我。从 2003 年起，我在《香港社会科学学报》《求实》《探索》《云南行政学院学报》、人大复印资料、《长白学刊》《中国社会科学报》等知名刊物上系统性地发表一些论文，积累了一些心得，即便是近二十年后，还是可以拿来作为 MPA 教学的部分素材，并引发同学们的学习和热烈讨论，这是我感到荣耀的事情。在此，对公开出版我论文的学术期刊，亦表示衷心地感谢。至此，我的公共管理三部曲：《朱元璋至王阳明时期（1368—1528）的中国行政管理思想研究》（社会科学文献出版社，2014年）《万家灯火：美好社会建设的行政管理之思》（上海三联书店，2021年）《长治久安：国家繁荣昌盛的行政管理之思》，得以顺利完成。成败得失，研究高低，自然与旁人无涉。最后，感谢宁波大学马克思主义学院学科发展经费资助，让拙著顺利出版。在习近平总书记新时代治理的春风里，衷心祝愿宁波大学马克思主义学院发展的越来越好！当然，此书必定会有若干商榷之处，请专家和学者不吝批评指正，欢迎来信来函，一起共同推进中国行政管理学的发展，久久为功。

本书引论得到许峰博士指导，政府建设大调研得到冯程兄指导，一并致谢。

崇仁后学、宁波大学公共管理领导邹建锋书于浙江宁波孔浦

2022 年 2 月 5 日初记

2023 年 9 月 15 日补记

图书在版编目(CIP)数据

长治久安：国家繁荣昌盛的行政管理之思/邹建锋,冯程
著.—上海：上海三联书店,2023.11
ISBN 978-7-5426-7982-6

Ⅰ.①长… Ⅱ.①邹…②冯… Ⅲ.①国家-行政管理-研
究-中国 Ⅳ.①D630.1

中国版本图书馆 CIP 数据核字(2022)第 241060 号

长治久安：国家繁荣昌盛的行政管理之思

著　　者 / 邹建锋　冯　程

责任编辑 / 郑秀艳
装帧设计 / 一本好书
监　　制 / 姚　军
责任校对 / 王凌霄

出版发行 / 上海三联书店
　　　　　(200030)中国上海市漕溪北路 331 号 A 座 6 楼
邮　　箱 / sdxsanlian@sina.com
邮购电话 / 021-22895540
印　　刷 / 上海惠敦印务科技有限公司

版　　次 / 2023 年 11 月第 1 版
印　　次 / 2023 年 11 月第 1 次印刷
开　　本 / 640mm×960mm　1/16
字　　数 / 200 千字
印　　张 / 13.25
书　　号 / ISBN 978-7-5426-7982-6/D·561
定　　价 / 60.00 元

敬启读者,如发现本书有印装质量问题,请与印刷厂联系 021-63779028